François-Xavier Carayon

Les États prédateurs

Fonds souverains et entreprises publiques
à la conquête de l'Europe

Fayard

Couverture :
Maquette : Nuit de Chine
Photo : © Zlata Lisova

ISBN : 978-2-213-72713-4
Dépôt légal : mai 2024

À Cécile

Introduction

Malheur aux Méliens

À quoi s'attellent les miens ? À quoi travaille ma génération, nous qui n'avons connu pour horizon que la mondialisation libérale ?

Depuis les années 1990, la finance a englouti comme un trou noir nombre de diplômés des plus grandes écoles de commerce et d'ingénieurs. Dans l'imaginaire collectif, qui dit finance, dit salle de marché : de Gordon Gekko à Jordan Belfort, le fantasme du « loup de Wall Street » est encore vivace. Nos « premiers de cordée » seraient-ils donc tous des tradeurs cocaïnés ? Non, le gros des troupes n'est pas là. L'essentiel non plus.

Les cohortes des grandes écoles françaises et des meilleures universités européennes travaillent à bien autre chose. Leurs diplômés sont pour l'essentiel consultants en stratégie, avocats d'affaires ou conseillers en fusions-acquisitions. Les consultants enchaînent plans d'économie et réorganisations pour le compte de nos fleurons industriels. Ils réduisent les coûts, ajustent les prix, optimisent les « process ». Ils conçoivent des projets d'acquisitions... mais le plus souvent de cessions, surtout quand leurs clients sont européens. Des opérations que concluront leurs camarades en cabinets d'avocats et en banques d'affaires. Une « élite » condamnée, en somme, à rafistoler ce qui peut l'être ou à brader ce qui brille encore un peu ; une génération de liquidateurs ?

Gare à l'autoflagellation : le phénomène ne date pas d'hier. Pour en comprendre les racines, il faudrait remonter aux « baby-boomers » et à la « génération X »*. Ce sont eux qui ont dicté les règles du jeu actuel et demeurent aux manettes dans le monde des affaires. Leurs propres pères avaient bâti la France et l'Europe d'après guerre et forgé nos succès industriels, spatiaux, aéronautiques, nucléaires et numériques. Ils ne s'étaient pas contentés de contribuer à la croissance de leur pays, ils avaient méthodiquement œuvré au service de l'indépendance et de la puissance nationales.

Pour la bourgeoisie d'affaires d'aujourd'hui, ces préoccupations semblent devenues pour le moins secondaires. Le sentiment national y est ringardisé et méprisé, le sentiment européen purement cosmétique. Faire carrière chez *McKinsey*, *Morgan Stanley* ou *Baker McKenzie* est un graal, y travailler au dépeçage d'*Alstom* ou de *Lafarge* ne culpabilise pas grand monde. Chacun est embarqué dans le jeu de la compétition interne : maximiser son bonus,

* Les « baby-boomers » désignent les Occidentaux nés entre 1946 et 1964, et la « génération X » ceux nés entre 1965 et 1976.

participer aux plus gros *deals*, bref, être valorisé dans un environnement de classe ultra-élitiste et individualiste.

Ce qui pourrait apparaître ici comme une position de surplomb moral relève d'abord du diagnostic de l'intérieur. Un pied dans l'enseignement, l'autre dans le conseil « en direction générale », j'ai été aux premières loges de cette dérive de classe. Un « observateur participant », comme disent les anthropologues britanniques. En prenant un recul critique, j'ai voulu redessiner quelques contours du grand échiquier sur lequel mes semblables et moi-même nous baladons avec détachement.

Il serait bien injuste de s'en tenir au procès de nos « élites » économiques, celui de leur individualisme et de leur apathie ; encore faudrait-il qu'elles disposent d'une grille de lecture pour comprendre ce à quoi elles concourent et les dangers qui nous guettent. C'était la mission des politiques, des experts et des intellectuels que de jouer le rôle de vigies. La faillite française et européenne dans la guerre économique est avant tout la leur.

Dans son *Histoire de la guerre du Péloponnèse*, Thucydide nous livre une leçon d'une grande actualité pour comprendre les ressorts idéologiques profonds de la déroute européenne. Il nous replonge en 416 avant Jésus-Christ, en plein cœur de l'affrontement qui oppose Sparte et Athènes pour la domination de la Grèce. Mélos, petite île du sud de la mer Égée, souhaite rester extérieure au conflit. Ses représentants imaginent qu'il est possible de se tenir à l'écart des quêtes de pouvoir et de domination. Un dialogue s'engage entre Méliens et Athéniens. Pour justifier leur position, les Méliens en appellent à des considérations morales : une coopération pacifique et juste entre États est à la fois possible et souhaitable. Et s'il advenait que les Athéniens usent de leur force à leur encontre, les dieux seraient certainement de leur côté, celui de la paix et de la justice, se convainquent-ils.

Les espoirs méliens viennent pourtant se briser sur le mur de la froide logique athénienne. Une logique d'intérêts, de rapports de force et de domination. « Le fort fait ce qu'il peut faire et le faible subit ce qu'il doit subir », disent en substance les Athéniens. Ils ne vont pas se contenter de mots, ils vont mettre en œuvre leur logique de puissance. Le siège de Mélos est sanglant : les hommes sont passés par les armes ; les femmes et les enfants réduits en esclavage ; leur terre est repeuplée de citoyens athéniens.

En Europe, la page qui s'est ouverte avec la chute du mur de Berlin et la naissance de l'Union européenne est à bien des égards une page « mélienne ». Responsables politiques et technocrates parlent plus volontiers de « coopération » que de « puissance ». Ils se préoccupent moins des « dépendances » que de l'« interdépendance » dont ils louent les effets pacificateurs. L'« ouverture » de nos économies devient une évidence, qui leur donne même le sentiment de rattraper le monde anglo-saxon dans sa modernité libérale. C'est le temps de la « fin de l'histoire » et de la « mondialisation heureuse » : la toute-puissance de l'État dans l'économie est définitivement derrière nous. Et devant nous, un marché mondial, ouvert et pacifié, vecteur de croissance partagée. Pourquoi s'en méfier ? Et surtout à quoi bon s'en priver ?

Les vagues de privatisations, parties du Royaume-Uni dans les années 1980, déferlent en effet aux quatre coins du monde. La Chine elle-même n'y échappe pas. Les États cèdent, collectivement, près de 1 000 milliards de dollars d'actifs publics entre 1980 et 2000[1]. L'État *actionnaire* et *producteur* recule, laissant progressivement la place à un simple État *régulateur*. Et derrière l'État, c'est le politique lui-même qui bat en retraite.

Pourtant, contre toute attente, et sans que l'on y prête attention, la puissance publique va connaître un renouveau spectaculaire dans l'économie. À partir des années 2000, les États acquièrent à l'échelle mondiale plus d'actifs qu'ils n'en cèdent[2]. La dynamique s'inverse.

Derrière cette étonnante résurgence se cachent essentiellement des « puissances en développement* » : asiatiques, comme la Chine, Singapour ou la Corée du Sud ; moyen-orientales, comme les Émirats arabes unis, le Qatar ou l'Arabie saoudite ; et d'autres encore, comme la Russie ou le Kazakhstan. Des nations qui, pour l'essentiel, avaient accepté, au cours des deux dernières décennies, de faire fondre leur État actionnaire et le rôle de celui-ci dans leur économie.

À bien y regarder, l'État actionnaire n'y est plus le même qu'à l'époque de l'entreprise publique triomphante : de *producteur*, il s'est transformé en *investisseur*, avec un appétit certain pour les marchés étrangers, en particulier européen et américain. La puissance publique ne reprend

* Le terme « puissance en développement », qui court le long du livre, désigne ces nouvelles puissances issues du monde en développement, qui sont devenues des poids lourds de l'économie mondiale, et qui prennent une place croissante dans l'ordre international.

pas du terrain sur le marché ; elle s'insère insidieusement dans sa logique en revêtant tous les atours des acteurs privés. Loin de l'Europe, le politique fait son *come-back*.

Au service de ces « États investisseurs », deux bras armés : les fonds souverains et les entreprises publiques. Ces entités ne sont pas nouvelles, bien sûr, mais leur rôle va être considérablement transformé.

Les fonds souverains – véhicules d'investissement créés, détenus et contrôlés par des États ou des collectivités territoriales – apparaissent dans les années 1950, à l'initiative de pays bénéficiant d'importantes rentes gazière ou pétrolière*. Les objectifs de ces fonds sont alors clairs : ils réalisent des placements financiers pour se protéger de la volatilité des cours des matières premières et nourrir une épargne au profit des générations futures.

À partir des années 1990, les réserves de change considérables accumulées par les pays asiatiques donnent naissance à une nouvelle génération de fonds souverains. Ils ont pour mission de placer leurs capitaux dans des actifs et des secteurs divers, avec l'objectif de générer une rentabilité supérieure à celle des placements traditionnels des réserves de change (généralement l'achat d'obligations souveraines américaines).

En dépit de la diversité de leurs missions, les fonds souverains s'accordent au moins sur ceci : ils se présentent

---

* Le terme « fonds souverain » (« *sovereign wealth fund* », en anglais) n'est en revanche apparu que bien plus tard, sous la plume d'A. Romanov dans son article « *Who Holds the Wealth of Nations?* », publié en 2005.

comme des outils purement financiers, principalement animés par une volonté de rentabilité.

Au tournant des années 2000, leur développement prend une nouvelle ampleur, en nombre comme en profondeur financière. Rien n'entame durablement cette montée en puissance, pas même les crises financières, pétrolières ou sanitaires. Ils sont aujourd'hui plus d'une centaine à travers le monde, et le montant cumulé de leurs actifs sous gestion dépasse les 11 000 milliards de dollars. C'est plus que les *hedge funds* (fonds spéculatifs) – qui font régulièrement les gros titres de la presse financière au regard de leurs potentiels effets déstabilisateurs – et les fonds de *private equity* (les acteurs qui investissent au capital des sociétés non cotées en Bourse) cumulés[3]. Les plus grands d'entre eux (*GPFG*, *CIC*, *ADIA*, *GIC*...) sont des mastodontes des marchés financiers : chacun est théoriquement assez riche pour prendre le contrôle de l'ensemble des « KHOL », le quatuor formé par les fleurons français mondiaux du luxe : *Kering*, *Hermès*, *L'Oréal* et *LVMH*.

De son côté, l'entreprise publique, désavouée et méprisée depuis les années 1980, connaît sa renaissance dans les années 2000. En partant à l'attaque des marchés mondiaux, quelques entreprises, devenues de véritables « multinationales publiques », trouvent une nouvelle raison d'être. L'entreprise publique *new age* se mue en investisseur de premier plan : au cours de la décennie 2010, dans leur ensemble, les multinationales publiques vont dépenser *a minima* 1 700 milliards de dollars en investissement transnational, ce qui représente plus de 10 % des investissements directs étrangers (IDE) mondiaux[4] ! Reflet de leur expansion, le nombre de filiales qu'elles détiennent à l'étranger va quasiment décupler dans le même temps...

Ce ne sont pas les entreprises publiques occidentales qui renaissent ainsi de leurs cendres. Comme pour les fonds souverains, ce sont des « puissances en développement », comme la Chine, la Malaisie, l'Afrique du Sud, la Russie ou les Émirats arabes unis qui réinventent l'entreprise publique. Après l'avoir plus ou moins délaissée, ils la conçoivent à nouveau comme un levier d'avenir dans la compétition économique. Elle devient pour ces économies un vecteur privilégié de conquête internationale : les multinationales publiques asiatiques vont porter à elles seules plus du tiers des IDE sortants.

Sur les marchés mondiaux, ces deux types d'investisseurs publics se présentent comme des acteurs classiques, dont la stratégie serait similaire à celle des gestionnaires d'actifs institutionnels privés. Bien sûr, leur actionnariat est étatique, mais leurs opérations internationales seraient dénuées de motivations politiques. Les investisseurs publics chercheraient, d'abord et avant tout, à maximiser leur performance financière. Cette réputation d'indépendance à l'égard du pouvoir politique est, ils le savent, une condition essentielle pour que le reste du monde accepte d'accueillir leurs investissements.

En Europe, ces déclarations de bonnes intentions fonctionnent : les véhicules publics d'investissement sont, pour l'essentiel, traités comme des investisseurs privés. Les investisseurs publics sont forcément apolitiques puisque la mondialisation libérale est l'avènement d'un marché mondial transcendant les intérêts nationaux ! Nul besoin alors d'y prêter attention ni de s'en protéger.

Le poids financier exceptionnel acquis par ces acteurs gavés d'argent public mérite pourtant que l'on ne s'en tienne pas à leurs belles promesses. L'examen de leurs investissements devrait permettre de mesurer leur sincérité et de déterminer s'ils constituent des opportunités ou des menaces pour l'Europe et les économies qui les accueillent.

Mais qui s'aventure sur ce chemin se trouve alors plongé dans un océan d'opacité. Les investisseurs publics cultivent avec soin le secret : leur *reporting* est souvent indigent, et nombre d'entre eux n'hésitent pas à dissimuler une partie de leurs investissements derrière des montages de sociétés en cascade, passant à l'envi par des centres financiers *offshore*.

En fin de compte, reconstituer les stratégies et les motivations sous-jacentes des investisseurs publics relève parfois plus du travail d'investigation que de la recherche académique. C'est donc une véritable enquête que j'ai menée dans les méandres financiers des nouvelles puissances de la mondialisation. Indice après indice, passant au crible les bases de données internationales de *deals* (outils quotidiens des financiers, pourtant largement ignorés du monde académique et journalistique), plongeant dans les archives de WikiLeaks et des services de renseignement, explorant la presse spécialisée de dizaines de filières industrielles, la littérature académique, les publications des *think tanks*, interviewant journalistes et experts des organisations internationales, j'ai suivi les traces laissées par les États investisseurs...

En partant du port du Pirée, racheté en 2016 par l'armateur public chinois *Cosco Shipping*, j'ai remonté le cours des discrètes prises de contrôle des infrastructures critiques européennes. Des ports italiens et espagnols aux réseaux électriques et gaziers du Vieux Continent, la capacité de menace acquise par des acteurs étatiques étrangers se révèle d'une ampleur insoupçonnée.

Aux quatre coins de la planète – des mines de cobalt du Congo à celles d'uranium et de terres rares du Groenland, en passant par les terres agricoles sud-américaines –, les ressources rares sont, elles aussi, accaparées par quelques États *via* leurs bras armés investisseurs... Ils construisent ainsi leur autonomie stratégique et leur capacité de domination et d'étranglement. La menace russe n'est, après tout, peut-être pas la plus sérieuse...

Le poids pris par les États investisseurs dans certains secteurs – bancaire, numérique... – fait quant à lui peser sur l'Occident le risque du désinvestissement massif et du chaos économique. Loin de s'en tenir à des investissements financiers minoritaires et passifs, ces États prennent aussi le contrôle de très nombreuses technologies et savoir-faire européens et américains pour en faire profiter leur économie entière. De discrets travaux de la Commission européenne ont révélé que nombre de nos secteurs stratégiques sont désormais contrôlés pour moitié par des États extra-européens, de quoi mettre en œuvre le pillage systémique de nos meilleurs atouts[5].

En somme, la pêche a été (malheureusement) fructueuse : si la grande majorité des opérations des investisseurs publics reste encore intraçable, la réalité qui apparaît au prix d'efforts considérables est bien éloignée du discours servi par leurs communicants officiels. Dans le monde en développement, bon nombre d'*États investisseurs* se comportent désormais en *États prédateurs**. Fonds souverains et multinationales publiques sont devenus les armes silencieuses de la guerre économique que ces nouvelles puissances entendent mener. Elles leur servent à construire, dans l'ombre, les conditions pour imposer, demain, leur volonté dans l'ordre international.

Le défaut de transparence entretenu par les investisseurs publics contribue à invisibiliser leurs prédations. Mais, reconnaissons-le, nous ne sommes pas nous-mêmes, Européens, exempts de toute responsabilité. Paralysés par notre conception irénique des relations internationales et par la peur de se couper de la manne précieuse des capitaux étrangers, nos dirigeants s'accrochent à tout prix à l'ouverture de nos marchés. C'est oublier rapidement que de nombreux États extra-européens réussissent à combiner attractivité et protection.

Alors, la faute aux politiques et aux technocrates ? Un peu facile… En France, nous ne pouvons pas ignorer qu'une caste journalistique et intellectuelle, minoritaire dans l'opinion, mais influente auprès des décideurs, s'est transformée en chienne de garde de la mondialisation libérale. Elle n'a cessé de s'indigner à chaque incursion de la

* L'usage du terme « État investisseur » est conservé dans la première partie de cet ouvrage pour décrire la montée en puissance économique et financière des investisseurs publics des puissances en développement. La suite du livre aborde leur dimension prédatrice et politique ; le terme « État prédateur » s'y impose.

puissance publique dans l'économie, même lorsque ces incursions avaient des fins défensives. Le pire du libéralisme, sans le meilleur... Cette *intelligentsia* médiatique est allée jusqu'à introduire le chantage au fascisme dans le débat économique national. « Au secours, les années 1930 sont de retour[6] ! » nous avertit en 2013 l'hebdomadaire de droite *Le Point*, ne trouvant pas de mots suffisamment violents contre les forces « protectionnistes ». Chacun est sommé d'admettre que « l'ouverture au monde est une chance pour la France ». Et gare aux mauvais coucheurs, car « de l'actuel social-nationalisme aux autres combinaisons de ces deux mots, le passage est possible[7] », publiera, tout en nuance, la rédaction du journal *L'Express*. Puisque nos éditorialistes ont le goût des analogies historiques, peut-être devraient-ils se souvenir des pacifistes de 1939 qui, en France comme au Royaume-Uni, ne voulaient pas « mourir pour Dantzig »... Huit décennies plus tard, ces nouveaux « pacifistes », ardents défenseurs de la mondialisation libérale, tirent encore à boulet rouge sur ceux qui veulent défendre la France et l'Europe.

Le premier embryon de dispositif français destiné à filtrer les menaces les plus évidentes contre notre sécurité nationale, qui voit le jour en 2005, subit les foudres méprisantes de Jean Tirole. La tribune de celui qui deviendra, quelques années plus tard, une fierté nationale en décrochant le prix Nobel d'économie, commençait par ces mots : « L'État a mieux à faire que combattre les OPA[8] ». La charge est clairement politique. Pour lui, le débat sur la nécessité de défendre les entreprises françaises contre les prises de contrôle étrangères non seulement est superflu, mais relève d'une dérive « nationaliste ». Le vilain mot est lâché. Les proies françaises ne se résumeraient qu'à une poignée de grands groupes, tous déjà internationalisés. Et si les investisseurs étrangers s'y intéressent et pensent pouvoir créer plus de valeur que les acteurs en place, c'est sans doute le signe d'un « gouvernement d'entreprise défaillant » ! S'il y a quelqu'un à protéger, ajoute-t-il, provocateur, ce seraient plutôt les investisseurs étrangers qui pourraient être trompés sur la valeur réelle des cibles françaises auxquelles ils s'attaquent.

Malgré ces attaques virulentes, le dispositif français de filtrage des investissements étrangers a tout de même été renforcé à plusieurs reprises[9]. Les prises de contrôle étrangères les plus médiatiques, comme celles d'*Alcatel* ou d'*Alstom*, n'y sont pas pour rien. Ces acquisitions – toutes deux d'origine américaine – ne représentent toutefois que l'écume d'un phénomène autrement plus profond*. Et jamais le dispositif n'a été hissé à la mesure des enjeux. Outre des renforcements techniques, c'est une véritable

* Ces dernières années, les États-Unis ont été, bien sûr, à l'origine des principales acquisitions d'entreprises en France et en Europe. Le phénomène est connu ; c'est sans doute le visage le plus familier de la guerre économique (même si l'ampleur des acquisitions de plus petite taille reste sous-documentée). Cette enquête est consacrée à un phénomène plus récent et plus méconnu : la multiplication, dans l'ombre, des prédations économiques orchestrées par des investisseurs *publics* au service d'États du monde en développement. Notons que, pour leur part, l'essentiel des investissements américains n'émane pas directement d'acteurs publics. Si les États-Unis sont dotés de plusieurs fonds souverains, ceux-ci se comportent largement comme des investisseurs institutionnels traditionnels. Le pays a aussi la particularité de ne pas héberger d'entreprises publiques. Cela n'empêche cependant pas les acquisitions américaines réalisées par le secteur privé de pouvoir servir l'agenda politique national.

révolution culturelle et idéologique qui doit animer la refonte de nos protections, pour pouvoir enfin s'aligner sur ce que font sans complexe d'autres démocraties libérales, comme les États-Unis ou le Canada. L'objectif n'est naturellement pas de se priver des capitaux étrangers qui demeurent essentiels à notre croissance, mais nous devons nous offrir le droit de distinguer entre les investissements qui nous profitent et ceux qui nous affaiblissent. La prospérité nationale est une composante de notre bonheur individuel et collectif, de notre puissance et de notre souveraineté ; elle mérite qu'on se batte pour elle.

Ne nous y trompons pas : les offensives des États prédateurs n'en sont qu'à leurs débuts. Les velléités de conquête des nouvelles puissances en développement vont croissant. Leur confiance dans la puissance publique et ses nouvelles armes ne fait que se renforcer… tout comme la sophistication de celles-ci. Ils ont pour eux l'unicité de la décision politique et la projection dans le long terme propres aux régimes autoritaires. Hors d'Europe, le chapitre qui s'écrit est résolument *postlibéral*, et l'impérialisme économique des « États prédateurs » risque d'y jouer un rôle majeur.

Outre-Atlantique, l'*Inflation Reduction Act* (IRA), ce plan public de 370 milliards de dollars porté par l'administration Biden et destiné à doper l'industrie verte américaine, souffle dans la même direction. Le président François Mitterrand, au crépuscule de son dernier mandat, avait confié au journaliste Georges-Marc Benamou à propos des États-Unis : « La France ne le sait pas, mais nous sommes en guerre avec l'Amérique. Oui, une guerre permanente, une guerre vitale, une guerre économique, une guerre sans morts. Apparemment. Oui, ils sont très durs les Américains, ils sont voraces, ils veulent un pouvoir sans partage sur le monde. [C'est] une guerre inconnue, une guerre permanente, sans morts apparemment et pourtant une guerre à mort[10]. » À l'ouest, rien de nouveau : les États-Unis n'ont pas baissé les armes. À l'est ? De nouveaux belligérants entrent dans la bataille, avec un arsenal d'un nouveau genre.

En France comme en Europe, « souveraineté » et « autonomie stratégique » reviennent sur toutes les lèvres. Mais au-delà des mots qui rassurent à bon compte, il est temps de prendre la mesure de nos vulnérabilités et de nous doter des véritables moyens du sursaut. Les nouveaux Athéniens ne nous feront pas de cadeaux. Malheur aux Méliens…

« D'où parles-tu, camarade ? »

« Quand je suis rentré de Tunisie, l'hiver 68-69, à l'université de Vincennes il était difficile de dire quoi que ce soit sans que quelqu'un vous demande : "D'où tu parles ?" Cette question me mettait toujours dans un grand abattement. Ça me paraissait une question policière, au fond », confiait le philosophe Michel Foucault à Roger-Pol Droit, en juin 1975. Décliner son appartenance, révéler ses origines, reconnaître son « privilège », voilà d'anciennes exigences qui semblent aujourd'hui faire leur retour sous la pression des campus américains.

Tout en partageant la méfiance de Foucault, ce n'est pas à contrecœur que je choisis de céder à l'esprit du temps et de préciser plus avant la généalogie de cet ouvrage.

Il s'est construit dans la droite ligne des combats que mon père a portés depuis une trentaine d'années. Promoteur avant-gardiste du « patriotisme économique » et concepteur d'une politique publique d'intelligence économique, il fut en France l'une des rares voix à porter dans le débat d'opinion les enjeux de souveraineté en économie, et à sentir, avant l'heure, le basculement postlibéral à l'œuvre dans la mondialisation. Ses travaux ont nourri ma réflexion, même s'il avait déjà, avant cela, insufflé en moi l'essentiel : l'amour de mon pays et le goût de le défendre.

Ma modeste contribution s'inscrit dans cette grande ambition et ne pourra résonner que chez ceux qui ont à cœur que la France et l'Europe aient encore demain, dans le monde, une place digne de leur histoire.

***

Partie A

La discrète revanche
de la puissance publique

Chapitre 1

Le grand aveuglement

C'était la fin de l'histoire. Le mur de Berlin tombait. Puis le bloc soviétique s'effondrait et, avec lui, les fantasmes d'un État tout-puissant régissant d'une main de fer la vie économique et sociale des nations.

De nouvelles figures intellectuelles faisaient une entrée tonitruante dans le débat public. Balayant les espoirs et les craintes du « grand soir », elles assenaient leur conviction d'un grand matin libéral. Elles écrasaient le débat de leur triomphalisme et de leur optimisme. Véritables prophètes des temps postmodernes, ces intellectuels dessinaient sous nos yeux les contours d'un monde nouveau : le capitalisme anglo-saxon était l'horizon indépassable des sociétés humaines et la puissance arbitraire de l'État était à ranger dans le cimetière des errements de l'histoire. Fort de son avance intellectuelle et technologique, l'Occident avait peu à craindre et beaucoup à espérer de ce nouvel ordre mondial centré autour d'un marché-roi, ouvert et vecteur de paix.

Une idéologie était morte, emportant avec elle ses illusions. Une autre était en germe : avec sa part de lumière... mais aussi ses cécités.

Les prophètes du déclin de l'État

Par un éblouissant article publié à l'été 1989, avant même la chute du mur de Berlin, Francis Fukuyama jette avec fracas les bases du débat intellectuel central de l'après-guerre froide[1]. Le théoricien américain n'est pas un chercheur comme un autre : il est la figure montante de la *Rand Corporation*, institution de recherche subordonnée au Pentagone, et collabore étroitement avec le département d'État américain. Observant avec lucidité la dislocation de la sphère soviétique, il prophétise, dans une perspective ouvertement hégélienne, la « fin de l'histoire » ou le triomphe de la démocratie libérale. Triomphe idéologique, et bientôt triomphe politique. Elle est le stade final vers lequel converge irrésistiblement l'ensemble des sociétés humaines. Pas de chemin alternatif, pas de déviation durable possible... Le « dernier Homme » sera politiquement et économiquement libéral. Et Fukuyama s'en félicite : cette trajectoire unique est non seulement inéluctable, mais souhaitable ; elle s'inscrit dans une marche universelle vers le progrès.

Fukuyama ne croit pas pour autant au crépuscule de la souveraineté nationale. Les États demeurent les entités les plus naturelles, les plus efficaces et les plus légitimes pour structurer la vie collective et l'ordre international. Toutefois, la défaite idéologique du communisme et du socialisme entérine clairement le rejet de l'intervention systématique de l'État dans la sphère économique et sociale : il est partout appelé à se recentrer sur ses missions régaliennes et à laisser libre cours au marché.

À lire Fukuyama, le rôle limité de l'État dans l'économie s'imposerait spontanément à travers le monde. Mais cette conception est en réalité promue vigoureusement par quelques cercles d'experts internationaux influents. Un séminaire réuni à Washington à la fin des années 1980 va rester le symbole de cet activisme. Rassemblant des universitaires et économistes du FMI, de la Banque mondiale et du Trésor américain, le séminaire accouche d'une doctrine économique destinée aux pays en développement, connue aujourd'hui sous le nom de « consensus de Washington[2] ». Les mesures proposées s'inscrivent indubitablement dans une perspective néo-libérale : privatisation, ouverture des marchés, déréglementation, suppression ou baisse des subventions, discipline budgétaire, contrôle de l'inflation... Elles encouragent l'autonomie du marché et une forme d'antiétatisme. Et si ce plaidoyer trouve un écho retentissant, c'est que ses auteurs sont aussi les piliers des principales institutions financières de la planète. À ce titre, ils dispensent des recommandations... et conçoivent les politiques d'aides aux gouvernements.

Quelques figures majeures viennent bien sûr contester ce nouveau dogme. Le futur Prix Nobel d'économie Joseph Stiglitz, qui devient économiste en chef de la Banque mondiale en 1997, va lui-même provoquer une controverse d'ampleur mondiale. Mais, signe que le paradigme libéral a fait son chemin, les critiques émises par Stiglitz sont loin de réhabiliter l'interventionnisme étatique, l'actionnariat public ou le protectionnisme[3].

Dans les années qui suivent la parution de « La fin de l'histoire », de nombreux intellectuels et conseillers politiques de renommée mondiale vont glisser de la critique de l'interventionnisme étatique à une vision plus radicale du déclin de l'État. Leurs théories, qui vont littéralement saturer le débat politique occidental, s'appliquent à décrire (souvent avec jubilation) la dissolution du pouvoir étatique dans l'ordre international et l'émergence (à juste titre) de nouveaux lieux de pouvoir, au premier rang desquels le marché.

Kenichi Ohmae est sans doute celui qui porte le coup de boutoir le plus virulent. Célèbre associé du cabinet de conseil en stratégie McKinsey, il a accompagné les plus grandes multinationales de la planète, mais aussi de nombreux gouvernements. Dans *The End of the Nation State*, publié en 1995, il soutient que le développement de l'économie mondiale fait le lit d'un monde « sans frontières », sous l'effet de quatre forces combinées : le capital, les entreprises, les consommateurs et la communication. Face à ces forces transfrontalières, l'action des États dans l'économie apparaîtrait de plus en plus « dysfonctionnelle » et « inefficace ». Incapables de façonner le marché, les États abdiqueraient progressivement leurs ambitions interventionnistes, pour se limiter à la fonction élémentaire de définition et de maintien de l'appareil légal et administratif. Les investissements publics céderaient le pas aux flux privés guidés par la pure rationalité économique. Et le pouvoir économique des États se réduirait d'autant plus que les différences idéologiques entre nations et les velléités de puissance nationale s'effaceraient progressivement.

La thèse du déclin de l'État va aussi se nourrir de la montée en puissance des organisations supra-étatiques. Les « libéraux institutionnalistes », comme le politologue Robert Keohane, mettent l'accent sur l'importance grandissante des règles et institutions internationales. Elles auraient la capacité de répondre à l'intensification des défis globaux face auxquels les États seraient impuissants.

Une analogie va connaître un grand succès : celle du Moyen Âge, parfois utilisée comme une métaphore de la dispersion du pouvoir, parfois synonyme d'un désordre grandissant[4]. Les « néo-médiévalistes » les plus sérieux considèrent que l'ordre « postinternational » partage des similitudes fortes avec l'époque préinternationale médiévale, en tant qu'il est dominé par un système d'autorités et de loyautés multiples et chevauchantes. Le système néo-médiéval serait déchiré entre une tendance à l'intégration globale (sous la force du marché, de la gouvernance internationale...) et une logique concurrente de fragmentation locale (sur des lignes ethniques, culturelles, religieuses...).

Chacun y va de sa singularité théorique. Jessica T. Mathews, présidente de l'un des *think tanks* les plus influents au monde, la Fondation Carnegie, met l'accent sur la force des technologies de la communication et de l'information, capables d'affaiblir même les États les plus autoritaires. En matière économique, il faudrait se réjouir que la sphère privée s'étende aux dépens de la sphère publique, nous dit Mathews, puisque les gouvernants poursuivent généralement des politiques de séduction destructrices de valeur. Anne-Marie Slaughter, universitaire qui deviendra l'un des piliers de l'administration Obama, considère que l'État se désagrège sous l'effet de l'autonomisation de ses différentes entités fonctionnelles (appareil judiciaire, régulation financière, environnementale…). Les liens tissés entre les entités fonctionnelles nationales formeraient un réseau dense, constitutif d'un nouvel ordre transgouvernemental.

Le foisonnement de ces théories témoigne de l'atmosphère d'épuisement du paradigme étatique dans l'après-guerre froide. En Occident, médias, dirigeants politiques et économiques, mais aussi élites académiques et intellectuelles ont, dans leur vaste majorité, applaudi les discours postétatiques. Ohmae est appelé partout le « prophète de Tokyo », il est le « meilleur auteur de la planète pour résumer et anticiper les changements effrénés » du monde[5]. L'article de Fukuyama fait le tour du globe, discuté dans tous les cénacles de pouvoir : il s'arrache « plus que les journaux pornographiques », s'amuse-t-on à Washington[6]… En France, il fera immédiatement l'objet d'un numéro de la revue *Commentaire*, introduit par Valéry Giscard d'Estaing et Henry Kissinger *themselves*.

« Alter »… mais mondialistes tout de même

Si la chanson douce des libéraux et des « globalistes » trouve une audience considérable dans les cercles de pouvoir, des clivages intellectuels persistent évidemment dans le débat occidental. Ils ne se situent néanmoins pas, pour l'essentiel, sur le terrain du constat : au tournant du XXIe siècle, bien peu croient encore que l'État soit en position d'exister face au marché mondialisé (ou en son sein même). L'État est presque toujours considéré comme dépassé.

L'opposition se situe bien davantage entre ceux qui se félicitent des avancées du marché aux dépens de l'État et ceux qui les déplorent. En somme, elle se situe moins entre croyants et sceptiques, qu'entre enthousiastes et désolés.

Le mouvement altermondialiste a incarné, au tournant du nouveau siècle, la principale force de résistance aux partisans de la mondialisation libérale. Il fait une violente irruption dans le débat public à l'occasion des manifestations de Seattle de novembre 1999. À peine un an plus tard, représentants de la société civile, hommes politiques, universitaires et journalistes, unis par leur opposition à la conception de la mondialisation promue par le Forum économique mondial (FEM) de Davos, se réunissent dans une atmosphère joyeusement anarchique à l'occasion du premier Forum social mondial (FSM), tenu à Porto Alegre, au Brésil. Le mouvement altermondialiste français, ATTAC en tête, y tient une place de tout premier ordre.

L'économie internationale y est globalement décrite comme de moins en moins gouvernée par les États. Le pouvoir politique national est considéré comme affaibli, voire vidé de sa substance, par un double mouvement. D'abord, par le transfert massif de la richesse et de la connaissance de la sphère publique à la sphère privée.

Ensuite par le développement de la gouvernance économique et financière internationale, en particulier au travers des politiques de l'OMC, du FMI et de la Banque mondiale. Un constat pas si éloigné de celui des néo-libéraux ?

Pourtant, on y applaudit à tout rompre « la fin... de la "fin de l'histoire" » rapporte la célèbre activiste Naomi Klein, dans le passionnant récit qu'elle fait de l'événement[7]. Est-ce à dire que les altermondialistes ambitionnent de réhabiliter l'État dans la mondialisation et l'économie internationale ? Certainement pas, car, en dépit de sa grande diversité idéologique, le mouvement altermondialiste se construit, pour l'essentiel, dans une perspective postétatique.

L'État n'est plus perçu comme l'acteur central de l'économie internationale, mais pas plus comme l'outil privilégié de la reconquête politique. « Un autre monde est possible ! » scandaient les activistes de Porto Alegre... Et peu d'entre eux avaient l'ambition de s'appuyer sur les structures étatiques pour lui donner jour. L'économie mondiale et ses forces néfastes devaient être gouvernées, pour certains, par l'entremise d'organisations internationales profondément repensées, rendues transparentes et tenues en responsabilité par les peuples. Pour d'autres, plus nombreux, elles devaient être transformées par le bas, au niveau de communautés locales autogérées ou de micromouvements affrontant institutions (université, municipalité...) et intérêts économiques privés (chimie, agro-alimentaire, pétrolier et minier...).

Au tournant du siècle, le paradigme postétatique s'impose donc doucement, y compris chez les adversaires du marché-roi. Les temps qui s'ouvrent seront marqués par l'affaiblissement de l'État et de l'actionnariat public.

La soumission intellectuelle des élites françaises

Le milieu intellectuel français a embrassé avec enthousiasme les thèses sur le déclin de l'État. Il s'est fait, bien souvent, le relais actif de la pensée libérale anglo-américaine. Et, en France plus qu'ailleurs, l'air du temps est profondément influencé par nos intellectuels. Il n'en fallait donc pas tant pour que la classe politico-journalistique plonge comme un seul homme dans le paradigme post-étatique.

Publiée en 1997, *La Mondialisation heureuse* d'Alain Minc illustre à merveille les fourvoiements idéologiques des élites françaises (même si l'ouvrage n'est pas dénué d'une certaine verve intellectuelle). Minc est convaincu que le marché a triomphé aux dépens de l'État. Il régnerait désormais en maître dans la quasi-totalité des pays du monde et s'étendrait à des sphères de plus en plus larges de l'activité humaine. « Mondialisation, globalisation, internationalisation ne sont que des noms de code pour cette nouvelle loi de la gravitation économique, le marché-roi », écrit-il. Pour lui, il n'y a pas d'alternative : « Aucune logique économique ne peut s'opposer à la mondialisation, ni lui servir d'alternative. Il n'existe plus d'autre mode de développement : tous ont été engloutis par leurs impasses et leurs propres erreurs. Le marché-roi n'a rien à craindre, le monde lui appartient et chaque jour renforcera son emprise[8]. » Partout dans le monde, nous dit Minc, l'État bat en retraite, submergé par les forces du marché : il est contraint de se soumettre aux grilles de performance édictées par les marchés financiers, de libéraliser et d'ouvrir les frontières de son économie pour faire face aux impératifs de compétitivité, et subit les desiderata des épargnants qui choisissent librement où investir au gré des perspectives de rentabilité et des régimes fiscaux. Hier producteur, il est appelé à se cantonner partout à un rôle de régulateur, cédant à l'« irrésistible mouvement des privatisations[9] ».

La Chine, elle-même, explique Minc dans un autre essai publié trois ans plus tard, n'échappera pas au libéralisme économique et à l'ouverture de son marché[10]. D'un bout à l'autre de la planète, la convergence libérale est en marche et l'interventionnisme étatique, que ce soit sous la forme de l'actionnariat public ou du protectionnisme, n'est plus envisageable.

Si *La Mondialisation heureuse* est aujourd'hui si vilipendée, c'est peut-être à cause du mépris qui transpire de l'ouvrage (« "Mondialisation sauvage, cruelle, violente", psalmodient les pleureuses d'aujourd'hui[11] ») et de son arrogance péremptoire (Minc se réfère sans cesse à la « raison » et au « principe de réalité » pour faire face à ceux qu'il appelle les « illuminés »).

Quitte à tirer sur les ambulances de la vie intellectuelle nationale, il serait regrettable d'évoquer l'influence d'Alain Minc en France sans mentionner celle de Jacques Attali. L'ancien conseiller spécial du président Mitterrand, fondateur de quatre institutions internationales, a largement contribué, lui aussi, à la diffusion d'une vision du monde postétatique…

Dès 1993, il décrit le nouveau « règne du marché [12] ». Mais Attali n'est pas un esprit naïf. Il est convaincu que les stratégies politiques de domination des États ne vont pas disparaître avec l'avènement du marché, comme certains prophètes libéraux aiment à le penser. Pour lui, la puissance (y compris économique) est intimement liée à la mise en œuvre du diptyque libéralisme politique / économie de marché. Cette conviction emporte deux conséquences profondes, une pour l'Europe, l'autre pour le monde en développement. La prospérité de l'Europe dépendra de sa capacité à dépasser les logiques étatiques nationales, à bâtir une unité politique et économique puissante (marché unique, monnaie unique, intégration fiscale et juridico-administrative…) et à parachever la mise en place d'économies de marché sur l'ensemble du continent. Les pays en développement, pour leur part, ne peuvent espérer bâtir leur prospérité économique qu'à condition de rompre avec l'autoritarisme politique et la toute-puissance discrétionnaire de l'État.

Ancré dans ce paradigme, Attali en vient à imaginer l'allure des nouveaux rapports de force internationaux du XXIe siècle. Le nouvel ordre mondial devait être tiraillé entre deux pôles géographiques dominants s'affrontant pour la conquête de l'hégémonie mondiale : une sphère européenne intégrée et une sphère pacifique centrée autour du Japon. Il faudrait un miracle, assure Attali, pour que la Chine, l'Inde ou les monarchies du Moyen-Orient s'intègrent à l'économie mondiale et prennent le chemin de la prospérité économique, trop ancrées qu'elles sont dans leur étatisme autocratique, leur instabilité politique et leur fermeture commerciale…

Les pensées d'Alain Minc et Jacques Attali ne laissent donc aucune place à l'idée que des États forts puissent influer durablement et en profondeur sur l'économie internationale. Nulle possibilité que les États puissent agir à l'intérieur même du puissant marché. Le triomphe de l'un est nécessairement le chant du cygne de l'autre. Nos élites économiques, politiques et médiatiques leur ont-elles accordé trop de crédit ? Le charme et l'intelligence sont, en France, des valeurs souveraines : elles suscitent aisément l'adhésion et excusent beaucoup d'errements.

De fait, la presse généraliste comme la presse économique ont, dans leur vaste majorité, épousé et offert des caisses de résonance à cette vision de la mondialisation. L'État actionnaire et les stratégies protectionnistes sont depuis lors presque toujours perçus par nos éditorialistes comme des anachronismes. « L'État, c'est-à-dire la bureaucratie, l'archaïsme, l'inefficacité[13] », résume, tout en nuance, Alain Duhamel. Pour Christophe Barbier, l'État a structurellement vocation à « sortir d'une économie marchande où il n'a rien à faire quand tout va bien[14] ». Quand Patrice Caine, PDG de Thales, plaide pour une stratégie publique industrielle volontariste, le grand quotidien de la droite conservatrice lui lance : « N'êtes-vous pas nostalgique d'une politique industrielle, celle des Trente Glorieuses, qui serait aujourd'hui anachronique ? »… Le capitaine d'industrie est contraint de rappeler : « Au contraire, je crois que l'État peut soutenir efficacement l'industrie de pointe. Nous avons été un peu trop fascinés par un modèle anglo-saxon, dans lequel la puissance publique n'avait plus sa place. Cette vision est erronée. Les grands secteurs industriels ont toujours fait, et font toujours, l'objet d'un soutien massif de tous les grands États du monde, à commencer par les États-Unis. C'est le cas dans les "vieux" pays industriels, mais c'est aussi vrai dans les pays émergents, en Chine, en Inde, en Corée, en Turquie... Ces États ne s'embarrassent pas d'un corpus idéologique libéral. Ils investissent dans les secteurs qu'ils jugent stratégiques. Redonner ses lettres de noblesse à la politique industrielle est tout sauf une vision passéiste[15] ! »

Il n'est pas surprenant que la presse d'inspiration libérale s'inquiète des boursouflures de l'État actionnaire. Elle est dans son rôle lorsqu'elle se préoccupe du gaspillage des deniers publics. Mais il est plus regrettable que l'État, en lui-même, soit remis en cause dans sa légitimité à imposer ses intérêts sur ceux de la sphère privée[16]. Nos élites avaient hier tendance à croire que l'État *pouvait* et *devait tout faire*. La cécité contemporaine tiendrait plutôt à croire que l'État *ne peut* et *ne doit rien faire*. Dans un article publié en 2006 dans *Le Figaro*, Yves de Kerdrel raconte avec malice : « Passant un jour à Saint-Malo, Louis XIV réunit les armateurs et leur demanda s'il pouvait faire quelque chose pour les aider dans leur concurrence avec les Anglais. Il s'entendit répondre : "Non, sire. Surtout ne faites rien !" Trois siècles et demi plus tard, nous dit Kerdrel, il faudrait quelqu'un pour susurrer la même recommandation au gouvernement, dès lors que le sort d'une entreprise est en jeu[17]. » La France est systématiquement considérée comme une anomalie internationale, le seul pays qui s'accrocherait encore aux vestiges du secteur public. À en croire nos éditorialistes, la sphère privée et sa rationalité économique prendraient partout ailleurs le pas sur la sphère publique et ses considérations politiques.

Un recul de l'État actionnaire, vraiment ?

L'émergence de nouveaux pouvoirs dans l'économie et la finance internationales est incontestable. Les organisations internationales consolident leur rôle, en matière de régulation financière bien sûr, mais aussi en matière de financement (infrastructures, transition énergétique...). Un nombre croissant de régions et d'organisations subétatiques déploient également leurs propres stratégies de développement et d'investissement. Les ONG et la société civile imposent de façon croissante leur agenda et leurs standards. Et le marché et sa sphère privée, évidemment, semblent étendre, chaque jour un peu plus, leur territoire.

L'influence des États dans l'économie est-elle pour autant condamnée ? L'État actionnaire et producteur est-il mort, laissant la place à un État régulateur et (plus ou moins) redistributeur ?

À partir des années 1980, la vague de privatisations a, il est vrai, déferlé sur toutes les grandes nations. Inefficience économique, qualité de service discutable, clientélisme : l'État n'était plus perçu, après tout, comme un si bon gestionnaire... En cédant une partie significative de leurs participations dans les entreprises publiques à des investisseurs privés, les États à travers le monde se sont ainsi désengagés pour plus de 1 000 milliards de dollars entre 1977 et 2000[18].

Mais, contrairement aux idées reçues, la donne a radicalement changé depuis le début des années 2000. Malgré de nouvelles privatisations d'envergure (largement médiatisées), les États ont acquis, à l'échelle mondiale, à peu près autant d'actifs en actions d'entreprise qu'ils n'en ont cédés au travers des privatisations et des ventes directes d'actions d'entreprise[19], loin du recul inexorable de la puissance publique tant annoncé !

Or la résurgence de l'État actionnaire n'est pas la queue de comète d'un modèle archaïque. Elle n'est pas l'effet de la montée en puissance des grands pays émergents dont le modèle étatique historique perdurerait. La Chine et les autres émergents ont presque tous commencé à privatiser leur économie dans les années 1990 et les cessions de participations publiques se sont poursuivies par vagues successives jusqu'à aujourd'hui. La nouveauté des deux dernières décennies tient plutôt au fait que ces États émergents – comme les États extra-européens plus généralement – se sont mis à réacquérir en parallèle d'autres actifs privés.

En somme, l'économie mondiale est aujourd'hui traversée par deux dynamiques simultanées et, apparemment, contradictoires. Dans son rôle de *propriétaire-gestionnaire* d'entreprises publiques, l'*État* opère, de façon générale, un recentrage stratégique (via des privatisations). Mais on observe, à côté de cela, un réengagement de l'État actionnaire dans l'économie sous les habits d'*investisseur* – investisseur national, mais, plus souvent encore, international. Par petites touches, il peut étendre son influence avec une ampleur inédite. Loin de disparaître, l'empreinte des États s'affirme donc d'une façon nouvelle dans l'économie internationale.

*

En trois décennies, un nouveau monde multipolaire est sorti de terre. Et l'État s'en est trouvé largement réhabilité. La Chine s'est « éveillée » : elle est devenue la seconde, voire la première, économie mondiale. Malgré des vagues récurrentes de privatisations, Pékin a fait le choix de maintenir un État actionnaire et de lui confier un nouveau rôle d'investisseur international. Au Moyen-Orient, l'envolée des cours du pétrole de 2004 à 2014 a massivement enrichi les exportateurs d'or noir. Les États ont été les premiers bénéficiaires de cette manne et les principaux relais du réinvestissement à l'international. En Occident même, la crise financière de 2008 a jeté le discrédit sur l'idée qu'un marché, laissé au jeu des seuls intérêts privés, puisse contribuer au bien commun ou à la prospérité nationale. Les années passant, partout dans le monde, le succès économique des pays qui ont muté vers un capitalisme d'État – ou qui, du moins, ont redéveloppé un État actionnaire puissant – a semblé démontrer qu'une voie alternative à l'économie libérale de marché était possible. À sa manière, la politique étrangère américaine, en dégradant le prestige national, a fini elle-même par légitimer implicitement les modèles alternatifs au libéralisme anglo-saxon.

Le modèle occidental de retrait progressif de l'État actionnaire ne fait plus recette. Il n'est plus un horizon souhaité. Porté par d'anciens États en développement, devenus de véritables puissances de la mondialisation, l'État actionnaire renaît et fait peau neuve, sans que nos élites engluées dans le logiciel intellectuel de l'après-guerre froide s'en aperçoivent. Il revêt désormais les habits d'investisseur. Ses outils ? Entreprises publiques et fonds souverains. Le capitalisme d'État se projette à l'international. Et ce n'est que le « début de l'histoire ».

***

Chapitre 2

Fonds souverains, les nouveaux chéquiers de la planète

Fin novembre 2007, les familles américaines célèbrent Thanksgiving. Sans doute la fête la plus amère depuis celle qui suivit les attentats du 11-Septembre, six ans plus tôt. Plusieurs centaines de milliers de familles sont expulsées de leur maison, les banques américaines sont asphyxiées, le système financier est au bord de l'implosion.

La plus grande banque du monde, présente dans plus de cent pays et servant 200 millions de clients, l'américaine *Citigroup*, est au cœur de la tourmente depuis juillet. Elle accuse des pertes considérables, plombée par l'effondrement du marché des crédits hypothécaires. Le cours de son action dégringole : en cinq mois, il a presque été divisé par deux. Charles Prince, son flamboyant PDG, qui a beaucoup misé sur les *subprimes*, lançait encore le 4 juillet, au début de la crise : « Tant qu'il y a de la musique, il faut se lever et danser[1] »… Début novembre, fin de la chorégraphie : Prince a été contraint de donner sa démission. En cette semaine de Thanksgiving, le nouveau PDG, Robert Rubin, et les *dealmakers* de *Citigroup* s'activent furieusement pour tenter de trouver des solutions de recapitalisation et sauver la banque. Le discret investisseur ADIA, fonds souverain de l'émirat d'Abu Dhabi, propose son secours. À l'issue d'un voyage éclair dans la capitale des Émirats arabes unis, Robert Rubin trouve un accord avec le fonds souverain. Le lundi suivant, le *deal* est signé : le géant américain, au pied du mur, accepte de vendre 4,9 % de ses parts pour 7,5 milliards de dollars. Le fonds de l'Émirat d'Abu Dhabi est devenu au terme d'une folle semaine le premier actionnaire de la première banque du monde. Deux semaines plus tard, après seulement cinq semaines d'exercice, le nouveau PDG de *Citigroup* est à son tour remercié…

Le coup d'envoi est donné. Au cours des semaines suivantes, les principaux fonds souverains se ruent sur un secteur financier américain et européen à terre. En décembre, le fonds souverain singapourien *GIC* injecte près de 10 milliards de dollars dans *UBS*, arrachant 9 % de la banque suisse. Quelques jours plus tard, le fonds souverain émirati *Mubadala* s'empare de 7,5 % de l'un des leaders américains du capital-investissement, le puissant *Carlyle Group*. Juste avant Noël, le fonds souverain chinois *CIC* acquiert, lui, près de 10 % de la banque américaine *Morgan Stanley* pour 5 milliards de dollars. La nouvelle année n'enraye pas le mouvement. Le singapourien *GIC* investit en janvier près de 7 milliards de dollars dans *Citigroup* qui ne parvient toujours pas à stopper sa chute. L'autre fonds souverain de Singapour, *Temasek*, monte, lui, au capital du britannique *Barclays*, avant d'arracher plus de 10 % de la banque américaine *Merrill Lynch*, aux côtés du fonds souverain coréen *KIC* et du koweïtien *KIA*. Le géant américain du capital-investissement *Blackstone* a, lui, laissé entrer à son capital le chinois *CIC*.

En quelques mois, les fonds souverains asiatiques et moyen-orientaux ont contribué au sauvetage du secteur bancaire et financier et se sont imposés comme des piliers du secteur financier occidental et mondial. La crise financière de 2008 a soudainement mis en lumière leur puissance financière, ignorée jusqu'alors.

Une actualité en chassant une autre, ces investisseurs singuliers ont vite disparu de la scène médiatique. Mais leur développement ne s'est pas interrompu et leur influence n'a pas décru, bien au contraire…

Des investisseurs de premier plan

Si les fonds souverains sont redevenus si discrets, c'est que, outre leur culture du secret, leur définition même n'est pas consensuelle. Qui sont-ils ? Comment les reconnaître ?

Malgré leur diversité, ce sont tous des véhicules d'investissement (c'est-à-dire des personnes morales qui investissent dans des sociétés tierces), créés, détenus et gérés par des États souverains, qui ciblent des actifs variés (sans les opérer, les gérer au quotidien), dans le but officiel de générer un rendement financier pour l'État hôte (supérieur aux taux sans risque). Ils se distinguent des fonds de pension publics, qui sont spécifiquement financés par l'épargne capitalisée des salariés et des entreprises et qui ont essentiellement un objectif social : verser des pensions de retraite[2]. Ils se distinguent également des banques centrales, dont l'objectif principal est de maintenir la stabilité des prix et des taux de change par rapport aux autres devises, en ciblant à cette fin des types d'actifs plus limités, avec un horizon d'investissement plus court.

On dénombrait fin 2023 une centaine de fonds souverains à travers le monde, et le montant cumulé de leurs actifs sous gestion dépasse les 11 000 milliards de dollars[3]. Une décennie plus tôt, ils étaient deux fois moins nombreux et pesaient deux fois moins lourd…

Pour évaluer leur profondeur financière, il est éclairant de comparer leur montant cumulé d'actifs sous gestion avec celui des autres grands acteurs de l'investissement. Les *hedge funds*, ou fonds spéculatifs*, qui font régulièrement les gros titres de la presse financière au regard de leurs potentiels effets déstabilisateurs, pèsent deux fois moins (environ 4 400 milliards de dollars d'actifs sous gestion[4]). L'ensemble des fonds de *private equity*, ou fonds de capital-investissement (qui investissent dans les actifs non cotés), ne gère, quant à lui, guère plus de 4 700 milliards de dollars d'actifs[5]. Les fonds souverains gèrent donc un montant d'actifs supérieur à ces deux types d'investisseurs cumulés, et l'équivalent de quatre à cinq fois plus que la

---

* Les *hedge funds* sont des fonds d'investissement alternatifs visant des performances élevées en utilisant des stratégies plus risquées que les fonds d'investissement traditionnels.

capitalisation totale du CAC 40. Et ils croissent plus vite que tous les autres types d'investisseurs institutionnels, rattrapant progressivement assureurs et fonds de pension[6].

On se plaît parfois, dans le monde des affaires, à relativiser le poids financier cumulé de cet acteur (l'équivalent de 10 % de la capitalisation boursière mondiale[7]). Mais la puissance des fonds souverains tient, en réalité, à leur petit nombre et à la taille considérable des plus grands d'entre eux. Les dix plus grands fonds détiennent à eux seuls près des trois quarts des actifs totaux de l'ensemble des fonds souverains *(voir tableau n°1).* Plus gros acteur mondial, le fonds norvégien *GPFG* gère plus de 1 400 milliards de dollars. Les autres fonds qui composent le top 10 sont exclusivement asiatiques et moyen-orientaux, la Chine se taillant la part du lion.

Tableau n°1
Top 10 des fonds souverains par montant d'actifs sous gestion (2023)

Rang	Fonds souverains	Actifs sous gestion (Mds)	Pays	Date de création
1	Government Pension Fund Global	1 437 $	Norvège	1990
2	China Investment Corporation	1 351 $	Chine	2007
3	SAFE Investment Company	1 034 $	Chine	1997
4	Abu Dhabi Investment Authority	993 $	EAU	1976

Rang	Fonds souverains	Actifs sous gestion (Mds)	Pays	Date de création
5	GIC Private Limited	799 $	Singapour	1981
6	Kuwait Investment Authority	770 $	Koweït	1953
7	Public Investment Fund	730 $	Arabie saoudite	1971
8	Hong Kong Monetary Authority	514 $	Hong Kong	1993
9	National Social Security Fund	474 $	Chine	2000
10	Qatar Investment Authority	450 $	Qatar	2005

Source : IE CGC (2023)

Aux origines de la puissance

La création du premier fonds souverain remonte à 1953, au Koweït. Après lui, la quasi-totalité des grands exportateurs d'hydrocarbures va se doter de son propre fonds : et notamment les Émirats arabes unis (1967), l'Arabie saoudite (1971) et Oman (1980). En Europe, la Norvège lance un premier fonds en 1967. La Russie, elle, ne se dotera d'un véritable fonds souverain qu'en 2004. En Amérique, le mouvement est initié, au nord, par les États-Unis, dès 1958. Le Canada suit en 1976, et le phénomène se diffuse plus au sud au tournant du xxe siècle, au Venezuela (1998) et au Mexique (2000). L'Afrique sera la dernière région riche en hydrocarbures à s'armer en fonds souverains, avec notamment le Nigeria (2004), la Libye (2007) et l'Angola (2007).

Ce modèle a inspiré des États assis sur d'autres types de ressources naturelles, comme le Chili, dont le fonds souverain investit les excédents de la production nationale de cuivre, ou encore le Botswana, qui recycle les revenus de sa production diamantaire.

Les économies des pays riches en matières premières sont naturellement très dépendantes de la production et des cours de ces ressources. Les volatilités des marchés mondiaux peuvent déstabiliser brutalement leurs budgets nationaux. Et les ressources fossiles sont par nature épuisables. La date du fameux « pic pétrolier », à partir duquel la production mondiale déclinera, fait par exemple l'objet d'intenses débats depuis plusieurs décennies... Est-il déjà derrière nous ? Quoi qu'il en soit, de nombreux États exportateurs d'hydrocarbures ont cherché activement à s'assurer contre la fin de leur rente.

Dans cette perspective, les fonds souverains ont offert le moyen de convertir les rentes énergétiques en placements financiers générateurs de rendements décorrélés des secteurs pétrolier et gazier. Ils permettent, au jour le jour, de lisser les recettes nationales, et à plus long terme d'anticiper et préparer l'épuisement des ressources énergétiques nationales en constituant une forme d'épargne au profit des générations futures. Selon que le premier ou le second objectif soit privilégié, on parle de fonds souverain *de stabilisation* ou de fonds souverain *d'épargne*.

En dépit de chocs pétroliers revenant chaque décennie, la croissance de la demande et des cours des hydrocarbures a constitué le premier facteur de développement des fonds souverains. À la fin des années 1990, on comptait déjà une vingtaine de fonds tirant leurs ressources de rentes énergétiques.

Au tournant du nouveau siècle, une manne financière inédite va permettre le développement d'une nouvelle génération de fonds souverains en Asie. De nombreux États du sud et de l'est du continent vont capitaliser sur le faible coût de leur main-d'œuvre, des monnaies sous-évaluées et sur la consommation croissante des pays occidentaux pour bâtir des économies essentiellement tournées vers l'exportation. Ils vont ainsi accumuler des réserves de change considérables : leur niveau va presque quadrupler en Asie entre 1995 et 2005 (en proportion du PIB mondial), pour représenter plus de 60 % des réserves mondiales[8].

Hong Kong (création du fonds en 1993), la Chine (1997) ou encore la Corée du Sud (2005) confient ainsi une partie de ces capitaux à des fonds souverains créés à cet effet. Ils placent ces devises dans des types d'actifs et des secteurs divers, majoritairement à l'étranger, avec l'objectif de générer une rentabilité supérieure à celle des placements traditionnels des réserves de change (généralement l'achat d'obligations souveraines américaines).

Dopée par les injections croissantes de capitaux, la puissance de ces fonds souverains égale très rapidement celle des fonds de rentes gazière et pétrolière.

Pour d'autres États, principalement asiatiques, ce sont les larges excédents budgétaires, générés par des surplus fiscaux ou des privatisations, qui nourrissent la création et le développement de fonds souverains. On trouve parmi eux la Malaisie (1993), la Thaïlande (1997), le Vietnam (2006), la Nouvelle-Zélande (2003) et l'Australie (2006).

Phénomène mondial, puissance orientale

Au début des années 2000, dopés par ces puissants moteurs, de nouveaux fonds souverains sortent de terre aux quatre coins de la planète et les caisses se remplissent abondamment.

Crise financière de 2008-2009, effondrement des cours du pétrole en 2014, les fonds souverains enjambent les crises comme des haies. En 2020, alors que la crise sanitaire paralyse la planète entière, les montants d'actifs sous gestion des fonds souverains demeurent en progression malgré des ponctions réalisées par une vingtaine d'États dans les caisses de leurs fonds. Les répercussions de la crise offrent même des opportunités d'investissement accrues. « Il ne faut jamais gaspiller une bonne crise », aurait dit Churchill. Les fonds souverains en ont l'air convaincus : leurs montants d'investissement vont battre tous les records, doublant en 2020 le niveau d'investissement d'avant-crise, et le triplant en 2021[9]. Bien sûr, les fonds sont venus au secours de pans entiers de leur propre économie nationale. Mais certains d'entre eux se sont rués opportunément sur les actifs étrangers fragilisés. Le fonds saoudien *Public Investment Fund (PIF)*, qui a pourtant pour vocation première d'intervenir à l'intérieur de ses frontières nationales, a déployé plus de 10 milliards de dollars aux États-Unis et en Europe dans les premiers mois de la crise. Riyad a ainsi pris des positions extrêmement fortes dans des groupes occidentaux des secteurs de l'énergie, du tourisme et des loisirs.

Au cours de la décennie qui a suivi la crise financière de 2008, le total des actifs des fonds souverains connaît une croissance moyenne annuelle de près de 10 %, passant d'à peine plus de 3 000 milliards de dollars fin 2008 à plus de 10 000 milliards fin 2021.

Graphique n°1
Actifs sous gestion détenus par types de fonds souverains (2008-2021)

En milliers de milliards de dollars

Source : Estimations de l'auteur

Les fonds souverains construits sur le modèle historique dominant – l'exploitation de rentes énergétiques – continuent de croître, mais ils sont progressivement rattrapés par la croissance éclair des fonds d'excédents commerciaux et budgétaires. Ces derniers gèrent aujourd'hui près de la moitié des actifs mondiaux, et plusieurs d'entre eux se positionnent parmi les plus grands fonds de la planète.

Environ soixante-dix États à travers le monde se sont dotés d'un ou de plusieurs fonds souverains, dont près de la moitié au cours de la dernière décennie. Tous les continents s'emparent du phénomène : si l'Afrique est entrée la dernière dans la course, elle accueille déjà une vingtaine de fonds. Et à travers le monde, près d'une vingtaine de nouveaux pays songeraient à créer leur premier fonds souverain. C'est le cas d'États développés, comme le Japon ou le Royaume-Uni, et d'États en développement, comme la Jordanie, l'Afrique du Sud ou le Kenya[10].

On le voit, les fonds souverains ne sont pas l'apanage des pays en développement, ni des États autoritaires. Six pays développés – des démocraties libérales occidentales – ont mis sur pied des fonds souverains de grande taille : la Norvège, les États-Unis, le Canada, l'Australie, la Nouvelle-Zélande et l'Irlande. On pourrait y ajouter la France, l'Espagne, l'Italie et d'autres pays européens dont les véhicules publics d'investissement, de taille plus réduite, peuvent, peu ou prou, se rattacher à la typologie des fonds souverains. Cette « démocratisation », au propre comme au figuré, des fonds souverains révèle que l'on ne peut les résumer aux seuls modèles historiques de financement (rentes énergétiques et excédents commerciaux et budgétaires). De nouveaux modèles sont inventés, et d'autres restent certainement à imaginer.

Néanmoins, deux régions hébergent l'essentiel de la puissance réelle des fonds souverains : le Moyen-Orient et l'Extrême-Orient. Ils détiennent au travers de leurs dizaines de fonds plus des trois quarts des actifs des fonds souverains de la planète. En somme, si les fonds souverains constituent une puissance financière, celle-ci est très largement une puissance orientale.

Le monde comme terrain de chasse

La puissance des fonds souverains dans l'économie mondiale ne se mesure pas simplement « à la pesée », mais également aux rings sur lesquels ils choisissent de boxer. Bien sûr, les fonds souverains ont des stratégies hautement hétérogènes; celles-ci dépendent des principales missions qui leur ont été officiellement attribuées par leur gouvernement.

Tableau n° 2
Typologie de fonds souverains par objectif poursuivi

Types de fonds souverains	Principaux objectifs	Exemples
Fonds de stabilisation	Lisser les variations de recettes liées à la volatilité des prix des matières premières	National Reserve Fund (Russie) SOFAZ (Azerbaïdjan) FEIP (Mexique)
Fonds d'épargne	Convertir le produit des actifs non renouvelables en actifs financiers pérennes pour constituer une épargne au profit des générations futures	GPFG (Norvège) ADIA (Abu Dhabi – ÉAU) GIC (Singapour)
Fonds de retraite	Provisionner pour faire face à des engagements implicites de retraite liés à un système de retraite par répartition à terme affecté par un vieillissement de la population *N.B. Les fonds de pension (publics ou privés) sont eux spécifiques aux systèmes de retraite par capitalisation*	Future Fund (Australie) Superannuation Fund (Nouvelle-Zélande) Chile Pension Reserve Fund (Chili)

Types de fonds souverains	Principaux objectifs	Exemples
Sociétés de placement de réserves	Optimiser le rendement des réserves de change non nécessaires à la gestion des taux de change	CIC (Chine) KIC (Corée du Sud)
Fonds de développement	Financer des projets socio-économiques et/ou des politiques industrielles nationales pour stimuler une croissance équilibrée du pays et diversifier l'économie	Temasek (Singapour) Khazanah Nasional Berhad (Malaisie) ICD (Dubai – ÉAU)

Source : Classification de l'auteur

Par-delà ces divers objectifs affichés, l'audace des fonds souverains sur les marchés internationaux ne cesse de croître. Ils s'ouvrent progressivement à des types d'actifs dont le rendement et le risque sont plus élevés.

Historiquement, en l'absence de fonds souverains, les capitaux des États étaient placés en actifs à court terme, liquides et peu risqués, générant de faibles rendements. Il s'agissait principalement d'obligations d'État et de simples dépôts. Sur la période 1946 à 2006, de tels placements ont connu des rendements inférieurs à 1 %, quand, à la même époque, un portefeuille investi à 60 % en actions et 40 % en obligations rapportait environ 6 % par an[11].

Peu à peu, les États ont pris conscience qu'ils pouvaient maximiser les rendements de leurs capitaux et satisfaire d'autres objectifs extra-financiers, sans prise de risque inconsidérée, via des véhicules d'investissement dédiés, se positionnant sur certaines classes d'actifs ciblées, habituellement, par les investisseurs privés. Dans les premiers temps, les fonds souverains se sont donc majoritairement orientés, au-delà des obligations d'État, vers les actions cotées et les obligations d'entreprises des grandes économies mondiales. Et, progressivement, ils ont accru la diversification de leurs portefeuilles au-delà de ces classes d'actifs liquides. L'horizon d'investissement à long terme des fonds souverains leur permet de cibler des types d'actifs moins liquides dits alternatifs, comme l'immobilier, les infrastructures ou le non-coté. En moyenne, les fonds souverains détiennent environ 40 % d'actions cotées, 30 % de titres de revenus fixes et de liquidités et 30 % d'actifs alternatifs[12].

La place prise par les fonds souverains, en l'espace de quelques années, dans le *venture capital* (ou capital-risque), cette activité qui finance les start-up prometteuses, illustre bien la forte montée en gamme de ces investisseurs publics. Ce soutien à un moment critique de la vie de ces start-up est risqué pour les fonds, mais potentiellement très stratégique. La grande majorité des géants actuels de la technologie, tels que les *GAFAM*, a été au départ financée par le capital-risque. Les fonds se positionnent donc pour faire émerger les *success stories* de demain. Dans la mentalité française contemporaine, étatiste, certes, mais également critique du conservatisme bureaucratique de l'appareil d'État, l'investissement public n'est pas perçu comme un vecteur clé des révolutions technologiques. Le rôle considérable que sont en train de prendre les fonds souverains, notamment singapouriens et moyen-orientaux, dans les secteurs et technologies du futur contredit pourtant cette perception. Leur nombre d'investissements dans les biotechnologies, l'industrie du logiciel, de la donnée, de la *fintech*, des nouvelles mobilités et de l'e-commerce explose. Leurs ressources considérables leur permettent de jouer un rôle clé dans les transactions majeures et de se positionner sur le long terme. On les a, par exemple, retrouvés en nombre – et en force – dans le tour de table de la plus grande levée de fonds opérée par une société non cotée, réalisée en 2018 par *Ant Financial*, filiale du géant chinois de l'e-commerce *Alibaba*, qui opère notamment le service de paiement *Alipay*. Pour financer le développement de ce géant en puissance des services financiers, qui développe des solutions innovantes largement basées sur l'intelligence artificielle (IA), on retrouvait les fonds souverains singapouriens *GIC* et *Temasek* ou encore le malaisien *Khazanah*.

En matière purement géographique, la propension des fonds souverains à investir hors de leur propre territoire s'accentue elle aussi. Même les quelques fonds qui avaient été établis avec un mandat d'investissement national clair (se partageant souvent les responsabilités avec un deuxième fonds souverain investissant à l'international) ont cédé ces dernières années à la tentation de l'aventure internationale. C'est le cas, par exemple, du singapourien *Temasek*. Les plus ambitieux des fonds souverains ont ainsi ouvert des bureaux dans le monde entier pour rafler les meilleures opportunités d'investissement. On estime aujourd'hui qu'entre 60 et 90 % des montants investis par les fonds souverains le sont hors des frontières de leur État[13]. Parmi les plus grands investisseurs à l'international, on retrouve la quasi-totalité des poids lourds attendus : l'émirati *ADIA*, le koweïten *KIA*, le singapourien *GIC* ou encore le chinois *CIC*.

Il est difficile de tracer précisément l'activité de ces discrets investisseurs, car les plus importants d'entre eux refusent de rendre publiques leurs opérations (hormis le norvégien *GPFG*). Toutefois, au cours des dernières années, la partie identifiable de leurs investissements internationaux dépassait les 100 milliards de dollars annuels (en comptant uniquement les investissements de moyen et long terme)[14]. Une face émergée de l'iceberg qui laisse déjà deviner l'influence importante de ces acteurs sur les marchés mondiaux.

En agrégeant les actifs détenus par les différents fonds souverains d'un même pays, on voit se dégager clairement les nouveaux « États investisseurs ».

Et leurs ambitions géographiques sont relativement claires. Les fonds moyen-orientaux investissent très largement à l'étranger, principalement en Europe et en Amérique du Nord, et de plus en plus fréquemment en Asie. Les fonds asiatiques investissent aussi pour une grande part hors de leur frontières, mais autant en Occident que de façon intrarégionale. Les fonds occidentaux, eux, apparaissent nettement moins audacieux, investissant à 90 % en Occident[16]. Au total, le continent le plus ciblé par les fonds souverains n'est autre que l'Europe.

Tableau n° 3
Top 15 des pays-hôtes des fonds souverains par montants investis à l'international (2023)

Rang	Pays	Actifs internationaux sous gestion (Mds)	Nombre de fonds internationaux
1	Norvège	~ 1 400 $	1
2	Émirats arabes unis	~ 1 400 $	7
3	Chine	~ 1 200 $	4
4	Singapour	~ 1 000 $	2
5	Koweït	~ 700 $	1
6	Arabie saoudite	~ 600 $	2
7	Qatar	~ 300 $	1
8	Corée du Sud	~ 200 $	1
9	Australie	~ 200 $	1
10-15	Kazakhstan	<100 $	1
10-15	États-Unis	<100 $	5
10-15	Russie	<100 $	1
10-15	Malaisie	<100 $	1
10-15	Libye	<100 $	1

Source : Estimation de l'auteur (2023)[15]

Et afin de mener à bien leurs ambitions, les fonds souverains se sont démenés pour acquérir les compétences humaines les plus pointues du monde de l'investissement… souvent européennes et américaines. Le fonds d'Abu Dhabi, *ADIA*, fait par exemple le plein dans la *business school* de Harvard, la London School of Economics et l'INSEAD, soit les formations en management les plus reconnues des États-Unis, du Royaume-Uni et de la France.

*

La montée en puissance des fonds souverains sur la scène financière internationale est apparue inarrêtable au cours des deux dernières décennies. Les fonds moyen-orientaux et extrême-orientaux se sont affirmés comme des investisseurs internationaux de premier plan, déployant leurs capitaux sur toutes les classes d'actifs et sur tous les continents, avec un appétit particulier pour l'Europe.

La donne pourrait-elle changer ? Les fonds créés sur les rentes énergétiques nationales font face aux perspectives incertaines des industries gazières et pétrolières. De leur côté, les fonds alimentés par les excédents commerciaux vont devoir composer avec le ralentissement de la croissance de leurs pays et les tensions commerciales internationales qui freinent l'accumulation des réserves de change. Les injections de nouveaux capitaux dans la majorité des fonds pourraient ainsi devenir plus rares et plus timides dans les années à venir. Le mouvement baissier de nouvelles injections a d'ailleurs déjà pu être observé depuis le milieu des années 2010[17].

Pour autant, les prévisions de croissance restent vigoureuses, portées par les rendements attractifs des portefeuilles existants. Les fonds souverains devraient ainsi passer de 11 000 milliards de dollars d'actifs sous gestion en 2023 à 17 000 milliards en 2030[18]. De quoi peser plus que jamais sur les marchés internationaux.

***

Chapitre 3

Entreprises publiques : la renaissance à l'international

En septembre 2020, après de longues années de rumeurs, *ChemChina* et *Sinochem*, les deux géants de la chimie détenus par l'État chinois, officialisent leur fusion. Avec plus de 150 milliards de dollars de chiffre d'affaires cumulé et près de 200 000 employés, le nouveau groupe fait office de super poids lourd du secteur, détrônant l'emblématique allemand *Bayer-Monsanto*.

Qu'un gouvernement œuvre au rapprochement d'acteurs publics pour construire un champion national n'a bien sûr rien d'original en soi : les États européens s'y sont appliqués dans de nombreux secteurs, pendant de longues décennies. La trajectoire de *ChemChina* n'est toutefois pas une réminiscence des politiques économiques européennes du XXe siècle. C'est, au contraire, l'illustration d'un phénomène récent et singulier : l'avènement de l'entreprise publique… multinationale.

La conquête du marché international par *ChemChina* est éloquente. En 2011, le chinois rachète l'israélien Adama pour près de 3 milliards de dollars, lui permettant de mettre un pied pour la première fois dans l'agrochimie, avec une dimension immédiatement internationale. Quatre ans plus tard, *ChemChina* s'empare de l'italien *Pirelli* pour 7,7 milliards de dollars. L'affaire fait du bruit, sans doute parce que l'italien est un symbole de l'excellence industrielle européenne, équipant à lui seul l'ensemble des écuries de Formule 1. Lui permettant d'avaler le cinquième producteur mondial de pneus, l'opération offre au chinois, classé jusque-là au vingtième rang des producteurs mondiaux, l'occasion de se renforcer considérablement. Elle permet surtout l'acquisition d'une expertise technologique rare sur laquelle l'ensemble du groupe chinois va rapidement capitaliser. *Pirelli*, trop petit pour faire face, seul, à ses principaux concurrents mondiaux, avait échoué à prendre le contrôle de l'allemand *Continental* au début des années 1990… À défaut de consolidation européenne, c'est donc sous pavillon chinois que l'italien retrouvera une seconde vie. Pour *ChemChina*, l'année 2016 est un tournant. L'industrie allemande est à son tour la cible de l'insatiable conglomérat chinois, avec l'acquisition du fabricant de machines-outils *Krauss-Maffei*, véritable fleuron du *Mittelstand* allemand. Dans la foulée, *ChemChina* crée la stupeur en s'emparant de la multinationale suisse de l'agrochimie *Syngenta*, pour 43 milliards de dollars. Cette acquisition, la plus importante jamais lancée par un groupe chinois à l'étranger, lui offre l'accès aux technologies et au savoir-faire les plus pointus en matière de mise au point de semences et de fertilisants... des productions critiques pour améliorer les rendements agricoles et satisfaire une demande alimentaire mondiale croissante. Dans un contexte de forte concentration du secteur, Pékin s'offre donc les moyens de jouer un rôle essentiel dans l'approvisionnement alimentaire mondial.

Pénétration des marchés étrangers, développement sur des secteurs de pointe, acquisitions et transferts de technologies critiques : la stratégie de croissance de *ChemChina* incarne, à elle seule, un condensé de la stratégie d'internationalisation d'un nombre croissant d'entreprises publiques. Ces entreprises publiques conquérantes, on les retrouve principalement dans les « puissances en développement ».

Malgré leur influence croissante, ces *entreprises multinationales publiques*[1] forment une catégorie quasi impensée du débat politique et économique contemporain[2]. Les observateurs économiques et politiques traditionnels n'ont pas su – ou souhaité – voir l'ampleur de l'internationalisation de certaines entreprises publiques, et de quoi cette internationalisation était le nom. Fait révélateur de ce désert intellectuel, il n'existe pas en français d'appellation usuelle pour désigner ce type d'entreprises... pas plus qu'il n'existe de base de données fiable permettant de suivre à l'échelle mondiale leur activité d'investissement ! Comment s'étonner que leur influence reste dans l'ombre ?

Il est crucial de mettre au jour les stratégies et l'influence grandissante de ces acteurs, car ils incarnent, aux côtés des fonds souverains, le second bras armé des États investisseurs.

Le déclin (apparent) de l'entreprise publique

On croyait le temps des entreprises publiques triomphantes derrière nous. C'était le monde d'hier : celui de la première partie du XXe siècle et puis de l'après-guerre, des Trente Glorieuses, où l'État était perçu, en Europe occidentale, comme le moteur naturel de la reconstruction nationale et du renouveau économique. En assurant lui-même la production de pans entiers d'activité, l'État semblait non seulement le meilleur garant d'une allocation juste et efficiente des ressources, mais aussi le mieux à même de lancer les grands projets et de développer les nouvelles technologies qui contribueraient, demain, à la prospérité et à la puissance nationales. C'était aussi le monde de la décolonisation, en Asie comme en Afrique où, sous l'influence des idéologies socialiste ou nationaliste, l'intervention directe de la puissance publique était considérée comme la plus légitime et la plus efficace pour avancer sur le chemin du développement national.

Mais l'histoire de l'entreprise publique a pris un tournant radical à la faveur de la révolution intellectuelle néolibérale initiée aux États-Unis et au Royaume-Uni dans les années 1980.

Cette révolution a été largement nourrie par la théorie économique, qui a fourni une armature intellectuelle à la critique de l'État actionnaire. Contraintes budgétaires trop laxistes pour entretenir un souci réel de rentabilité, culture bureaucratique inefficiente, tolérance excessive au risque ou encore favoritisme et concurrence faussée sur les marchés nationaux : la gestion publique serait économiquement moins efficiente que la gestion privée selon la pensée économique dominante du champ académique[3].

Les organisations internationales se sont faites les relais de ces théories. La Banque mondiale n'hésite pas à affirmer en 1995 que « les entreprises publiques, inefficaces et déficitaires, font peser des charges importantes sur les budgets nationaux, [et] freinent la croissance et la libéralisation[4] ». Alors, dans le contexte d'un accroissement de l'endettement des États, les privatisations sont apparues d'un point de vue budgétaire comme une manne exceptionnelle pour les finances publiques.

Même dans les pays marqués par le goût de l'action publique, cette vision va largement pénétrer une opinion chauffée à blanc par les échecs retentissants de certaines entreprises publiques.

En France, le fiasco de la nationalisation du Crédit Lyonnais, dans la foulée de l'élection de François Mitterrand à la présidence de la République, a contribué à jeter le discrédit sur l'État gestionnaire. Les pertes financières abyssales de la banque publique et le scandale judiciaire qui y est attaché ont été largement imputés au défaut de vigilance des gouvernants et à l'incapacité de la haute fonction publique à gérer raisonnablement une entreprise financée par les deniers publics. Le président de la banque entre 1988 et 1993, Jean-Yves Haberer, énarque, ancien directeur du Trésor, a été, dans l'opinion, le symbole de cet échec. Les milliards de pertes du *Gan*, d'*Air France*, d'*Areva* ou de *Dexia* assumés par les contribuables ont été autant de nouveaux coups portés à la crédibilité de l'État actionnaire. Naturellement, ce discrédit s'est traduit dans les faits : le nombre d'entreprises publiques en France a diminué de moitié depuis les années 1980[5]...

Le discrédit des entreprises publiques n'a pas seulement frappé le monde occidental. De nombreux pays en développement, du sous-continent indien à l'Amérique du Sud, ont aussi fait l'expérience amère d'une gestion publique défaillante, comme l'illustre l'échec d'un grand nombre de banques publiques de développement sous le poids du copinage, de la concurrence faussée et des taux de défaut asphyxiants[6].

Au tournant du nouveau siècle, le constat semble clair : les entreprises publiques sont appelées à perdre en influence, en se cantonnant à un nombre de plus en plus restreint de secteurs d'activité. Et, bien sûr, nul besoin de s'étendre au-delà de leurs frontières nationales pour remplir leurs missions.

Le boom des multinationales publiques

Derrière ce déclin apparent se dissimule pourtant la montée en puissance, depuis les années 2000, d'un groupe particulier d'entreprises publiques : celles qui sont parties à l'attaque des marchés étrangers. Elles ont trouvé à l'international une nouvelle raison d'être.

Le nombre d'entreprises publiques devenues des multinationales, dans le sens où elles opèrent sur des territoires étrangers via des filiales, est, il faut le reconnaître, relativement modeste : 1 600, soit à peine plus de un pour cent des multinationales de la planète[7]. Elles sont toutefois deux fois plus nombreuses que dix ans auparavant. Et leur influence est devenue tentaculaire : elles ont créé ou acquis plus de 85 000 filiales à travers le monde. Un nombre cinq à dix fois plus élevé que dix ans plus tôt ! Certaines d'entre elles sont ainsi devenues des mastodontes : une vingtaine figurent parmi les cent plus grandes multinationales de la planète.

De nombreux observateurs n'ont voulu y voir qu'un regain temporaire et conjoncturel : l'effet des sauvetages publics induits par la crise financière de 2008, par exemple. Pourtant, les fleurons occidentaux sauvés de la faillite, comme *General Motors* par le Trésor américain en 2009-2010, sont majoritairement repassés sous contrôle privé. Et cela n'a pourtant pas fait dégonfler la croissance globale des multinationales publiques.

Elles forment un écosystème vivant. Leur panorama se renouvelle au fil des années : certaines disparaissent sous l'effet de privatisations, de démantèlements ou de faillites, mais d'autres apparaissent *ex nihilo* sous l'impulsion de leur gouvernement ou par rachat d'entreprises privées avec des capitaux publics.

Leurs ambitions sont plus diverses et plus larges qu'autrefois. Au tournant du siècle, les multinationales publiques étaient pour l'essentiel issues des secteurs minier et énergétique, du fait des privatisations massives dans la plupart des autres secteurs. Elles ont aujourd'hui pris une place décisive dans les équipements de télécommunications, la banque, les transports, les nouvelles technologies ou la construction automobile[8].

L'influence des États en leur sein ne faiblit pas, bien au contraire. Les exemples de recul progressif de l'État en France, comme dans *Veolia* ou *Orange*, ne doivent pas occulter les tendances mondiales de fond. Au global, l'emprise capitalistique des États dans leurs entreprises publiques se renforce. Ils sont majoritaires dans les trois quarts des multinationales publiques quand ils l'étaient dans seulement la moitié d'entre elles au début des années 2010. Et au sein du dernier quart de participations non majoritaires, l'État est aujourd'hui bien souvent le premier actionnaire[9].

L'internationalisation des entreprises publiques n'a pu être possible qu'à la faveur d'une présence forte sur le marché de l'investissement transnational. Elles possèdent un atout de taille qui les y rend particulièrement compétitives : leurs contraintes budgétaires sont souples et elles peuvent se permettre de prendre des risques, comme de parier sur le long terme.

Elles sont ainsi à l'origine de près de 10 % des opérations annuelles de fusions-acquisitions transnationales. Au cours de la dernière décennie, le montant cumulé de ces opérations a dépassé les 900 milliards de dollars. Et ce montant n'a cessé de croître : il est trois à quatre fois plus élevé qu'au cours de la décennie précédente, et dix fois plus que dans les années 1990[10]. Cette évolution est particulièrement saisissante dans le contexte du développement rapide des dispositifs de filtrage des investissements étrangers qui réduisent naturellement les opportunités d'expansion des multinationales publiques. À l'inverse, ces multinationales publiques et leurs filiales internationales ne sont quasiment jamais l'objet d'acquisitions par des investisseurs étrangers, car les États qui les hébergent les protègent jalousement des prédations extérieures[11].

Pour mener à bien leurs stratégies de conquête, les multinationales publiques ont aussi été très actives en matière d'investissements internationaux *greenfield* (création de filiales *ex nihilo*, impliquant généralement l'installation de nouvelles entités de production). Elles sont également à l'origine de près de 10 % des projets de ce type, soit près de 800 milliards de dollars au cours de la dernière décennie[12]. Ces investissements ont l'avantage d'être mieux acceptés par les pays hôtes, créant de l'emploi local sans donner le sentiment de s'emparer des actifs nationaux. Mais en réalité, ils offrent souvent une base géographique permettant de réaliser ensuite des opérations additionnelles de fusions-acquisitions…

Au global, sur la dernière décennie, on peut estimer que plus de 10 % des investissements directs étrangers (IDE) sortants ont été réalisés par des multinationales publiques, faisant d'elles des acteurs incontournables de l'investissement et des marchés internationaux*. Comme pour les fonds souverains, la force de frappe des multinationales

* Un investissement direct étranger (IDE) est un « investissement par lequel une entité résidente d'une économie acquiert un intérêt durable dans une entité résidente d'une autre économie. Cet intérêt durable implique l'existence d'une relation à long terme entre l'investisseur direct et l'entreprise et se traduit par une influence significative de l'investisseur sur la gestion de l'entreprise » (Eurostat, 2018).

publiques est d'autant plus impressionnante qu'elle se concentre dans les mains d'un nombre restreint d'acteurs.

Aux origines de la renaissance, les « puissances en développement »

Au tournant du XXIe siècle, les multinationales publiques, alors beaucoup moins nombreuses, étaient pour l'essentiel hébergées dans les pays développés, principalement en Europe. En l'espace de deux décennies, la donne a largement changé : les pays en développement se taillent maintenant la part du lion, en hébergeant près des deux tiers d'entre elles, et, en particulier, les plus grandes et les plus internationalisées. L'Asie est aux avant-postes : la Chine détient le plus grand nombre de multinationales publiques (environ 300), suivie par la Malaisie et l'Inde. On retrouve ensuite l'Afrique du Sud, la Russie, les Émirats arabes unis, la Corée du Sud, Singapour et le Qatar[13].

L'inversion du rapport de force international se retrouve aussi dans l'activité d'investissement : les multinationales publiques des pays émergents (plus spécifiquement encore que celles des pays en développement) ont été, chaque année, à l'origine de deux à dix fois plus d'investissements transnationaux que celles des pays développés[14].

Comme chez les fonds souverains, l'Occident est au centre de leur stratégie d'expansion : l'Europe est la région qui accueille le plus grand nombre de leurs filiales étrangères (environ 33 000) ; vient ensuite l'Amérique du Nord, mais loin derrière, avec quatre fois moins de filiales. Leur ambition est résolument mondiale, quand celle des multinationales publiques européennes est largement continentale.

Et contrairement à ces dernières, ces nouvelles multinationales publiques sont souvent compétitives et, en général, nettement profitables[15].

L'essor exceptionnel de ces multinationales publiques révèle la tendance de la majorité des « puissances en développement » à maintenir sa confiance dans l'État pour piloter et opérer la stratégie de développement économique. Deux chiffres suffisent à prendre la mesure du rôle central qu'y joue l'État actionnaire : la moitié des cent plus grandes multinationales des pays en développement sont contrôlées par des États, et les entreprises publiques asiatiques portent à elles seules plus du tiers des investissements directs étrangers (IDE) sortants de ces pays.

La popularité des entreprises publiques dans les puissances en développement ne doit pas être interprétée comme un « retard », c'est-à-dire comme une spécificité propre à un stade de développement moins avancé. De nombreux pays asiatiques ont fait le choix, dès les années 1990, de privatiser une large partie de leur économie. Mais, depuis le milieu des années 2000, certains de ces pays ont redonné à l'entreprise publique une place centrale dans leur économie. La Chine, par exemple, après d'importantes vagues de privatisations touchant particulièrement les plus petites entreprises publiques, a choisi de renforcer son contrôle sur ses entreprises publiques de plus grande taille, de les restructurer pour les aligner sur les standards d'exigence et de performance du privé, et de leur donner les moyens de se déployer à l'international[16]. Même les puissances en développement les plus enclines aux privatisations, comme l'Inde, n'en ont pas moins conservé un noyau dur d'entreprises publiques qu'elles ont armées pour partir à la conquête des marchés internationaux. La prétendue « modernisation » n'est, en somme, pas devant eux, mais plutôt derrière eux.

Pour les nouvelles puissances en développement, ouverture rime avec conquête des marchés étrangers, plus qu'avec accueil des investissements étrangers. La Chine offre l'exemple le plus frappant, tant par le volontarisme que par le niveau de « transparence » de cette politique de conquête. Sa « *Go Out Policy* », initiée par le gouvernement à partir de 1999, rompant avec l'objectif d'autosuffisance tant vanté sous l'ère Mao, a placé, sans pudeur aucune, les entreprises publiques en tête de pont de cette stratégie de pénétration des économies étrangères. Ce type de stratégie tranche nettement avec les positions des gouvernements européens, qui ont plutôt tendance à freiner les velléités d'expansion de leurs multinationales publiques.

Cécités et vestiges européens

Dans une Europe sous perfusion idéologique libérale depuis quarante ans, les offensives internationales menées par des entreprises publiques étrangères sont instinctivement perçues comme les derniers soubresauts de l'économie d'hier. Elles ne reçoivent guère plus d'attention que la levée de fonds d'un leader de la vente de chaussures sur Internet.

Un exemple, avec le pétrolier *Rosneft*, propriété de l'État russe, qui annonce en 2012 l'acquisition de *TNK-BP*, coentreprise britannico-russe, pour 61 milliards de dollars. L'opération permet alors au groupe public russe de devenir le numéro 1 mondial des producteurs de pétrole cotés en Bourse ! Événement de taille ? La presse s'en tient à relayer les modalités de l'ingénierie financière sous-tendant l'opération (valorisation, transferts de capitaux, implications en termes de flux de trésorerie, etc.). Jamais elle ne ressent la nécessité d'élargir la focale pour analyser les implications économiques et géopolitiques de l'opération. Jamais elle n'éprouve le besoin de comprendre de quoi cette opération pourrait être le nom : l'influence de plus en plus écrasante de ces acteurs pilotés par des États conquérants, par exemple[17]...

Les causes de la cécité ambiante ne sont pas seulement idéologiques : elles tiennent aussi à la méconnaissance occidentale des nouvelles géographies économiques. Les multinationales publiques des pays en développement ont généralement émergé en quelques années et restent souvent inconnues en Europe, même lorsqu'elles sont devenues de véritables poids lourds internationaux. Qui connaît, en Europe, l'armateur *Cosco Shipping*, le pétrolier *CNOOC* ou le métallurgiste et exploitant minier *CMC* ? Les trois géants chinois se classent parmi les plus grandes multinationales au monde, toutes trois sont directement pilotées par Pékin, toutes trois contrôlent des centaines de filiales dans plusieurs dizaines de pays à travers le monde...

Malgré la disgrâce dans laquelle est tombée l'entreprise publique, le continent européen dispose tout de même encore de jolis restes[18]. Certaines des entreprises publiques européennes sont incontestablement devenues des champions internationaux qui rivalisent avec les multinationales privées : *Volkswagen*, *Enel*, *Deutsche Telekom*, *Eni*, *Airbus*, *Engie*...

L'expansion géographique de ces superchampions européens n'est pas récente. Mais s'ils continuent aujourd'hui de poursuivre des stratégies de croissance internationale, c'est de façon globalement timorée. Les montants cumulés qu'ils déploient au service de leur croissance externe sont trois fois inférieurs à ceux des multinationales publiques asiatiques.

Un nombre décroissant d'acteurs, déployant moins de moyens que leurs concurrents... et aux ambitions géographiques plus modestes : leurs stratégies sont très majoritairement continentales (la majorité de leurs filiales étrangères reste établie au sein des autres pays de l'UE, et à peine plus de 5 % de leurs filiales sont localisées en Asie), quand leurs homologues asiatiques se déploient à l'échelle mondiale[19].

Dans leur ensemble, les multinationales publiques européennes sont davantage des puissances historiques que des super-puissances en devenir. Derrière l'impressionnant essor de la multinationale publique se cachent donc deux mondes. Le « vieux monde » européen, qu'incarne un *EDF*, et le « nouveau monde » émergent, qui peut prendre les traits d'un *State Grid Corp of China* (*SGCC*).

Quand, au début des années 2000, *SGCC* sort de terre, en Chine, par la volonté du gouvernement central, *EDF* prend déjà avec succès le virage de l'internationalisation. Créée au lendemain de la Seconde Guerre mondiale, *EDF* est devenue au début des années 2000 le premier producteur d'électricité européen. Elle rachète en 1998 le premier fournisseur d'électricité de Grande-Bretagne, *London*

Electricity, avant de se tourner vers l'Allemagne, avec l'acquisition d'*EnBW*. Ses ventes à l'étranger dépassent alors 40 % de son chiffre d'affaires.

Quelques années plus tard, la libéralisation du marché de l'énergie a fragilisé la santé financière du groupe, mais la multinationale publique fait encore peur : ses concurrents européens se sentent comme des proies à la merci du requin français, lit-on dans le *Financial Times*, en 2008[20]. Tout semble plaider en faveur de son expansion internationale : concurrence nouvelle sur ses marchés historiques, secteur favorisant les gros opérateurs (mieux en mesure de financer l'innovation, facteur puissant de différenciation)... Mais le financement de cette stratégie est délicat et reste une affaire de volonté politique. L'ambition internationale est réaffirmée au cours des années 2010 dans les plans stratégiques du groupe. Pourtant, dans les faits, la part de son chiffre d'affaires réalisée à l'étranger reste peu ou prou la même que vingt ans auparavant, dans les premières années de son aventure internationale. Plus frappant, à peine 10 % de ce chiffre d'affaires est réalisé hors d'Europe. Cette stratégie continentale laisse perplexe dans le contexte d'un marché européen atone, comme le souligne en 2015 la Cour des comptes, alors même que certains marchés asiatiques ou latino-américains offrent des perspectives de croissance soutenue. La stratégie internationale est erratique et manque de lisibilité, résume la Cour des comptes.

La stratégie de *State Grid* (*SGCC*) tranche avec celle d'*EDF* par son audace. En deux décennies, le groupe s'est bâti un portefeuille d'actifs à l'étranger de plus de 65 milliards de dollars. Son offensive sur le marché européen est des plus opportunistes : profitant de la crise économique en Grèce, au Portugal et en Italie au début des années 2010, ainsi que du besoin de liquidités de ces États, *SGCC* a raflé les fleurons nationaux des réseaux de transport et de la distribution d'électricité. Le géant chinois accélère aussi le mouvement sur des marchés en croissance : entre 2018 et 2020, il réalise des investissements structurants aux Philippines, en Australie, au Brésil, à Oman et au Chili…

La multinationale publique chinoise bénéficie indiscutablement du soutien puissant de Pékin pour mener à bien son projet de conquête. Le géant chinois profite de l'unicité de la décision politique (via la Commission nationale du développement et des réformes) et de la capacité de mobilisation financière et technologique offerte par les plans publics quinquennaux[21]. À l'inverse : « *EDF* jouit d'une forte capacité d'autonomie vis-à-vis de sa tutelle étatique, l'État a […] peu cherché à influer sur la stratégie internationale du groupe […]. La préoccupation majeure de l'État actionnaire a été que le groupe continue de servir un dividende substantiel[22] », affirme la Cour des comptes. Cela en dit long sur la faiblesse de la stratégie de l'État actionnaire en France… La crise russo-ukrainienne vient à son tour jeter le discrédit sur trois décennies de politique industrielle incompréhensible sur le nucléaire : investissement et réinvestissement industriels rendus impossibles par une politique de baisse des prix de l'électricité et par soumission aux lobbys antinucléaires, *stop-and-go* gouvernemental permanent empêchant de pérenniser les compétences, fermeture de Fessenheim, abandon du « projet Astrid »…

Au-delà du cas d'*EDF*, la liste des superchampions européens parle d'elle-même : ils jouissent, pour la majorité d'entre eux, d'une indépendance forte à l'égard de leur État actionnaire, si bien qu'il est parfois difficile de parler d'entreprises publiques. Les États européens ont une attitude généralement distanciée à l'égard de leurs participations, *a fortiori* si elles sont minoritaires (même lorsqu'ils sont leur premier actionnaire). Les organismes publics de tutelle ne peuvent théoriquement intervenir que sur les grandes décisions et orientations stratégiques, et, en pratique, ils peinent à le faire ou se l'interdisent… sauf à se positionner en force de blocage !

Le cas français est intéressant puisque le capitalisme tricolore a été historiquement considéré comme inféodé à l'État. Pourtant, la Cour des comptes, dans un rapport sur l'État actionnaire, n'hésite pas à affirmer : « On peut s'interroger sur la capacité réelle de l'État à peser sur la stratégie de ces entreprises[23]. » Un constat cinglant de la part d'une administration habituée à s'exprimer dans une mesure et une retenue toutes technocratiques. La passe d'armes entre *Veolia* et *Suez* à l'automne 2020 est venue encore ajouter au doute quant à l'influence réelle de l'appareil d'État, ainsi que sa volonté d'influence, sur les entreprises à capitaux publics.

*

A priori vouée à disparaître, l'entreprise publique connaît une mue stupéfiante dans l'économie internationale. Pilotées par des États qui croient encore aux vertus de la puissance publique, et animées par un esprit de conquête, les nouvelles multinationales publiques partent sabre au clair à l'assaut des marchés étrangers.

À travers leurs fonds souverains et leurs multinationales publiques, les « puissances en développement » se sont donc dotées des moyens de peser sur les marchés internationaux. La Chine est sans conteste la figure de proue de ce phénomène. Mais d'autres suivent le même chemin. En Asie, bien sûr, avec Singapour, la Malaisie, l'Inde ou la Corée du Sud. Au Moyen-Orient, aussi, avec les Émirats arabes unis, le Koweït, le Qatar ou l'Arabie saoudite. Et puis d'autres encore, l'Afrique du Sud, la Russie, le Kazakhstan… tous tentent de réinventer à leur manière le capitalisme, avec une place de choix offerte à l'État actionnaire.

De trop nombreux observateurs de la vie politique et économique ne voient pas – ou refusent de voir – grandir la puissance économique et financière des véhicules publics d'investissement. Ils ferment les yeux devant leur appétit international, pourtant chaque jour plus manifeste – 2 700 milliards de dollars d'investissement international sur la dernière décennie ne devraient pas passer inaperçus…

Sans doute peinent-ils encore à rompre avec une lecture libérale de la mondialisation, qui devait marquer le crépuscule de l'interventionnisme étatique.

Mais cet aveuglement tient aussi au fait que la majorité de ces nouveaux investisseurs publics déploie des efforts considérables pour camoufler son influence sur les marchés internationaux et sa collaboration étroite avec le pouvoir politique.

***

Chapitre 4

Le goût de l'ombre

Fin 2015, le fabricant néerlandais de semi-conducteurs *NXP* publie une information de toute première importance. Ancienne division du groupe *Philips*, *NXP* a pris son indépendance une décennie plus tôt et s'est rapidement imposé comme un leader mondial de son secteur, intégrant notamment le prestigieux cercle du NASDAQ-100. *NXP* évolue dans une industrie à haute valeur stratégique. Il est présenté comme le co-inventeur, avec *Sony*, du NFC[1], une technologie de communication sans fil à haute fréquence permettant l'échange d'informations sur une courte portée. NXP est aussi le leader des applications e-gouvernementales, telles que les passeports électroniques. Le communiqué du groupe néerlandais annonce la cession de son activité d'énergie radiofréquence (RF) pour près de 2 milliards de dollars… et se refuse à commenter l'annonce. Dans les rares comptes rendus de la presse spécialisée, l'acheteur est présenté comme une société de capital-investissement du nom de *Jianguang Asset Management*. La société est officiellement une filiale de *JIC Capital Management*, qui semble être une société d'investissement privée[2]. Cette société est en réalité la filiale… d'une filiale… d'une filiale… de *Chinese Investment Corporation* (*CIC*), le fonds souverain chinois contrôlé et piloté par le principal organe du gouvernement central chinois, le Conseil des affaires de l'État !

Schéma n° 1
Relations actionnariales entre
Jianguang Asset Management* et le *CIC

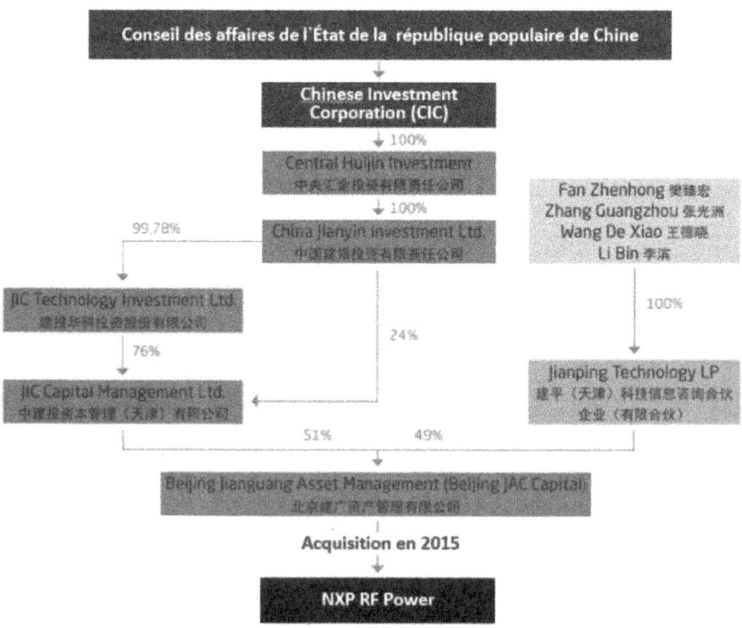

Source : D'après J. Wübbeke et al. (2016)

Cette cascade de sociétés d'investissement assure au fonds souverain chinois et à son pilote gouvernemental une précieuse discrétion. Remonter jusqu'aux donneurs d'ordres réels n'est, en effet, pas chose aisée. Ce type de montage opaque permet de mener à bien le projet avoué du gouvernement chinois – acquérir des technologies numériques de pointe au moyen d'IDE ciblés – tout en évitant le risque d'une levée de boucliers (ou des obstacles juridiques) dans les pays visés par les acquisitions.

À en croire quelques lanceurs d'alerte, ce type de montages serait fréquent pour éviter que les investissements des fonds souverains et des multinationales publiques des puissances en développement soient trop voyants[3]. En fin de compte, que sait-on vraiment de l'activité des investisseurs publics ? Ces investissements publics opaques sont-ils un épiphénomène ou une véritable stratégie de conquête internationale ? Faut-il voir derrière ces investissements la main de leur gouvernement ?

L'opacité persistante des fonds souverains

En 2007-2008, la crise financière fait brusquement sortir de l'ombre les fonds souverains. Leurs interventions XXL pour recapitaliser les grandes banques occidentales les propulsent instantanément sur le devant de la scène médiatique et politique.

Leur opacité apparente frappe les observateurs : flous sur leurs opérations passées, flous sur leurs actifs en portefeuille, sur leur gouvernance, sur leurs relations avec les États qui les hébergent et, en fin de compte, sur leurs motivations profondes. Des voix inquiètes questionnent leurs éventuels desseins politiques au service de leur gouvernement.

De nombreux financiers et « experts » se précipitent comme un seul homme à la rescousse médiatique des fonds souverains... non sans condescendance à l'égard des lanceurs d'alerte. « Fantasmes », « paranoïa », « jalousie », « populisme » ou « volonté discriminatoire » : les craintes seraient folles, les fonds souverains ne seraient rien de plus que des investisseurs traditionnels cherchant la maximisation de leurs intérêts financiers[4]. Le vice-président de Goldman Sachs, Robert Hormats, dénonce la « xénophobie croissante en matière d'investissement[5] ». S'en protéger reviendrait à « asphyxier l'innovation, réduire la productivité, saper la croissance économique et détruire de l'emploi – tout cela sans rendre [nos pays] plus sûrs[6] », comme le résume, tout en nuance, une experte du *think tank* conservateur américain *The Heritage Foundation.*

Les fonds souverains déploient eux-mêmes de grands efforts de communication pour rassurer les observateurs et les législateurs. Leur prose se veut sans ambiguïté, même lorsque les fonds sont installés dans des États prompts à s'immiscer de façon autoritaire dans la vie économique : « Les décisions d'investissement d'*ADIA* sont uniquement fondées sur l'objectif économique d'offrir un rendement financier soutenable et de long terme[7] », revendique le fonds souverain d'Abu Dhabi. « La mission du *CIC* est de réaliser des investissements de long terme, qui maximisent le rendement financier ajusté du risque[8] », selon la présentation officielle du principal fonds souverain chinois. Promis, juré, craché, des financiers...

Dans le secret des pourparlers diplomatiques, ils s'activent aussi à rassurer leurs partenaires étatiques, notamment américains. Les câbles ultra-confidentiels que WikiLeaks a fait fuiter témoignent de leurs efforts. Ils cherchent d'abord à minimiser leur influence financière à l'étranger : « *We are small beans* » (« on est des petits joueurs ») comparés à la Chine, affirme le dirigeant d'un fonds souverain des Émirats – s'exprimant au nom des États du Golfe – à des représentants du Trésor américain[9]. Au-delà de cette taille que l'on doit croire réduite sur parole, ils clament bien sûr n'être intéressés à l'international que par la simple rentabilité financière : « *Make money* », rien de plus. Tout juste reconnaissent-ils la dimension parfois politique de leur activité d'investissement domestique, au service du développement économique et territorial[10]. Mais les craintes de l'opinion publique ne s'apaisent guère.

Au milieu de cette polémique internationale, le FMI décide, pour sortir par le haut, de l'élaboration de standards de bonne gouvernance et de transparence à destination des fonds souverains. Il convoque à Washington des représentants de fonds souverains du monde entier pour initier le débat et monter un groupe de travail dédié. Ainsi vont naître les *Principes de Santiago*, code de bonnes pratiques à l'usage des fonds.

Dans le même temps, des institutions de recherche emboîtent le pas au FMI et développent à leur tour des outils analytiques destinés à évaluer l'état de la gouvernance des fonds souverains et à identifier les sujets d'amélioration (citons le *Truman Scoreboard* développé par l'universitaire américain E.M. Truman ou le *Linaburg-Maduell*

Transparency Index, développé au sein du SWF Institute). Aux fonds souverains de s'en emparer et de prouver aux États occidentaux que leurs investissements n'ont rien de chevaux de Troie.

À entendre les dirigeants des fonds, leurs États hôtes et même de nombreux observateurs, l'essentiel des fonds souverains n'aurait plus à rougir aujourd'hui de son niveau de transparence, en comparaison avec les autres types d'investisseurs. Ses progrès considérables auraient levé tout motif d'inquiétude pour les États visés par leurs investissements…

Un examen attentif contredit pourtant cette lecture. En passant les pratiques de gouvernance et de *reporting* des fonds souverains au tamis de la grille d'analyse développée par Truman, il est aisé de déconstruire les contrevérités habilement relayées pour les blanchir[11].

« *Les pratiques des fonds souverains sont vertueuses, comme en témoigne le fonctionnement du plus grand d'entre eux, le* GPFG »

Le norvégien *GPFG* est le plus riche et le plus médiatisé des fonds souverains de la planète. Il constitue aussi un modèle de bonne gouvernance et de transparence : il révèle par exemple l'ensemble de ses prises de participation.

Ce modèle est cependant bien loin de représenter les pratiques de la catégorie qu'il domine : une poignée seulement de fonds souverains tendent à appliquer des pratiques saines de *reporting* (*voir tableau n° 4*), sept réalisant un sans-faute (sur la centaine de fonds existant). La majorité des fonds fait preuve d'une défaut grave de transparence, refusant de communiquer la plupart des informations standards attendues des investisseurs institutionnels internationaux. Constat particulièrement inquiétant : parmi les dix plus grands fonds de la planète, seul le norvégien se conforme aux standards attendus. L'arbre qui cache la forêt, donc.

Tableau n° 4
Indice de transparence des fonds souverains (2021)[12]
(Truman Scoreboard – Section transparence – note sur 14 points)

Rang	Fonds souverain	Pays hôte	Note
1	Norway Government Pension Fund	Norvège	14
2	New Zealand Superannuation Fund	Nouvelle-Zélande	14
3	Alaska Permanent Fund Corporation	États-Unis	14
4	Economic and Social Stabilization Fund	Chili	14
5	State Oil Fund of the Republic of Azerbaijan	Azerbaïdjan	14
6	Pension Reserve Fund	Chili	14
7	Petroleum Fund of Timor-Leste	Timor-Oriental	14
8	Alberta Heritage Savings Trust Fund	Canada	13
9	New Mexico State Investment Corporation	États-Unis	13
10	Future Fund	Australie	13

Rang	Fonds souverain	Pays hôte	Note
...	...	...	...
55	Brunei Investment Agency	Brunei	4
56	Public Investment Fund	Arabie saoudite	4
57	Qatar Investment Authority	Qatar	3
58	Fund For Future Generations	Guinée équatoriale	3
59	Ithmar Capital	Maroc	3
60	Emirates Investment Authority	Émirats arabes unis	3
61	Dubai World	Émirats arabes unis	2
62	Revenue Regulation Fund	Algérie	2
63	Libyan Investment Authority	Libye	2
64	Revenue Equalization Reserve Fund	Kiribati	1

Source : Truman (2021)

« Les fonds souverains sont aussi transparents que les autres grands investisseurs »

Si les grands investisseurs institutionnels ne sont pas toujours exempts de tout reproche, leurs pratiques ne peuvent raisonnablement pas être comparées à celles des fonds souverains. Les fonds de pension publics, qui, en théorie, partagent avec les fonds souverains un souci commun de l'intérêt général, sont des candidats idéaux pour la comparaison. Dans la pratique, ils font preuve d'un niveau de transparence nettement supérieur à celui des fonds souverains.

À titre d'exemple, à peine plus d'un tiers des fonds souverains révèlent des informations sur les investissements spécifiques qu'ils réalisent (nom des cibles, niveau des participations...) ou sur la localisation de leurs investissements. Les fonds de pension publics réalisent, eux, un quasi sans-faute en la matière. Ajoutons que, pour la moitié des fonds souverains, les décisions d'investissement ne sont pas à la seule main des managers (quand elles le sont quasi systématiquement dans les fonds de pension publics). Le risque d'interférences extérieures, notamment gouvernementales, est ainsi patent.

« Les pratiques des fonds souverains ne peuvent pas être en ligne avec celles des investisseurs traditionnels occidentaux, car ils pâtissent de leur établissement dans des pays en développement »

La majorité des pays en développement offre, il est vrai, des cadres juridiques et des standards de gouvernance moins sophistiqués que les pays développés. Une large majorité des fonds souverains étant établis dans des pays en développement, ceux-ci peuvent ainsi pâtir de leur ancrage géographique.

En déduire qu'un fonds établi dans un pays en développement n'a pas d'autre choix que de s'adapter aux modestes standards locaux est cependant malhonnête. Leur bonne gouvernance est d'abord une affaire de volonté des dirigeants des pays qui les hébergent. Les saines pratiques des fonds de la république d'Azerbaïdjan et du Timor-Oriental – plus vertueuses que celles de nombreux fonds hébergés dans des pays développés – en témoignent. D'autant que des standards internationaux sont mis à disposition de tous les fonds. Il est d'ailleurs intéressant d'observer que les fonds hébergés dans un même pays ne réalisent pas nécessairement des « performances » similaires. Ces différences peuvent s'expliquer par les stratégies propres des fonds et leur niveau d'exigence... mais elles peuvent également révéler des objectifs particuliers fixés par leur gouvernement. En Chine, le gouvernement semble par exemple exiger du *CIC* et de *SAFE* des standards de bonne gouvernance bien différents alors même qu'ils sont rattachés au même organe. Le *CIC* entend donner des gages aux observateurs internationaux (même si sa performance reste encore très moyenne), alors que *SAFE* maintient délibérément un secret complet sur ses activités.

En somme, il n'y a pas de déterminisme ; l'application des critères de bonne gouvernance dépend du choix politique des États qui détiennent les fonds. Tirons-en les conclusions : les États les moins volontaristes sont incontestablement moyen-orientaux ; leurs fonds souverains se démarquent par leur mauvaise performance quasi systématique (les Émirats arabes unis, en particulier, abritent deux des dix moins bons élèves du monde...). Mais la performance de la Chine, de Singapour et de la Corée du Sud est à peine moins choquante. Quand l'emblématique président du fonds chinois *CIC* est interrogé sur la gestion opaque de son fonds dans le cadre d'un dîner à Londres avec le patron de la *City*, l'homme qui a aussi été ministre des Finances de la République populaire répond : « La transparence est vraiment un sujet difficile. Si on devient transparent sur toute notre activité, les loups ne feront qu'une bouchée de nous[13]. » Une défense bien mystérieuse… mais qui a le mérite de souligner pour les naïfs que la transparence et la bonne gouvernance sont bien des affaires de choix.

« La gouvernance s'est nettement assainie depuis la crise de 2008 et ne représente à présent plus de menace pour les pays occidentaux »

L'analyse des pratiques des fonds souverains depuis 2007 révèle, il est vrai, les progrès d'une large majorité d'entre eux. C'est à la fois le cas pour les fonds qui existaient déjà en 2007, et pour les fonds créés depuis.

Ces progrès sont toutefois inférieurs à ce qui pouvait raisonnablement être espéré. Ils ont pour l'essentiel consisté à dévoiler des informations partielles, là où ils ne communiquaient rien auparavant. En d'autres termes, les fonds souverains opèrent maintenant un tri entre les investissements sur lesquels ils acceptent de communiquer et ceux sur lesquels ils souhaitent encore maintenir le secret. Ils sont même encore une vingtaine à ne pas communiquer annuellement le montant total de leurs actifs. Un volontarisme bien curieux pour rassurer les observateurs sur leurs intentions…

Les fonds souverains savent bien qu'assurer un haut niveau de transparence est la base même d'une saine gouvernance. Ils savent aussi pertinemment que les États étrangers, dans lesquels ils réalisent la grande majorité de leurs investissements, réclament cette transparence.

Pourtant, le constat est clair : le niveau de transparence des fonds souverains est encore, dans bien des cas, grossièrement insuffisant. Dans leur grande majorité, les fonds souverains refusent toujours de communiquer sur leurs investissements et la répartition géographique de leur portefeuille.

Les présentations pour le moins flatteuses des fonds souverains ressemblent donc fort à des opérations de blanchiment, visant à les normaliser dans le paysage financier mondial et, ce faisant, à abattre les barrières qui limitent leur expansion et le déploiement de leurs stratégies.

Comment expliquer que l'attention et les inquiétudes de l'opinion publique soient désormais retombées malgré le manque de progrès patent des fonds souverains ? La publication des *Principes de Santiago* y est pour beaucoup. Brandis par les fonds souverains comme un brevet de bonne volonté, observateurs et experts se sont, dans leur majorité, félicités de cette initiative, sans grande distance critique[14]. L'accueil favorable des « sachants » a largement contribué à détourner l'attention médiatique et apaiser les craintes des responsables politiques. Le nombre d'articles de presse consacrés aux fonds souverains a *de facto* réduit comme peau de chagrin dès les mois suivants.

Or la rédaction de ces *Principes* est loin de répondre, sur le fond, aux menaces posées par le fonctionnement des fonds souverains. « [Ils] sont absolument futiles pour prendre en compte et protéger les intérêts des États accueillant les investissements des fonds souverains », résume l'universitaire Régis Bismuth, l'un des rares à avoir produit un travail critique sérieux sur le sujet[15].

La presse a d'abord présenté les *Principes de Santiago* comme un standard international élaboré par le FMI[16]. Sous ce patronage *a priori* respectable, on pouvait penser que les intérêts des pays accueillant les investissements avaient nécessairement été pris en compte autant que ceux des pays hébergeant les fonds souverains.

Pourtant, à bien y regarder, les *Principes de Santiago* relèvent davantage d'un exercice d'autorégulation que d'un exercice multilatéral visant à établir un standard international équitable. Revenons à la genèse des *Principes*. Nous sommes en 2007, en plein cœur de la crise des crédits hypothécaires. L'avalanche des prises de participation des fonds souverains et les craintes qu'ils suscitent incitent le G7 à faire appel au FMI pour élaborer une régulation internationale. La légitimité du FMI à tenir le stylo est immédiatement remise en cause par une poignée d'États, majoritairement moyen-orientaux. Le gouverneur de la Banque centrale des Émirats arabes unis, à la tête du front de protestation, déclare :

> Nous réitérons nos doutes en ce qui concerne l'implication du FMI dans l'élaboration de standards de bonnes pratiques pour les fonds souverains. Le FMI n'a pas l'expertise requise dans le domaine de la gouvernance et de la transparence pour diriger la production de ces standards [*sic*]. [...] Enfin, le *timing* de cet exercice et ses dimensions politiques pourraient malencontreusement interrompre le flux de capital des fonds souverains dont ont tant besoin les institutions qui font face à des crises de liquidités et des pénuries de capitaux, aux États-Unis et ailleurs[17].

La menace est à peine voilée. Le FMI va céder à la pression... avec la bénédiction américaine. Comme le révèlent des câbles diplomatiques publiés par WikiLeaks[18], l'influence de Wall Street sur l'exécutif américain va être considérable[19]. Les fonds souverains sont perçus par le lobby financier comme une source cruciale de liquidités. Le secrétaire d'État au Trésor, Henry Paulson, qui a fait l'essentiel de sa carrière dans la banque d'affaires *Goldman Sachs* avant d'offrir ses services à l'administration Bush, est acquis à cette cause. Les Européens tentent en vain de résister, mais ne font pas le poids face à l'alliance des États-Unis et des États investisseurs. Au cours de réunions tenues secrètes, les représentants du Trésor américain rassurent les représentants des fonds orientaux en arguant que la simple création d'un code de bonne conduite – qu'ils seront libres d'appliquer ou non – suffira à calmer les inquiétudes européennes. Un joli mélange américain de cynisme et de fourberie.

Le FMI laisse donc une poignée d'États investisseurs mettre en place un groupe de travail avec pour mission d'élaborer eux-mêmes le standard international destiné à réguler leur propre activité ! La capacité nouvelle des États non occidentaux – Émirats arabes unis, Singapour, Chine – à imposer leur voix est frappante. Leurs investissements leur ont manifestement conféré un pouvoir inédit... De leur côté, les principaux États bénéficiaires des investissements – la France, le Royaume-Uni et l'Allemagne notamment – ont été également conviés à assister à certaines réunions... mais seulement en tant qu'observateurs ! Ils n'ont pas eu le droit de participer à l'élaboration des *Principes*. Le FMI est quant à lui réduit à jouer le modeste rôle d'hôte des réunions : il doit se contenter d'offrir une assistance administrative. Ainsi naît la confusion – naïve ou malhonnête – des observateurs qui croient voir surgir une régulation internationale multilatérale portée par le FMI. Une confusion savamment entretenue par certains fonds souverains[20].

Seulement trois rencontres suffisent à mettre d'accord les participants : une rapidité qui blufferait tout expert des négociations internationales... mais pas si étonnante en l'espèce, puisque les participants partagent tous l'objectif de limiter le périmètre de la nouvelle régulation.

Dans les faits, les *Principes* sont extrêmement vagues et n'apportent aucune garantie permettant de s'assurer du caractère purement financier des investissements des fonds souverains[21, 22]. Le principe n° 19 précise que les décisions d'investissement doivent être fondées sur des considérations économiques et financières. Rassurant ? Le diable se cachant dans les détails, le groupe de travail a veillé à ce que les sous-principes ouvrent la porte à des motivations « autres qu'économiques ou financières » (19- 1). L'engagement ne brille clairement pas par sa clarté...

La transparence de leur activité d'investissement pourrait évidemment permettre un contrôle externe des stratégies déployées. Malheureusement, aucun principe n'encourage les fonds à dévoiler publiquement des informations sur leurs opérations d'investissement ! De façon anecdotique mais révélatrice, le mot « transparence » n'est pas utilisé une seule fois dans les *Principes*, alors qu'il était au cœur du mandat initial du FMI. Les câbles diplomatiques publiés par WikiLeaks révèlent combien les fonds et leurs États se sont arcboutés contre le principe de transparence. Le directeur général d'un des fonds d'Abu Dhabi déclare que révéler le montant investi par le fonds à l'étranger est une ligne infranchissable ; c'est une consigne « d'en haut », dit-il[23].

Comment s'étonner alors que les fonds souverains qui affirment scrupuleusement adhérer aux *Principes de Santiago* (quasiment la moitié des fonds de la planète) n'aient pas vu leurs pratiques s'améliorer significativement ?

La contradiction est enfin latente tout le long du texte de Santiago : d'un côté les fonds veulent être considérés comme des investisseurs traditionnels, au nom d'un fonctionnement et d'une indépendance à l'égard du pouvoir politique prétendument équivalents ; de l'autre, ils restent suffisamment publics pour prétendre à une immunité juridique dans les pays dans lesquels ils investissent et opèrent[24]...

Le ver était ainsi dans le fruit depuis le départ. La rédaction des *Principes de Santiago* a été verrouillée par quelques États propriétaires de fonds souverains. Ils se sont parés des vertus de la concertation internationale. Ils ont abusivement invoqué la bénédiction du FMI. Mais les *Principes* qu'ils ont rédigés ne sont pas de nature à les faire progresser vers un fonctionnement sain. À l'évidence, un engagement sincère consisterait à rendre public l'ensemble des investissements réalisés (comme le fait le fonds norvégien) et à indiquer les prérogatives obtenues au titre de la participation (comme les droits de vote).

Il est navrant que le FMI et les États accueillant les investissements, notamment européens, se soient ainsi laissé tordre le bras. Ces derniers ont même accepté de se soumettre, en échange des *Principes*, à un standard international rédigé par l'OCDE, qui entérine un principe de non-discrimination à l'égard des fonds souverains et un engagement à la « libéralisation unilatérale », c'est-à-dire l'ouverture aux fonds, même lorsque leur État n'est pas ouvert aux capitaux étrangers[25] ! Aucune réciprocité : la soumission des États occidentaux est totale.

Des fonds sous tutelle étroite des gouvernements

L'opacité n'est pas un danger en soi ; d'autres acteurs financiers la cultivent soigneusement. Pour l'Europe, le danger dépend de la nature des relations qu'entretiennent les fonds souverains avec leur État hôte et leur gouvernement : simple contrôle actionnarial ou ingérence politique ?

Repartons de la base. Les fonds souverains n'existent que par la volonté de leurs États hôtes. Les États apportent les capitaux nécessaires à l'activité d'investissement des fonds et sont leurs seuls bénéficiaires. À ce titre, les gouvernements leur fixent un mandat, sous la forme d'objectifs et de stratégie globale de portefeuille (géographies d'investissement, classes d'actifs, rendements visés...).

Les gouvernements à l'origine des fonds souverains les ont généralement dotés de règles officielles de gouvernance. Elles permettent de s'assurer que les fonds respectent bien leur mandat, mais aussi, en théorie, d'éviter d'éventuelles ingérences politiques dans le fonctionnement quotidien des fonds. Point cardinal : les décisions d'investissement doivent rester à la main de l'équipe dirigeante du fonds, et non entre celles du gouvernement.

Sur le papier, les règles d'étanchéité semblent solides. Toutefois, dans la pratique, la plupart des États hôtes nomment et révoquent librement les membres de leurs instances de gouvernance (sans qu'il existe généralement d'autorité indépendante de contrôle). Les dirigeants opérationnels peuvent-ils alors rester indépendants au vu de leur relation par nature hiérarchique avec leur actionnaire gouvernemental ? C'est d'autant plus délicat que, à la différence de la majorité des grands investisseurs privés, les fonds souverains ne bénéficient que d'un unique pourvoyeur de capital, l'État précisément…

L'analyse des règles formelles ne peut suffire à faire la lumière sur l'influence réelle des gouvernements dans les opérations des fonds souverains. Il est nécessaire de se plonger dans la vie pratique de la gouvernance des fonds. Elle se transforme, bien sûr, elle varie d'un pays et même d'un fonds à l'autre, mais des constantes puissantes apparaissent parmi la majorité des fonds des puissances en développement.

Le cas chinois

Le plus grand fonds souverain chinois, le *CIC*, a été créé en 2007. Sa puissance financière est colossale : ses actifs sous gestion pèsent plus de 1 200 milliards de dollars, dont on peut penser que le tiers *a minima* est investi à l'étranger[26]. Sur le papier, la structure de gouvernance du fonds souverain est assez similaire à celle d'une société privée occidentale : elle est composée d'un conseil d'administration qui nomme et supervise l'équipe dirigeante.

Pourtant, les équipes dirigeantes du fonds entretiennent des liens étroits avec les entités gouvernementales et se situent dans le giron direct du Parti communiste chinois.

La croissance exceptionnelle du *CIC* doit beaucoup à Lou Jiwei, son PDG de 2007 à 2013. Il a occupé auparavant des fonctions de tout premier plan au sein du Conseil des affaires de l'État, du ministère des Finances et de la commission d'État pour la Restructuration des systèmes économiques. En quittant la direction du *CIC*, il est devenu ministre des Finances. Kyle Hatton et Katharina Pistor, respectivement avocat d'affaire et universitaire, ont passé au crible l'ensemble du top management du fonds[27]. Ils résument ainsi les résultats de cet exercice : « Sans exception, tous les membres du conseil d'administration du CIC, tous ses hauts dirigeants, et tous les membres du conseil de surveillance ont tenu, ou tiennent de façon concomitante, des positions clés gouvernementales[28] ». Derrière des carrières fortement marquées par des expériences au plus haut niveau de l'État, on retrouve l'ombre tutélaire du *Département de l'organisation du Parti communiste* (*DOPC*). Émanation du Parti communiste, le *DOPC* a le pouvoir de faire nommer ou renvoyer les principaux cadres des institutions économiques publiques… mais aussi privées. En organisant des rotations actives entre postes gouvernementaux et directions des principaux acteurs économiques, notamment le *CIC*, le *DOPC* favorise l'alignement des intérêts publics et privés, politiques et économiques. À Pékin, on est donc bien loin de l'indépendance à l'égard du politique… et le cas chinois est loin d'être isolé.

Le cas singapourien

En Occident, Singapour jouit d'une image d'ouverture et de modernité. On s'attendrait volontiers à y trouver des pratiques de gouvernance plus saines que dans la Chine communiste. L'enjeu est de taille puisque la cité-État héberge deux des fonds souverains les plus puissants du monde : *Temasek* et *GIC*.

Temasek revendique fièrement l'indépendance de son comité directeur à l'égard du gouvernement, soulignant à l'envi que la majorité des directeurs est issue du secteur privé. Pourtant, en pratique, son actionnaire unique, le ministère des Finances, peut arbitrairement remplacer l'ensemble du comité directeur en cas de désaccord... De quoi favoriser l'alignement des positions des dirigeants sur les objectifs gouvernementaux ? La menace n'est même pas forcément nécessaire, car, à y regarder de plus près, les directeurs ont beau être issus du privé, ils sont tous affiliés au parti au pouvoir. Sa directrice générale historique, Ho Ching, n'est autre que l'épouse du Premier ministre Lee Hsien Loong. Elle a été nommée en 2004, l'année même de la prise de fonction de son époux. En février 2009, *Temasek* annonce la nomination d'un nouveau directeur général en remplacement d'Ho Ching. Le malheureux est resté moins de un an en place, vraisemblablement poussé à la démission pour avoir tenté de résister aux ingérences du gouvernement[29]. Dans la foulée, l'épouse du Premier ministre reprend les rênes du fonds.

Quant au *GIC*, le Premier ministre historique de Singapour (1959-1990), Lee Kuan Yew, en est devenu le président en 1981 alors qu'il était lui-même Premier ministre en exercice. Il l'est resté jusqu'en 2011, date à laquelle son fils, lui-même devenu Premier ministre, lui a succédé. Le comité directeur est composé du ministre des Finances, du Commerce et de l'Industrie, du ministre des Politiques économiques, ou encore du ministre de la Sécurité nationale ! Au total, la quasi-totalité des directeurs a un lien direct avec le gouvernement et le parti au pouvoir. Comment alors prétendre que ce fonds puisse maintenir une forme quelconque d'indépendance à l'égard du gouvernement ?

Le cas aboudabien

Abu Dhabi, monarchie héréditaire inféodée à la fédération des Émirats arabes unis (ÉAU), héberge à elle lui seul quatre fonds souverains : *ADIA*, *ADIC*, *IPIC* et *Mubadala*. Avant sa mort, le fondateur de la fédération des ÉAU, le cheikh Zayed, qui a gouverné Abu Dhabi de 1966 à 2004, place deux de ses fils à la tête d'*ADIA* et d'*IPIC*, ainsi que des chefs tribaux alliés à la tête d'*ADIC*. La création d'un nouveau fonds, Mubadala, au début des années 2000, tient pour beaucoup à l'influence d'un troisième de ses fils, Mohammed. L'éclatement de cette puissance financière entre les différents fonds n'obéit pas à une logique économique : il est destiné à offrir à chaque fils les moyens de développer sa vision propre. Chacun d'entre eux va en effet s'investir dans l'activité opérationnelle de son fonds souverain. Par exemple, Mansour décide en 2008, alors qu'il dirige l'*IPIC*, d'acquérir plus de 16 % de Barclays. Il s'écarte ce faisant du cœur d'activité d'*IPIC* qui a pour mission d'investir dans la pétrochimie. Mohammed va aussi s'impliquer dans les principaux investissements de *Mubadala* (*Rolls-Royce*, *AMD Computing*, *The Carlyle Group*, *Ferrari*, etc.)[30].

Au-delà de leurs dirigeants, les équipes de gestion des fonds sont aussi largement noyautées par la famille royale régnante. Comment croire à une quelconque indépendance de ces fonds souverains à l'égard du pouvoir politique, quand ses dirigeants sont *eux-mêmes* le pouvoir politique ? Une étrange schizophrénie les habiterait-elle ?

En dépit des règles de bonne gouvernance et des discours rassurants des fonds, l'ingérence des dirigeants politiques semble, en pratique, bel et bien réelle. Aux exemples chinois, singapourien et aboudabien (qui regroupent à eux seuls près de 50 % des actifs des fonds souverains dans le monde), on pourrait encore citer la mainmise documentée du prince Mohammed ben Salmane, Premier ministre d'Arabie saoudite, sur le *PIF*, l'un de ses fonds souverains, ou celle du président Recep Erdoğan et de ses fidèles sur le fonds souverain turc[31].

Des multinationales publiques guère plus transparentes…

L'actionnariat et le contrôle étatique des entreprises publiques appellent, comme pour les fonds souverains, des pratiques saines de gouvernance, *a fortiori* quand celles-ci investissent et opèrent dans des pays étrangers. Et qui dit saine gouvernance, dit transparence. L'État doit montrer l'exemple, bien sûr. Il doit aussi lever les éventuelles inquiétudes sur sa qualité et sa neutralité d'actionnaire.

Alors, des modèles de bonne gouvernance, ces multinationales publiques? Plutôt l'inverse ! Leurs pratiques en matière de *reporting* financier et extra-financier (pierre d'angle de la communication institutionnelle des entreprises) laissent globalement à désirer dans les pays en développement. Elles y sont encore nombreuses à refuser de mettre en œuvre les grands standards internationaux (*US GAAP, IFRS, UN Global Compact, GRI*...)[32].

Et puisque certaines multinationales publiques sont devenues des investisseurs internationaux de premier plan, les pays ciblés par leurs investissements attendent *a minima* de la transparence sur les investissements directs étrangers (IDE) qu'elles réalisent. Les études révèlent que les multinationales publiques dévoilent très peu d'informations sur les opérations d'investissement qu'elles mènent à l'étranger. Les entreprises privées, y compris issues des mêmes pays – dont les ambitions sont pourtant par nature moins inquiétantes pour les pays hôtes –, font mieux en la matière[33].

Plus qu'une opacité passive, les multinationales publiques de certaines puissances en développement s'activent à brouiller les pistes quant à leurs investissements internationaux. Elles choisissent fréquemment d'investir à l'étranger à travers des sociétés *off-shore*. Outre les avantages financiers que peuvent offrir ces paradis fiscaux, ils offrent la possibilité de dissimuler la nationalité de l'acquéreur réel. L'ampleur du phénomène est inquiétante : l'UNCTAD, une agence de l'ONU, a recensé plus de 1 500 filiales de multinationales publiques dans les îles Vierges britanniques et près de 1 000 autres dans les îles Caïmans... L'État chinois a, en particulier, massivement recours à cette pratique[34]. Dans ses statistiques officielles, les trois régions dans lesquelles la Chine investit le plus sont… Hong Kong, les îles Vierges et les îles Caïmans. Ces entités représentent à elle trois les deux tiers des IDE sortants ! Et la majorité de ces flux émane d'entreprises publiques. Autant dire que Pékin souhaite garder dans l'ombre son identité dans certaines opérations apparemment sensibles.

Il est d'autant plus intéressant de constater que les multinationales publiques cultivent le secret alors même que cela semble nuire à leur intérêt financier. En effet, les marchés financiers tendent à récompenser la transparence par un coût abaissé du capital[35]. C'est aussi une condition pour préserver une bonne réputation permettant d'attirer d'éventuels partenaires commerciaux. Mais pour l'heure, ces préjudices et la pression internationale grandissante ne suffisent pas à assainir leur gouvernance. Il faut donc se questionner : pourquoi choisissent-elles délibérément l'ombre ?

… et en proie aux ingérences politiques

Les multinationales publiques des pays en développement jurent la main sur le cœur qu'elles échappent à toute ingérence du pouvoir politique. Le directeur général de la multinationale publique chinoise Sinopec déclarait, par exemple, en 2012 : « Si vous regardez dans notre pays, vous verrez que le gouvernement et les entreprises sont complètement séparés… Le gouvernement est le plus grand actionnaire [national], mais il agit de la même manière que n'importe quel autre actionnaire. Il n'est pas impliqué dans les décisions commerciales[36]. »

L'Europe et l'Amérique du Nord acceptent implicitement ce récit. Dans les médias grand public, quand la singularité capitalistique d'un investisseur est clairement identifiée, sa portée est ignorée, voire niée. Le journal britannique de référence *The Economist* qualifie, par exemple, les multinationales publiques de « nouveau type d'entreprises hybrides, adossées à des États, mais se comportant comme des multinationales du secteur privé », avec des objectifs de même nature, et une efficacité moindre[37]. Plus grave, les pouvoirs publics des pays occidentaux semblent largement adhérer à cette vision : d'après une enquête de l'OCDE auprès des instances de régulation financière, 86 % des régulateurs des pays développés interrogés considèrent que les investissements internationaux des entreprises publiques ne diffèrent pas de ceux des entreprises privées et qu'ils ne représentent pas une menace supérieure[38].

Toute une batterie de motivations extra-politiques ont été avancées par ceux qui veulent blanchir les stratégies internationales des multinationales publiques des puissances en développement. L'internationalisation des entreprises publiques serait dans certains cas une stratégie délibérée de leurs dirigeants pour échapper à la tutelle étatique[39]. Leur développement hors du territoire national aurait vocation à constituer un flux de revenus pérenne et indépendant de l'État actionnaire et leur offrirait visibilité et légitimité internationale ; tout cela permettant de se dégager de l'influence gouvernementale.

Dans d'autres cas, leur internationalisation pourrait relever d'une stratégie de survie économique face à la libéralisation de leur secteur d'activité. Dans le contexte de l'ouverture à la concurrence de leur marché, l'international apporte de nouveaux terrains de jeu permettant de compenser le partage des parts de marché nationales, ainsi que l'érosion fréquente des marges de ces secteurs. De même, la privatisation partielle du capital de certaines entreprises publiques renforcerait les attentes en matière de performance financière et inciterait à chercher des relais de croissance et de profitabilité sur les marchés les plus dynamiques, souvent à l'étranger[40].

Enfin, les États actionnaires pourraient eux-mêmes aussi soutenir activement la politique d'internationalisation de leurs multinationales publiques… mais sans arrière-pensée politique ! La conquête des marchés internationaux n'aurait pour ambition que la construction de grands champions industriels dominant leur secteur d'activité. Les États soutiendraient ces stratégies d'internationalisation tant qu'elles permettraient de renforcer un acteur majeur de leur économie nationale et ainsi d'augmenter les contributions fiscales.

Prenons garde ! Ces regards sur les multinationales publiques des États en développement ne seraient-ils pas déformés par le prisme européen ? Des multinationales publiques iconiques ont pu chez nous, il est vrai, nourrir, à travers leur développement international, des ambitions de compétitivité (*Airbus*) et parfois d'indépendance (*Renault*). La libéralisation du secteur européen de l'énergie a également pu pousser à l'expansion internationale (*EDF*). Mais les exemples relevant de la même logique dans les pays en développement semblent rester relativement rares. Ils ne doivent pas nous aveugler et nous empêcher de questionner de façon approfondie les éventuelles instrumentalisations politiques des multinationales publiques… en particulier venant de gouvernements habitués à intervenir de façon autoritaire dans la vie économique de leur pays.

Dans une entreprise détenue à 100 % par un État, comme dans les fonds souverains, le gouvernement nomme et révoque les membres des instances de gouvernance, ce qui a tendance à créer un canal d'influence puissant. Une étude de la Banque mondiale sur les entreprises publiques pétrolières affirme : « Les comités de nomination, qui sont largement contrôlés par l'actionnaire [public], sont peu enclins à faire des recommandations objectives et indépendantes. […] L'État tend à influencer directement la structure décisionnelle à travers la nomination d'officiels gouvernementaux au comité de direction, ou indirectement en imposant des autorisations externes pour les décisions qui ont des implications financières ou stratégiques de taille[41]. »

Et les passerelles entre la fonction publique et les postes de direction des entreprises publiques sont légion dans les pays en développement, bien plus qu'en Europe. Les allers-retours sont constants et favorisent un alignement d'intérêts. Rares sont les salariés ou fonctionnaires qui aiment insulter l'avenir…

Même lorsque la participation de l'État est faible et qu'il cohabite donc avec la présence d'actionnaires privés au capital (un quart des multinationales publiques du monde), l'influence gouvernementale peut demeurer puissante, comme le montre la recherche académique[42].

L'intensité du contrôle tient davantage aux profils des États qui sont actionnaires qu'au pourcentage de capital détenu. Les États qui bénéficient d'une concentration forte des pouvoirs ou d'une unicité de la décision politique sont en mesure d'influencer fortement les opérations clés des entreprises publiques. Et en pratique, ils s'en privent rarement.

La Chine est un exemple de choix. Les grandes entreprises publiques chinoises évoluent sous la coupe directe de la Commission chinoise d'administration et de supervision des actifs publics (SASAC). Les principaux projets d'IDE lancés par les entreprises publiques sont pensés et façonnés en collaboration étroite avec la SASAC. Dans certains cas, cette dernière est même l'initiatrice et le moteur de ces investissements. Elle se charge ensuite d'obtenir les autorisations nécessaires à la réalisation de l'opération auprès du Conseil des affaires de l'État… qui est lui-même un soutien ardent de la politique d'investissement étranger. Le pouvoir décisionnel est ainsi resserré entre les mains d'un nombre restreint d'acteurs publics, dont les visions semblent alignées[43].

Ajoutons, enfin, que les multinationales publiques jouissent très généralement d'une aide active de l'appareil gouvernemental. Elle prend très souvent la forme d'un coût du capital préférentiel auprès des banques publiques nationales, mais il peut aussi s'agir d'un accès à de l'information étatique confidentielle, ou d'un soutien diplomatique pour favoriser l'acquisition d'un actif dans un pays étranger, comme le documentent à la fois l'OCDE et la recherche académique[44]. « [Pour nos investissements internationaux], on peut avoir tous les yuans que l'on veut en

Chine[45] », confirmait l'un des dirigeants d'une multinationale publique.

Ces formes de soutien étatique ne prouvent pas en soi que les investissements internationaux des entreprises publiques sont destinés à mettre en œuvre les stratégies politiques du gouvernement à l'international... mais les États ne s'y prendraient pas autrement s'ils souhaitaient faire des investisseurs publics leur bras armé dans la compétition internationale !

L'objectif ici n'est pas d'affirmer que les grandes orientations stratégiques et le développement international des multinationales publiques des pays en développement n'échappent jamais à leur État actionnaire. C'est bien sûr parfois le cas, mais leur gouvernement, qui jouit généralement d'un pouvoir important, est, ne nous y trompons pas, plus susceptible qu'en Occident d'utiliser ces acteurs pour servir son propre agenda politique. Quand quête d'indépendance il y a, les gouvernements des puissances en développement répondent bien souvent fermement et ont tendance, en retour, à accroître leur emprise et leur interventionnisme.

La trajectoire de *Vale*, multinationale publique brésilienne du secteur minier, en offre un exemple éloquent. Le gouvernement privatise une partie de son capital en 1997 pour améliorer son efficacité. Elle est jusque-là principalement active sur le territoire brésilien. À partir de 2001, son nouveau directeur général, Roger Agnelli, entreprend une stratégie ambitieuse d'internationalisation. Son objectif est de devenir l'un des leaders mondiaux du secteur en s'emparant de nouveaux gisements à l'étranger. L'internationalisation de *Vale* accroît alors son autonomie à l'égard du gouvernement : le groupe est moins dépendant des autorisations d'accès et d'exploitation des gisements nationaux, moins dépendant des financements publics... Opérant à travers plus de vingt-cinq pays, il est aussi, à certains égards, protégé par l'attention médiatique nouvelle dont il jouit. Au début des années 2010, sous la présidence de Lula puis de Dilma Rousseff, le gouvernement entre en désaccord manifeste avec les dirigeants de *Vale*. Il souhaite orienter l'investissement de *Vale*, contre son gré, vers de nouveaux secteurs stratégiques pour le pays (principalement dans l'énergie et l'acier). La pression monte sur Roger Agnelli qui refuse de se plier aux desiderata des responsables politiques nationaux. Après une année de tension, il est démis de ses fonctions. Le nouveau directeur général reprendra l'ensemble des exigences gouvernementales au cœur de ses nouvelles priorités stratégiques. Ainsi, l'internationalisation de *Vale* a accru temporairement son autonomie à l'égard du gouvernement, mais, lorsque le gouvernement a souhaité instrumentaliser sa multinationale publique et sa capacité d'investissement au service de son agenda stratégique, il a repris fermement la main pour imposer sa vision.

*

Face aux investissements publics étrangers, les promesses se sont accumulées pour rassurer les pays occidentaux, sommés de laisser grandes ouvertes leurs économies. À ce stade, le bilan est sans appel : le pari occidental est perdu.

Les portes sont restées ouvertes, mais l'opacité demeure la règle parmi les États investisseurs. Or, la capacité d'ingérence des gouvernements dans la stratégie des fonds souverains et des multinationales publiques génère des risques multiples pour les pays accueillant leurs capitaux : monnaie d'échange diplomatique, outils d'espionnage industriel et de pillage technologique, vecteurs de déstabilisation économique, plates-formes de corruption politique ou de sabotage des infrastructures critiques… tout est imaginable en l'absence de transparence sur leurs pratiques.

Quelques voix ont alerté sur les menaces qui pèsent sur les pays occidentaux. Elles ont bien souvent prêché dans le désert. C'est le cas de John McConnell, ancien directeur du renseignement national des États-Unis, une fonction directement placée sous l'autorité du président américain. Il déclarait : « Les inquiétudes à propos des capacités financières de la Russie, de la Chine et des pays de l'OPEP, et l'utilisation potentielle de leur accès au marché [américain] pour exercer un levier financier pour s'assurer des objectifs politiques, représentent une question majeure de sécurité nationale[46]. »

Puisque la puissance financière des fonds souverains et des multinationales publiques et leur activité d'investissement sur les marchés internationaux ne cessent de s'accroître, il est primordial de commencer enfin à faire le clair sur ce qui se cache derrière leurs épais paravents et de reconstituer leurs stratégies. Notre impératif collectif de Français et d'Européens est clair : nous devons saisir toutes les opportunités qu'offrent ces investissements publics étrangers, mais aussi nous prémunir des menaces qu'ils charrient, sans paranoïa ni naïveté.

***

Partie B

Des investisseurs si politiques

Chapitre 5

Des armes de politique étrangère

« La triste réalité demeure que la politique internationale a toujours été une affaire impitoyable et dangereuse, et il est probable qu'elle le reste. Bien que l'intensité de la compétition qu'elles se mènent croisse et décroisse, les grandes puissances se craignent les unes les autres et s'affrontent toujours pour le pouvoir. Le but suprême de chaque État est de maximiser sa part de pouvoir mondial, ce qui signifie acquérir du pouvoir aux dépens des autres États. […] Les grandes puissances ne cherchent pas seulement à dominer les autres États, elles cherchent aussi à déjouer les velléités de domination de leurs rivaux[1]. »

John Mearsheimer, *The Tragedy of Great Power Politics.*

Mearsheimer, l'un des grands spécialistes américains des relations internationales et porte-drapeau de l'école « réaliste offensive », reste chez nous peu connu, en dépit de son influence considérable dans le monde anglo-saxon. Le monde, à en croire Mearsheimer et les théoriciens réalistes, serait condamné aux chocs de puissance. C'est son sort tragique et implacable.

La puissance est d'abord la capacité à agir librement, indépendamment du désir des autres. C'est aussi la capacité à faire faire aux autres ce qu'ils ne feraient pas autrement (ou à les empêcher de faire ce qu'ils feraient sinon) par la séduction ou la menace. C'est donc un jeu à somme nulle : plus de puissance pour un État signifie moins de puissance pour les autres. Bien sûr, il arrive que l'ordre international se pacifie, se stabilise et que la coopération grandisse. Mais les puissances, nous dit Mearsheimer, doutent toujours de la pérennité d'un tel équilibre. Elles n'ont pas suffisamment confiance les unes envers les autres et craignent toujours pour leur sécurité. Elles recherchent, qui plus est, moins les gains absolus que les gains comparés. Or, si la coopération procure des gains à tous, elle profite moins à certains qu'à d'autres. Ainsi, faute de confiance, et par désir de « faire mieux » que les autres, les quêtes de pouvoir reprennent toujours…

Ce logiciel intellectuel est à mille lieues de la conception de la mondialisation dans laquelle l'Europe s'est bercée depuis les années 1990. Nous avons voulu croire au recul des logiques étatiques et de leur bellicisme. Le développement croissant des relations d'interdépendance devait contribuer à pacifier l'ordre international. En rompant avec les visions iréniques des rapports internationaux, la perspective de Mearsheimer est précieuse pour décrypter la stratégie des États investisseurs. Car, à bien y regarder, de nombreux indices révèlent la façon dont l'investissement public international est instrumentalisé par une poignée d'États au service de leur politique étrangère et de leur quête de puissance.

Pour comprendre les stratégies de puissance des États investisseurs, il convient de sortir de la dichotomie traditionnelle « *hard power* » / « *soft power* ». Elles se comprennent davantage à travers une trilogie d'objectifs vitaux que je propose ici comme grille de lecture : la conquête de l'*autonomie stratégique*, sans laquelle il n'est pas de capacité à agir librement ; la fabrication des *alliances stratégiques*, qui accroissent autonomie et capacité d'action ; et, enfin, la quête de la *domination stratégique*, qui permet d'imposer aux autres États sa volonté par la menace.

La conquête de l'autonomie stratégique

La crise de la COVID-19 et la guerre russo-ukrainienne ont révélé de façon crue les dépendances de nos économies aux ressources étrangères et la grande vulnérabilité des chaînes d'approvisionnement mondiales. L'impératif d'autonomie stratégique commence à fleurir sur toutes les lèvres. Mais depuis des années déjà, des États construisent dans la discrétion les conditions réelles de cette autonomie. Ils entendent se dégager autant que possible des dépendances internationales et construire librement leurs propres logiques hégémoniques.

Une frénésie d'investissement public dans le secteur énergétique...

Au cours de la dernière décennie, près du tiers des opérations d'investissement transnationales des entreprises publiques se sont concentrées sur le seul secteur énergétique[2]. Elles ont ainsi dépensé plusieurs centaines de milliards de dollars pour accaparer les meilleures ressources énergétiques de la planète, notamment fossiles.

Et ce ne sont pas les européens *Eni*, *Equinor* ou *Engie* qui ont porté ce mouvement, ce sont les multinationales publiques des puissances en développement qui mènent cette folle ruée vers les actifs étrangers. Les géants de l'énergie *CNOOC*, *CNPC*, *Sinopec* et *State Grid*, tous les quatre contrôlés par Pékin, s'arrachent chaque année les premières places des classements des plus gros investisseurs transnationaux de la planète.

Les fonds souverains ne sont pas en reste. Certains d'entre eux, comme les chinois *SAFE* et *CIC*, ont dépensé à eux seuls des dizaines de milliards de dollars en une décennie dans le secteur énergétique, concentrant, certaines années, près de la moitié de leurs investissements dans ce secteur.

La boulimie des investisseurs publics dans l'énergie pourrait surprendre. Depuis plusieurs décennies, la tendance de fond était clairement à la (re)privatisation du secteur énergétique, y compris parmi les pays en développement[3]. À la fin des années 1990, l'influent chef économiste de *Royal Dutch-Shell* prévoyait que toutes les compagnies nationales pétrolières seraient privatisées avant 2040...

Le vif regain d'appétit des investisseurs publics peut d'autant plus étonner qu'il ne relève pas d'une stratégie financière classique. Ils ne viennent pas rafler des actifs délaissés par les investisseurs privés, trop soucieux de se tourner vers les énergies renouvelables. Les actifs qu'ils accaparent sont l'objet d'une âpre concurrence. Et pour remporter la mise, ils ont tendance à surpayer leurs cibles et à accepter des projets aux profils de risque particulièrement élevés et à la rentabilité faible[4]. Des opportunités en apparence peu réjouissantes, d'autant que les perspectives financières plus globales de ces marchés, notamment celles des hydrocarbures, s'assombrissent d'année en année.

... au service de la sécurité énergétique

Il ne faut pas être grand clerc pour saisir le sens des offensives publiques sur les ressources énergétiques mondiales. Quels sont les États qui contrôlent les investisseurs les plus actifs dans le domaine ? La Chine bien sûr, le Brésil et l'Inde, ainsi que, pour l'essentiel, des puissances asiatiques, comme la Corée du Sud et la Malaisie. Point commun de ces États ? Ils sont tous des importateurs nets d'énergie : ils produisent nationalement moins d'énergie qu'ils n'en consomment... Et leur demande énergétique croît rapidement. Dans un monde de l'énergie marqué par le caractère localisé, limité et épuisable des hydrocarbures et par les capacités encore limitées des sources d'énergie alternatives, ces États dépendent donc de l'approvisionnement étranger pour satisfaire leurs besoins.

Les puissances importatrices nettes d'énergie entendent ainsi limiter par tous les moyens leurs dépendances. Trop conscientes des logiques internationales de puissance, elles refusent de dépendre trop largement de la bienveillance de leurs partenaires. Leur capacité à décider librement de leur destin, et à construire, éventuellement, leurs propres logiques hégémoniques en dépend. L'Europe paie cher l'apprentissage de cette leçon avec la guerre russo-ukrainienne.

À l'évidence, les multiples opérations internationales des investisseurs publics peuvent être interprétées comme des stratégies visant à garantir la sécurité énergétique de leur État. Ces opérations d'acquisition visant l'industrie gazière et pétrolière se concentrent d'ailleurs sur le segment le plus pertinent pour l'appropriation de ressources : l'exploration et la production. Par leurs investissements internationaux, fonds souverains et multinationales publiques favorisent ainsi le rapatriement de ressources énergétiques critiques pour satisfaire les besoins de leur économie. Ces États prédateurs concentrent leurs efforts sur des pays cibles, tout en veillant à suffisamment diversifier les zones d'approvisionnement, pour limiter au maximum les risques de dépendance.

Ces investissements publics sont bien plus que des réponses à des besoins *immédiats* d'approvisionnement. Alors que les investisseurs privés de l'énergie ont tendance à concentrer leurs investissements sur des actifs pétroliers et gaziers directement exploitables et rentables, à l'inverse, les investisseurs publics ont une propension nettement plus élevée à acquérir des actifs d'exploration non profitables à court terme[5]. Ces gisements potentiels constituent, en revanche, des réserves pour l'avenir. Cette stratégie à long terme de sécurisation est claire : les entreprises publiques ne sont à l'origine que d'un peu plus de la moitié de la production mondiale de pétrole et de gaz, mais contrôlent désormais près de 90 % des réserves mondiales[6] ! Les réserves constituées à l'étranger représentent pour les États importateurs nets d'énergie une assurance vitale pour assurer leur sécurité énergétique nationale à moyen et long terme, condition de leur autonomie stratégique. Cela explique aisément pourquoi ils acceptent de surpayer tendanciellement leurs cibles avec les précieux deniers publics. La valeur stratégique – donc politique – de ces investissements surpasse leur valeur économique directe.

Cette appropriation par les États prédateurs semble inarrêtable. Les véhicules publics d'investissement sont redoutablement armés pour rafler ce type d'actifs malgré la compétition mondiale. Leurs ressources financières sont souvent larges et ils jouissent, nous l'avons dit, d'un coût du capital préférentiel auprès des banques publiques nationales. Les gouvernements auxquels ils rendent des comptes acceptent généralement d'eux un niveau de prise de risque plus élevé et des rentabilités potentiellement plus faibles. « Ils n'ont pas le regard braqué sur le *reporting* financier trimestriel, comme le font les entreprises cotées », résume un dirigeant d'un grand acteur du secteur[7]. Pour couronner le tout, leurs gouvernements viennent fréquemment en renfort diplomatique pour convaincre les autorités locales de céder leurs actifs[8].

Bien sûr, des résistances apparaissent parfois çà et là lorsque le statut public de l'investisseur transparaît[9]. Mais cette manne financière est globalement séduisante pour les détenteurs des actifs ciblés.

Le contexte à venir pourrait être particulièrement propice à la poursuite des prédations. Le niveau d'endettement élevé des acteurs du secteur et la difficulté à lever des fonds sur les marchés dans le contexte d'une prise de conscience environnementale et d'une pression réglementaire croissante sont autant de facteurs qui peuvent inciter les acteurs du secteur à céder des actifs pour renforcer leur bilan et financer la transformation de leur *business model*[10].

Cette ruée des États prédateurs vers les hydrocarbures peut paraître surprenante dans le contexte de la crise climatique mondiale. Mais nos vertueuses préoccupations ne doivent pas occulter la réalité : l'immense majorité des ressources énergétiques consommées dans le monde provient encore des énergies fossiles (~80 %) et devrait continuer de l'être dans les années, voire les décennies à venir[11]. Les États prédateurs en sont conscients… et ils y contribuent.

La ruée chinoise vers l'énergie

Les dirigeants du Parti communiste chinois font face à un défi stratégique de taille. La poursuite de la croissance nationale est la condition élémentaire de la stabilité sociale du pays et de la survie du régime communiste. Or la croissance intérieure est fortement tributaire de l'approvisionnement extérieur en ressources énergétiques.

La Chine est à ce jour le plus gros consommateur d'énergie de la planète, avec près d'un quart de la consommation mondiale, et ses besoins continuent de croître chaque année. Elle ne parvient pas à subvenir à ses propres besoins : elle est importatrice nette d'énergie, et ses importations nettes croissent elles aussi d'année en année, représentant aujourd'hui plus de 15 % de sa consommation. La Chine est ainsi devenue le plus gros importateur de pétrole brut de la planète[12].

Conscients que cette dépendance constitue une vulnérabilité majeure, les dirigeants chinois ont encouragé et organisé une véritable ruée vers l'énergie à travers la planète entière, afin d'assurer la sécurité énergétique du pays.

L'accroissement des investissements directs étrangers (IDE) chinois vers le secteur énergétique a été spectaculaire au cours des deux dernières décennies. Ils ont grimpé de 7 milliards de dollars en 2005 à plus de 55 milliards en 2017 ! Loin d'une ruée aveugle, les IDE chinois ont scrupuleusement suivi les priorités fixées par Pékin, notamment depuis le déploiement des « nouvelles routes de la soie » au milieu des années 2010, plateforme destinée à définir et mettre en œuvre les priorités stratégiques en matière de coopération économique internationale[13, 14].

Et si la stratégie gouvernementale chinoise est suivie et mise en œuvre avec un tel succès, c'est parce que les investisseurs publics y ont joué un rôle absolument central : ils ont porté plus de 90 % des IDE chinois à destination des secteurs énergétiques et miniers[15]. Un virage stratégique à 360° après trois décennies de réformes visant à libéraliser le marché intérieur énergétique chinois[16]. À la manœuvre, les fonds souverains d'abord. Assis sur près de 3 000 milliards de dollars, ils ont consacré une part considérable de leur puissance de feu aux actifs énergétiques. Relativement aux investisseurs chinois privés ou même aux autres fonds souverains de la planète, leur portefeuille d'investissement est marqué par un tropisme très fort en direction de ce secteur. Difficile de ne pas y voir une instrumentalisation politique au service de la sécurisation énergétique du pays, comme le reconnaissent même les spécialistes chinois[17]. Les multinationales publiques, comme *Sinopec*, *State Grid* et *CNPC*, ont aussi pris part à la mise en œuvre de la stratégie gouvernementale. Pékin leur a donné les moyens de *son* ambition. Elles sont « assises sur des piles de cash » et captent « une part disproportionnée des ressources financières nationales [du fait de] leur position privilégiée dans le système politique », expliquent les experts[18].

Partie émmergée de l'iceberg : les acteurs publics ont investi dans la majorité des leaders du secteur de l'énergie (*Total*, *GDF-Suez*, *Shell*, *BHP Billiton*, *Eni* ou encore *Enel*...)[19]. Mais au-delà de ces noms ronflants, le véritable succès de la stratégie chinoise est assuré par les innombrables, quoique plus modestes, investissements dans les pays en développement (Brésil, Argentine, Équateur, Kazakhstan, Égypte, Nigeria, Mozambique...). Les investissements *greenfield* sont les plus efficaces : du fait de l'absence préalable d'activités, d'installations et même souvent d'équipes, ils offrent à l'investisseur chinois une grande liberté. Il peut largement favoriser l'acheminement de la production vers son propre territoire. Les prises de participation, moins efficaces en théorie, ont néanmoins aussi été payantes pour Pékin. Elles ne garantissent théoriquement pas à l'État investisseur un rapatriement « mécanique » des ressources. Les nouveaux actionnaires, même majoritaires, ne décident pas nécessairement souverainement de la destination de la production. Mais en tissant des relations étroites avec ses cibles d'investissement et surtout leurs États hôtes, la Chine s'est assurée, ces dernières années, un accès accru aux ressources énergétiques locales, comme le démontre une étude chinoise sur le sujet. Cela a été le cas des pays d'Amérique latine, qui ont ainsi accepté, à la suite d'investissements souverains chinois, d'accroître considérablement leurs exportations à destination de la Chine[20]. Pour ce faire, les États prédateurs concentrent leurs efforts : ils multiplient les opérations dans les mêmes pays, y compris lorsqu'il existe des alternatives d'investissement plus profitables. Ils recourent souvent pour cela, de façon concomitante, à leurs différents véhicules publics d'investissement. Une preuve de plus, s'il en fallait, de la subordination de ces investisseurs à leurs gouvernements, et en l'occurrence à leur stratégie nationale de sécurité énergétique.

L'influence de Pékin n'est cependant jamais assumée. Les fonds chinois affirment ne pas prendre de sièges dans les conseils d'administration de leurs participations minoritaires. Une façon, évidemment, de témoigner de l'absence de volonté d'ingérence et d'ambition politique et de démontrer le service de leur seul intérêt financier. Ces déclarations de façade sont contraires à la réalité : ils négocient de plus en plus souvent des sièges. Ce fut par exemple le cas dans la prise de participation du fonds souverain chinois *CIC* dans l'activité exploration-production de *GDF-Suez* au début des années 2010. Deux des sept sièges au conseil d'administration de l'entité furent offerts à *CIC*, contrairement aux promesses du président de ce fonds. *GDF-Suez* n'a semble-t-il jamais communiqué sur les noms de ses deux administrateurs chinois[21]...

Malgré ses largesses financières, Pékin commence à pâtir de la réticence grandissante des États visés. Les accords internationaux ne suffisent plus à ouvrir les portes des marchés étrangers. Les autorités chinoises et leurs investisseurs publics déploient donc des armes plus discrètes et plus sophistiquées pour faire sauter les digues de résistance. Deux études menées par des chercheurs de l'université Simon Fraser au Canada ont mis au jour une mécanique sophistiquée permettant à la Chine de mettre la main sur des actifs énergétiques et miniers stratégiques en Amérique latine et en Afrique[22]. Les chercheurs observent que les États hébergeant les ressources convoitées par Pékin (comme le Venezuela, le Brésil, l'Argentine ou la Tanzanie récemment) ont tendance à recevoir, dans une étrange synchronie, des prêts colossaux de la part des banques publiques chinoises. Ces prêts chinois sont des aubaines pour lancer de grands projets, notamment d'infrastructures. Fabuleux hasard, les États ainsi financés auraient tendance, dans un *timing* extrêmement resserré, à faciliter la cession de leurs ressources énergétiques et minières... à des investisseurs publics chinois. Autrement dit, le chéquier grand ouvert du gouvernement chinois semble faciliter grandement les opérations des investisseurs chinois... qui œuvrent eux-mêmes à la sécurité énergétique nationale et, ce faisant, à son autonomie stratégique.

Ces stratégies agressives d'appropriation des ressources énergétiques mondiales par des acteurs publics extra-européens constituent une menace réelle pour l'Europe. L'Union européenne comme la France sont en effet elles-mêmes dépendantes des ressources étrangères. Elles sont, techniquement parlant, importatrices nettes : près de 50 % de leur consommation énergétique est importée[23]... Alors, toutes les ressources étrangères appropriées par nos grands rivaux sont autant de ressources auxquelles nous n'aurons pas accès en cas de stress énergétique.

L'autonomie alimentaire : un défi vital pour demain

Depuis le début des années 2010, une vingtaine de fonds souverains se sont pris d'intérêt, comme aucun autre type d'investisseur à travers le monde, pour les secteurs agricole et agro-alimentaire. En l'espace d'une décennie, ils ont multiplié par quinze leur montant annuel d'investissement à destination de ces secteurs[24] !

Le point commun de ces fonds souverains ? Ils sont quasiment tous issus d'États dont la position nette alimentaire nationale (c'est-à-dire la balance entre les exportations et les importations) est largement négative. Des États qui dépendent donc de l'étranger pour nourrir leur population.

Singapour, qui dispose sur son territoire de moins de 1 % de terres cultivables (contre une moyenne mondiale à 10 %), a ainsi déversé, à travers ses fonds souverains *Temasek* et *GIC*, plus d'une dizaine de milliards de dollars dans ces secteurs. Aux côtés des singapouriens, on retrouve parmi les principaux investisseurs quasi exclusivement des fonds souverains de pays du Golfe, principalement d'Arabie saoudite, du Qatar, des Émirats arabes unis et du Koweït.

Par leurs investissements souverains, ces États semblent clairement s'armer pour affronter les tensions croissantes dans l'accès à l'alimentation. Ces tensions constituent, en effet, de véritables risques pour leur sécurité nationale. Les émeutes de la faim qui ont frappé une trentaine de pays à travers le monde en 2008 et 2011, et le rôle qu'ont eu ces émeutes dans le déclenchement des Printemps arabes, ont sans aucun doute servi d'avertissements. Depuis lors, les difficultés d'approvisionnement et les épisodes de crise inflationniste se multiplient, révélant la fragilité de l'écosystème mondial de production alimentaire et le danger de la dépendance internationale. Les investissements des fonds souverains peuvent donc être interprétés comme des outils au service de la sécurité alimentaire de leur pays (c'est-à-dire l'accès simple, sûr et à prix raisonnable à une alimentation saine et culturellement acceptée).

Dans un premier temps, ces fonds souverains se sont portés acquéreurs de toutes les grandes surfaces agricoles disponibles à travers le monde, en Ukraine, en Argentine, au Brésil, au Venezuela, en Australie, ou encore au Kenya, au Zimbabwe et au Soudan… *a priori* la façon la plus simple de s'assurer du rapatriement des ressources agricoles produites. Mais devant les levées de boucliers que ces « accaparements » ont suscitées, les États prédateurs ont dû très rapidement ajuster leur stratégie. Ils se sont positionnés sur les autres maillons de la chaîne de valeur

leur permettant de favoriser l'approvisionnement alimentaire national.

Ils ont investi massivement au sein des principaux négociants mondiaux de produits agricoles, tels que *Bunge* (investissement du singapourien *GIC* en 2012) ou *Louis Dreyfus* (investissement de l'émirati *ADQ* en 2020). De façon révélatrice, la transaction d'*ADQ* incluait un accord d'approvisionnement de long terme entre *Louis Dreyfus* et les Émirats arabes unis. Une façon de faire de l'investissement financier souverain un levier « mécanique » de rapatriement des produits agricoles.

Les fonds souverains se positionnent également parmi les principaux investisseurs dans les « nouveaux aliments ». L'agriculture verticale ou d'intérieur, l'aquaculture *high-tech*, les protéines alternatives sont autant de nouveaux terrains de jeu pour les investisseurs souverains, qui cherchent, en l'absence de terres cultivables, des manières de satisfaire de façon domestique leur approvisionnement alimentaire. Témoignant de leurs stratégies de long terme, leurs investissements visent particulièrement les start-up les plus prometteuses (comme *Bowery Farming*, *Perfect Day*, *Impossible Foods*, *UPSIDE Foods* ou encore *Pure Salmon*...), avec l'ambition, à terme, d'installer des capacités de production localement ou *a minima* de s'assurer d'importations substantielles.

Dans la majorité des États occidentaux, les investissements dans les secteurs agricole et agro-alimentaire ont longtemps été perçus comme dénués de portée stratégique. Pourtant, en pratique, nos sociétés sont de plus en plus impactées par les difficultés d'approvisionnement alimentaire. La crise de la COVID et la guerre russo-ukrainienne l'ont révélé de façon crue en privant les pays les plus avancés économiquement de nombreux biens de grande consommation.

Dans les années à venir, l'autonomie alimentaire nationale devrait inéluctablement s'imposer comme un enjeu majeur dans les pays occidentaux. Car les défis sont bien devant nous : comment nourrir 10 milliards de personnes à l'horizon 2050 (contre 8 milliards en 2022), dans un contexte d'accélération des catastrophes climatiques (sécheresses, inondations, incendies...) et de nécessaire réduction de l'empreinte environnementale du secteur ? Des tensions considérables d'approvisionnement sont malheureusement à prévoir. L'assaut financier des États prédateurs ne fait probablement que commencer.

La fabrique des alliances stratégiques

Au-delà de la quête d'autonomie, les stratégies de puissance des États nécessitent aussi qu'ils cherchent des appuis politiques et diplomatiques sur la scène internationale pour promouvoir leurs intérêts propres dans le concert des nations : c'est la fabrique des *alliances stratégiques*.

Les alliances entre États sont bien sûr aussi vieilles que les États eux-mêmes. Mais l'ordre international s'est transformé et complexifié au cours des trois dernières décennies. Non seulement le monde est devenu multipolaire, mais beaucoup d'États considèrent désormais qu'il n'y a plus de puissance hégémonique derrière laquelle se ranger sans discussion, plus de bloc géopolitique naturel. Le jeu des alliances internationales s'est ainsi ouvert; il transcende davantage qu'autrefois les logiques idéologiques, culturelles, religieuses ou ethniques.

Pour trouver les appuis internationaux si cruciaux à la poursuite de leurs intérêts nationaux, les États en quête de puissance ont trouvé dans leurs fonds souverains et leurs multinationales publiques des armes précieuses. Quatre stratégies se dégagent, quatre approches différentes au service d'un objectif stratégique commun : *divertir*, *influencer* les opinions publiques et leurs dirigeants, *secourir* les États en demande, ou encore *faire vivre* des économies étrangères... avec toujours comme toile de fond la volonté de rallier à leurs intérêts des partenaires internationaux, au service de leur stratégie de puissance.

Levier n°1 : Divertir

S'il est un investissement souverain qui n'est pas resté dans l'ombre, en France, c'est bien le rachat du *PSG* en 2011 par *QSI*, la branche dédiée au sport de *QIA*, le fonds souverain du Qatar. En une décennie, les Qatariens ont hissé le club parisien parmi les meilleurs d'Europe et en ont fait une marque planétaire. Ils ont déboursé pour cela plus de un milliard d'euros. En toile de fond, l'objectif de cet État du Golfe, guère plus grand que la Corse, est bien sûr d'obtenir visibilité internationale et respectabilité diplomatique. Et qu'importent les critiques sur ses manières de « nouveau riche », sur les soupçons de corruption entourant l'attribution de la Coupe de monde ou les conditions de travail dramatiques des ouvriers immigrés : le Qatar s'est forgé une place, se dit-on à Doha.

Ces investissements stratégiques constituent des portes d'entrée permettant la réalisation d'investissements ultérieurs dans des secteurs à haute valeur ajoutée. Progressivement, la perception des investissements se dépolitise ; cette étape permet une intensification apaisée des acquisitions et prises de participation, comme ce fut le cas avec la France dans les années 2010 (*Vinci*, *Total*, *Vivendi*, *Lagardère*, *Accor*...). Et les nouveaux investissements contribuent chaque fois un peu plus à stabiliser et structurer l'alliance stratégique. Quand la France se retrouve dos au mur sur la question de son approvisionnement énergétique à l'hiver 2022, c'est vers le Qatar et ses réserves de gaz naturel qu'elle se tourne naturellement... Sans que l'on sache vraiment bien qui profite de l'autre, et à quel prix.

Le Qatar n'est pas le seul État investisseur à instrumentaliser ses véhicules publics d'investissement pour renforcer ses alliances stratégiques par la séduction et le divertissement. Ses frères ennemis, l'Arabie saoudite et les Émirats arabes unis (ÉAU), emploient des stratégies analogues. Les Émirats ont, par exemple, repris la « Lampre », une équipe cycliste internationale de prestige, par le jeu de la compagnie aérienne publique Emirates, avec l'aide de la *FAB*, une banque publique émiratie détenue par le fonds souverain *ADIC*. L'équipe a été rebaptisée « UAE Team Emirates », un nom à la gloire de l'État fédéral, un nom placardé sur la poitrine des coureurs... avec lequel elle va remporter le Tour de France en 2020 et 2021.

L'Arabie saoudite du prince héritier Mohammed ben Salmane, elle, a fait le choix de racheter le club de football de Newcastle en octobre 2021, grâce à son fonds souverain, le *PIF*, avant d'envisager de racheter l'*Inter Milan*, voire l'*Olympique de Marseille*, au moment où le royaume souffre d'isolement sur la scène internationale à la suite de la publication des preuves de sa responsabilité dans l'assassinat du journaliste Jamal Khashoggi. Ce n'est évidemment pas une coïncidence.

La diplomatie par le divertissement et le sport constitue, par nature, la face la plus visible de l'activité des États prédateurs. Et sa pratique ne se limite pas au Moyen-Orient. L'équipe cycliste internationale Astana Qazaqstan, financée par Samrouk-Kazyna, le fonds souverain du Kazakhstan, avec pour objectif de faire connaître ce petit État d'Asie centrale ultra-dépendant de ses exportations, peut également être citée en exemple, tout comme les nombreux rachats de clubs de football par des groupes chinois dans le giron de Pékin (une dizaine de clubs rien qu'en Angleterre, depuis 2010).

Levier n°2 : Influencer

Les États prédateurs font aussi le pari de l'influence médiatique pour défendre leurs intérêts en matière de politique étrangère. Ils financent, plus ou moins discrètement, la création de chaînes de télévision, de radios, de journaux et de médias sur Internet, avec l'ambition de diffuser leur vision du monde, ou plus encore, une vision conforme à leurs intérêts nationaux.

Le Qatar poursuit cette stratégie d'influence depuis de longues années déjà, notamment par le biais des investissements du groupe parapublic Al Jazeera. Non seulement la principale chaîne qatarienne diffuse ses programmes dans l'ensemble du monde occidental, mais le groupe a investi pour lancer des chaînes dédiées à l'étranger (par exemple aux États-Unis), ciblant ainsi des partenaires stratégiques. Le succès de l'expansion internationale d'Al Jazeera est incontestable : elle est rapidement devenue l'une des marques les plus influentes au monde, se classant troisième en termes de notoriété après *Coca-Cola* et *Ikea*[25].

Ses chaînes sont pourtant le relais manifeste des intérêts qatariens et ceux des Frères musulmans avec lesquels Doha entretient des relations étroites depuis des décennies. Le Printemps arabe et les reconfigurations politiques qu'il a générées doivent notamment beaucoup au groupe de médias qatarien[26]. En décembre 2010, c'est Al Jazeera qui se fait le principal relais international de l'immolation de Mohamed Bouazizi, dans la région de Sidi-BouZid, en Tunisie. Cet événement dramatique, isolé, sera l'étincelle qui va enflammer le monde arabe. Le groupe public qatarien va couvrir avec une attention exceptionnelle l'ensemble des manifestations et finance même des chaînes locales pour en retransmettre les images en direct. De la Tunisie à la Syrie, en passant par la Libye et l'Égypte, Al Jazeera agit en bras armé médiatique des groupes d'opposition à grand renfort de dollars. L'arrivée au pouvoir de Mohamed Morsi et des Frères musulmans égyptiens sonnera comme la récompense de ces efforts.

Al Jazeera s'est aussi intéressée de près à la France à partir des années 2000. Son succès et son influence sont alors fulgurants : ses taux d'audience dans la communauté maghrébine française avoisinent les 50 % au bout de quelques années[27]. En faisant la part belle aux réseaux fréristes, la chaîne qatarienne va renforcer leur influence dans l'islam de France.

En 2017, Al Jazeera prend un tournant en apparence radical en lançant AJ+ en France, un média sur Internet ciblant les jeunes, sans distinction confessionnelle. Dopé par les capitaux publics qatariens, le succès du média est instantané. Il n'est guère prolixe sur sa dépendance capitalistique au Qatar. Il se présente comme un « média inclusif qui s'adresse aux générations connectées et ouvertes sur le monde. Éveillé·e·s. Impliqué·e·s. Créatif·ive·s[28] ». Son ton est délibérément progressiste, mais le média fait, lui aussi, le jeu de la géopolitique qatarienne : il s'applique à défendre les progrès politiques de Doha (sur le sort des ouvriers immigrés notamment) et fait de ses ennemis, au premier rang desquels Israël et l'Arabie saoudite, des cibles répétées[29]. En quelques années, le Qatar a étendu cette stratégie en lançant AJ+ dans tous les grands pays occidentaux.

Sur ce terrain aussi, celui de l'influence médiatique, le rival saoudien a tenté de mettre à profit la discrète puissance de feu de son fonds souverain. En octobre 2018, le journaliste Jamal Khashoggi est assassiné au consulat d'Arabie saoudite à Istanbul. Lié depuis longtemps aux Frères musulmans, il est entré en dissidence contre le pouvoir royal au milieu des années 2010. Au *Washington Post*, Khashoggi est devenu l'un des principaux critiques de la politique étrangère saoudienne. Au temps de l'effroi succède le temps de la vérité : la Direction du renseignement américain accuse Riyad d'avoir approuvé l'opération d'élimination du journaliste. Les relations entre l'Arabie saoudite et son allié vital, les États-Unis, sont au plus mal.

Le fonds souverain du royaume, le *PIF*, est alors mobilisé pour financer en toute discrétion une série d'opérations d'influence aux États-Unis, dont la création d'un média grand public. La nouvelle plateforme, qui prévoit d'installer ses studios à Washington, revendique bien sûr sa neutralité politique. Pourtant, sa création s'inscrit bien dans le plan de lobbying lancé dans la panique par le royaume, comme le révèle le média financier américain *CNBC*, qui aurait eu accès au brief des agences engagées par Riyad ; il a évidemment vocation à servir de porte-voix des intérêts saoudiens en Amérique du Nord[30].

En Europe, territoire d'influence particulièrement disputé, la Turquie et la Russie se servent aussi de leurs véhicules publics d'investissement pour déployer leur influence politico-médiatique. Russia Today (RT) d'un côté, TRT de l'autre, investissent abondamment pour créer et diffuser des programmes dans les langues locales européennes, y compris en français. Côté russe, la preuve du soutien de RT à la politique de son financeur (jusqu'à sa fermeture par l'Union européenne au début du conflit russo-ukrainien) n'est semble-t-il plus à faire[31]. Quant à la stratégie d'influence turque, elle demeure encore trop peu analysée.

Levier n°3 : Secourir

Les prises de participation capitalistique des États prédateurs peuvent leur conférer un pouvoir d'influence sur la vie des entreprises. Lorsqu'ils obtiennent des sièges dans les conseils d'administration, ils sont alors particulièrement en mesure de se livrer à des stratégies d'activisme actionnarial, leur permettant, s'ils le souhaitent, de favoriser telle ou telle option stratégique, notamment en cas de conflit de gouvernance.

Les États européens, qui ont réduit leur présence capitalistique au cours des dernières décennies, sont, de fait, bien souvent preneurs de soutiens actionnariaux sur des dossiers stratégiques. Et les États prédateurs se retrouvent donc bien placés pour rendre de discrets services…

Avec ses participations dans *Vinci*, *Total* ou encore *Veolia*, le Qatar s'est donné les moyens de rendre ces petits services entre « amis ».

Dans des situations plus dramatiques, les États prédateurs peuvent aussi se transformer en secouristes, accourant auprès d'États étrangers en crise. En déployant ainsi leur puissance financière, ils se rendent indispensables le temps de la crise, mais plongent ensuite les États secourus dans une situation de dette morale (et financière).

Nous l'avons vu au début de cet ouvrage, la crise financière de 2008 offre aux investisseurs publics orientaux l'occasion d'investir dans des conditions attractives au capital des grandes banques internationales. Mais c'est sur le plan stratégique que se joue l'essentiel ! Les États prédateurs réalisent à cette occasion une percée institutionnelle remarquable, en réussissant à placer le G20 au centre de la scène financière internationale. Le sommet de novembre 2008 réunit pour la première fois vingt chefs d'État du « Nord » et du « Sud ». Un pas considérable pour les puissances émergentes. « Les pays d'origine des fonds ont réalisé en quelques mois ce que des années de discussions politiques [...] n'avaient réussi qu'à ébaucher », résume l'avocate Caroline Bertin Delacour[32]. Et ce n'est pas simplement au nom du déplacement du centre de gravité économique mondial que les puissances émergentes sont invitées à la table de cet embryon de gouvernement mondial. En matière de gouvernance mondiale, le pouvoir ne s'offre pas et ne se quémande pas. Il s'arrache au terme de brûlants rapports de force. Au cœur de la crise de 2008, la dépendance du monde occidental aux capitaux publics des puissances en développement (qui résistent, elles, aux turbulences de la crise) a incontestablement servi de levier de négociation *a priori* tacite pour imposer le format du G20 sur la scène internationale.

Dans la foulée de la crise, les puissances émergentes réalisent aussi une percée au FMI. Malgré les réticences d'une partie de la classe politique occidentale, et notamment américaine, la réforme des « quotes-parts » du FMI redistribue les droits de vote au profit d'une poignée d'États émergents... aux dépens, évidemment, de plusieurs pays occidentaux.

Levier n° 4 : Faire vivre

Les besoins de financement ne touchent bien sûr pas que les États en difficulté. De nombreux États à travers le monde cherchent à doper leur attractivité pour financer leur développement. L'urgence n'est pas, pour eux, de sauver tel ou tel acteur ou secteur stratégique, mais plutôt de financer sur le long terme leurs grands projets d'infrastructures, le développement d'une filière industrielle ou encore le rééquilibrage du développement territorial.

À ces fins, certains États sont prêts à troquer leur soutien diplomatique contre quelques billets étrangers. Ce n'est pas glorieux, ils le savent, c'est pourquoi ils optent souvent pour la discrétion. Les véhicules publics d'investissement deviennent alors un outil de choix au service de ces pactes de l'ombre. Mais parfois la machine s'enraye et la vérité éclate sur la place publique, révélant le rôle politique joué par les fonds souverains et les multinationales publiques.

Septembre 2008. L'estimé président costaricain Óscar Arias Sánchez, ancien lauréat du prix Nobel de la paix, est dos au mur. Le quotidien national *La Nación* demande à son gouvernement la clarté sur des investissements discrètement réalisés sur le sol costaricain par *SAFE*, le fonds souverain chinois connu pour son extrême opacité[33]. *SAFE* vient d'acquérir pour 300 millions de dollars d'obligations souveraines costaricaines et d'apporter 130 millions d'aide financière non remboursable à l'État costaricain. Un véritable cadeau du ciel… À quel prix ? veut savoir le quotidien national qui a été informé par les services de renseignement de Taïwan. Le gouvernement costaricain est contraint par sa Cour suprême de publier, au nom du droit à l'information, le détail de l'accord confidentiel qu'il a passé avec Pékin. La révélation est fracassante : en échange des investissements du fonds souverain chinois, l'accord sino-costaricain prévoit explicitement la rupture des relations diplomatiques entre le Costa Rica et Taïwan et l'établissement de relations avec la république populaire de Chine... ce que le président costaricain va mettre en œuvre au cours de l'année 2007 malgré l'opposition de son opinion publique[34].

La reconnaissance de la Chine est un enjeu de premier ordre pour Pékin qui revendique depuis plus d'un demi-siècle son autorité sur Taïwan et s'obstine à couper l'île de ses derniers soutiens internationaux. Mais c'est aussi un enjeu stratégique majeur pour l'Occident qui ne souhaite pas que la Chine domine le détroit de Taïwan et ce coin du Pacifique, par lesquels passent des voies maritimes clés et qui hébergent des forces armées, en particulier américaines.

Outre les centaines de millions du fonds souverain chinois, l'accord sino-costaricain prévoit également des investissements de multinationales publiques chinoises, notamment de la compagnie pétrolière *CNOOC*. Ces investissements internationaux, qui auraient pu sembler, extérieurement, s'inscrire dans le jeu traditionnel de la mondialisation marchande et financière, ont donc en réalité servi des ambitions politiques. Ils ont été pilotés par le gouvernement chinois pour servir ses intérêts dans son affrontement contre Taïwan et dans la construction de sa suprématie géopolitique. Cette instrumentalisation politique serait restée dans l'ombre sans la fuite organisée par les services de renseignement de Taipei.

Elle aura eu le mérite d'éclairer la vocation politique dissimulée (et contestée) de certains véhicules publics d'investissement ; une révélation cependant passée relativement inaperçue dans la presse occidentale…

La Libye du colonel Kadhafi offre un autre exemple de la manière dont l'investissement public peut être instrumentalisé pour « faire vivre » des États étrangers et, ce faisant, favoriser l'achat de soutiens stratégiques. Au milieu des années 2000, le fonds souverain libyen (*LIA*) est un mastodonte de 65 milliards de dollars, gavé par les excédents pétroliers nationaux. Sur les ordres de Kadhafi, il va déverser des milliards sur le continent africain. Opérateurs téléphoniques au Niger, en Côte d'Ivoire, en Ouganda ou au Rwanda, autoroutes au Niger, hôpitaux et universités en Mauritanie, hôtels en république du Congo et en Gambie…

Les capitaux semblent déployés tous azimuts. En réalité, l'objectif de ces investissements est clair et dépasse les simples considérations financières : Kadhafi veut créer au plus vite un État supranational panafricain, les « États-Unis d'Afrique »… et en prendre la présidence ! Les investissements de son fonds souverain vont délibérément cibler les États dont il cherche le soutien diplomatique dans son projet fou[35].

Malgré leur apparente attractivité économique, les puissances occidentales cherchent, elles aussi, à attirer les investissements étrangers pour nourrir leur croissance économique. Et les États prédateurs ne se font pas prier pour s'engouffrer dans cette brèche et renforcer ainsi leurs alliances stratégiques.

Bien sûr cela relève du non-dit, presque du tabou, car il ne fait pas bon défendre des alliances avec des régimes souvent autoritaires au nom d'intérêts économiques. Il aura fallu la muflerie d'un Donald Trump pour le reconnaître publiquement. En novembre 2018, il justifie en ces termes la décision américaine de ne pas sanctionner Riyad après l'assassinat de Jamal Khashoggi : « Ils nous procurent beaucoup de jobs. Ils génèrent beaucoup de *business* [...]. Ils sont vraiment un allié spectaculaire en termes d'emploi et de développement économique. [...] Vous savez, je suis président ; je dois prendre beaucoup de facteurs en considération... »

Phénomène marginal ?

Derrière nombre d'investissements publics internationaux se dessine donc une finalité commune : construire ou consolider les alliances stratégiques de leur État actionnaire.

La contrepartie stratégique à ces investissements est souvent complexe à identifier. D'abord parce que la majorité des investissements est réalisée dans l'ombre. Mais même lorsqu'ils se font au grand jour, la contrepartie est, elle, invisibilisée : elle est soit tacite, soit protégée par le secret des palais.

Le mystère demeure donc autour de l'ampleur réelle de ce phénomène. L'instrumentalisation diplomatique des investissements publics est-elle marginale ou touche-t-on, au contraire, à un phénomène structurel et majeur ?

Pour se faire une idée, il faut s'éloigner un temps de cette perspective *bottom-up* (qui part des cas spécifiques) et se pencher sur les indices qu'offre une perspective *top-down* (qui part de la vision globale).

À qui préfère-t-on généralement confier son argent? Plutôt un partenaire de confiance qu'un étranger à la réputation querelleuse ? Rien d'original bien sûr, c'est ce que font chaque jour les investisseurs traditionnels sur les marchés internationaux. Ils investissent en priorité dans des entreprises installées dans des pays « amis » de ceux dans lesquels ils sont établis. Quoi de plus normal après tout ? Des relations politiques et diplomatiques solides entre États confortent la pérennité des accords financiers, quand des relations politiques tendues sont naturellement lues comme porteuses de risques.

La majorité des fonds souverains fait pourtant exactement l'inverse ! Comme le révèle une étude américaine publiée dans le *Journal of Corporate Finance*, les fonds souverains tendent statistiquement à investir dans les pays avec lesquels ils ont des relations politiques distantes ou mauvaises[36]. En apparence contre-intuitive, cette tendance peut s'interpréter par la volonté des États prédateurs de s'attirer les bonnes grâces des gouvernements des pays accueillant leurs investissements.

Ainsi donc, au-delà de la poignée d'investissements dont la vocation politique a pu éveiller l'attention des observateurs attentifs, le phénomène serait donc plus structurel. Plus important, d'après la même étude américaine, cette stratégie serait payante. L'analyse dynamique des relations politiques entre États révèle qu'à la suite d'investissements souverains les positions de politique internationale des pays cibles tendent à s'aligner sur celles des pays investisseurs ! Ces investissements recomposent les alliances stratégiques au gré des nouveaux liens de dépendance et d'allégeance qu'ils génèrent.

La quête de la domination stratégique

Les quêtes d'autonomie et d'alliances stratégiques contribuent sans aucun doute à la puissance nationale. Mais c'est la capacité de domination stratégique qui en constitue le véritable cœur. C'est elle qui permet aux nations d'imposer leur volonté dans l'ordre international. Et pour construire les conditions de cette domination, les investissements publics internationaux peuvent constituer de redoutables outils. La capacité réelle de nuisance générée par un investissement est souvent difficile à évaluer, autant que le véritable niveau de détermination de l'État investisseur, mais la menace, même tacite, a ceci de magique qu'elle n'a pas besoin d'objet bien déterminé pour être efficace. Elle invite à la docilité et permet aux États prédateurs d'affirmer leur domination dans l'ordre international.

Le monopole de ressources stratégiques ou la menace de l'embargo

Praséodyme, niobium, antimoine, néodyme, dysprosium… Inconnus de presque tous, ces « métaux rares », qui représentent une quarantaine d'éléments du tableau périodique (parmi lesquels les dix-sept « terres rares »), sont présents partout autour de nous. Ils sont essentiels au fonctionnement de nos téléphones portables, de nos ordinateurs, de nos écrans plats, de nos éclairages à basse consommation, de la fibre optique… Ils sont aussi essentiels à notre défense nationale : on les retrouve dans les têtes de missiles, les satellites ou les appareils de vision nocturne. Ils sont, enfin, au cœur de notre avenir écologique : les panneaux solaires, les éoliennes ou les voitures électriques en sont particulièrement friands.

Leurs propriétés remarquables les rendent incontournables dans tous les scénarios crédibles d'évolutions technologiques et industrielles. La demande européenne en terres rares employées dans les aimants permanents devrait vraisemblablement être multipliée par 10 d'ici à 2050. Les consommations de lithium et de cobalt devraient être multipliées respectivement par 60 et par 15 pour permettre le déploiement des batteries des véhicules électriques et le stockage de l'énergie[37].

Au global, le niveau de production et les réserves connues et estimées font craindre des pénuries d'approvisionnement sévères du fait d'une consommation exponentielle[38]. Les listes des matières présentant des risques élevés de pénurie, élaborées par l'Union européenne et par les autorités américaines, ne cessent de s'allonger d'année en année. De quoi susciter de vives inquiétudes…

Ces tensions d'approvisionnement sont d'autant plus préoccupantes pour l'Europe que la majorité des métaux rares est aujourd'hui produite par une poignée de pays, en mesure de choisir et de discriminer les destinations de leur production. La Chine est notamment en situation monopolistique ou quasi monopolistique sur les deux tiers des métaux rares… et elle déploie des efforts importants via ses véhicules publics d'investissement pour étendre sa domination. *In fine*, ces monopoles étrangers peuvent devenir autant de leviers de négociation ou d'intimidation affaiblissant la France et l'Europe.

Les risques les plus évidents de dépendance stratégique concernent les « terres rares », produites par la Chine à plus de 85 %. Jamais une ressource aussi essentielle n'a été produite de façon si monopolistique dans l'histoire moderne. Et l'approvisionnement des pays de l'Union européenne est encore plus inquiétant : les terres rares consommées en Europe proviennent à 98 ou 99 % de Chine !

Les pays occidentaux – les États-Unis principalement, mais aussi la France – exploitaient pourtant eux-mêmes des mines jusque dans les années 1990. Mais faute de compétitivité et pour ne pas assumer le bilan écologique de cette activité historiquement lourdement polluante, ils ont décidé de stopper leur production et de s'en remettre aux importations…

Les esprits optimistes seraient tentés de penser que l'Europe a su gérer, bon an mal an, d'autres dépendances à des ressources stratégiques, et notamment notre dépendance aux hydrocarbures. Mais la situation est sans commune mesure : l'OPEP, qui regroupe la dizaine de grands pays exportateurs de pétrole, produit moins de la moitié du pétrole mondial… Une dépendance bien moins sévère !

Pour réduire cette dépendance, l'Europe pourrait naturellement décider de relancer la production de certains de ces métaux rares. Le continent abrite des réserves relativement diverses et substantielles, même s'il n'est pas le mieux doté. Mais le cycle de vie de l'exploitation minière est très long : une fois un site prometteur identifié, il faudrait dix à vingt ans pour relancer une activité productive. Un horizon peu satisfaisant compte tenu de nos dépendances actuelles.

Ajoutons que cette voie nécessite un véritable volontarisme politique, qui peine malheureusement à prendre forme. Il semble plus facile de « délocaliser » la pollution en se fournissant en métaux rares chinois, que d'assumer localement le défi complexe du verdissement de l'activité minière[39].

Alors que l'Europe reste passive, côté chinois, les véhicules publics d'investissement se ruent comme un seul homme sur les ressources étrangères. L'évolution récente du marché du cobalt, métal critique que l'on utilise dans les véhicules électriques, les turbines éoliennes ou les satellites, en est un bon exemple. L'essentiel des ressources en cobalt est produit par la république démocratique du Congo. La part du Congo dans la production mondiale avoisine les 60 %, quand la Chine est, en théorie, reléguée loin derrière, avec environ 35 % de part de marché. Mais en réalité, la Chine a pris le contrôle de plus de la moitié de la production congolaise. Elle a mis la main sur 10 des 18 principales mines en opération dans le pays. Par le biais d'une banque publique chinoise (*EIBC*) et deux multinationales publiques de l'énergie et des transports, elle s'est notamment emparée de l'une des mines les plus importantes d'Afrique, la mine cupro-cobaltifère de la Sicomines. Dans une enquête exceptionnelle intitulée

« Mining the future. How China is set to dominate the next Industrial Revolution », la célèbre revue américaine *Foreign Policy* rapporte comment les investisseurs chinois ont soigneusement et patiemment ciblé les mines congolaises qui traversaient des périodes de fragilité financière.

De la même manière, Pékin s'est approprié par le jeu de ses investissements internationaux l'essentiel des ressources en platine, en ciblant le premier producteur mondial, l'Afrique du Sud, mais aussi les ressources en niobium au Brésil, ou encore les ressources de lithium, chez les principaux producteurs : le Chili, l'Argentine et l'Australie.

Même en matière de terres rares, la Chine ne se contente pas de ses propres ressources, pourtant déjà considérables : elle conforte son emprise en prenant possession de toutes les ressources accessibles. Elle noue notamment des contrats dits *off-take* avec les sociétés d'exploitation brésiliennes et australiennes pour sécuriser l'acquisition de la production de terres rares sortant de leurs sites miniers.

La menace que fait peser la dépendance d'approvisionnement à la Chine et son réseau capitalistique international est loin d'être théorique. La Chine est en mesure de mettre en place des embargos susceptibles de paralyser les économies étrangères.

Pékin est passé une première fois à l'attaque, en septembre 2010, pour un motif éminemment géopolitique. Le capitaine d'un chalutier chinois est arrêté par les autorités japonaises au large des îles Senkaku-Diaoyu. Situées en mer de Chine orientale, ces îles sont, depuis des décennies, l'objet de revendications concurrentes, chinoises, japonaises et même taïwanaises, en raison de réserves gigantesques d'hydrocarbures logées dans le sous-sol de ces îlots inhabités. À la suite de l'arrestation japonaise, la Chine décide de procéder à un « embargo informel » contre le Japon (selon l'expression de Guillaume Pitron qui a publié une enquête remarquable sur les métaux rares), en suspendant administrativement les livraisons de terres rares[40].

Une affaire sino-japonaise ? Pas seulement. L'embargo de 2010 n'a été que le point de cristallisation d'une offensive plus globale menée par Pékin. Par l'instauration de quotas d'exportation sur ses métaux rares, le gouvernement chinois s'est donné les moyens de limiter de façon ciblée les approvisionnements étrangers. Droguées à ces ressources, les économies occidentales sont ainsi à bout de canon chinois.

Début 2012, les États occidentaux tentent de réagir et de reprendre la main. Soutenus par le Japon et l'Union européenne, les États-Unis attaquent les quotas d'exportations devant l'OMC. Ils dénoncent les distorsions de concurrence du gouvernement chinois et les perturbations massives sur l'approvisionnement en métaux rares. Les chercheurs français J.-F. Guilhaudis et J. Fontanel relatent ainsi la suite de l'affaire :

> La décision de l'OMC, en appel, porta condamnation des taxes chinoises à l'exportation, [...] parce que introduisant un avantage déloyal au profit des consommateurs locaux. La Chine s'est pliée à la décision. Elle a supprimé ses quotas d'exportation et ses taxes à l'exportation. Mais elle a réintroduit d'autres quotas et taxes, sur la production, ce qui

lui a permis de garder autrement le contrôle de la chaîne d'approvisionnement[41].

Depuis cette passe d'armes juridique, la Chine a poursuivi sa stratégie agressive. Et la menace se précise. « Ne dites pas qu'on ne vous a pas prévenus ! » lançait récemment le *Quotidien du peuple*, dans un article intitulé « États-Unis, ne sous-estimez pas la faculté de la Chine à riposter ». En plein milieu du conflit commercial entre Pékin et Washington, l'organe de presse de Pékin soulignait avec malice la dépendance américaine « gênante » vis-à-vis des exportations de terres rares chinoises[42]...

L'heure du réveil a sonné en Amérique du Nord. Conscients que cette dépendance représente une menace pour eux et un outil de domination stratégique pour la Chine, les États-Unis et le Canada ont décidé de relancer leur production sur leur sol national.

Peu habituée à reconnaître les rapports de force internationaux, l'Union européenne a tout de même admis que la dépendance aux métaux rares chinois faisait peser une menace sur notre autonomie stratégique[43]. Mais il est surtout temps de passer à l'action de façon plus volontariste. L'Union européenne et ses États membres doivent déployer une politique globale : ils doivent tout à la fois encourager une stratégie de stocks, faire émerger au plus vite un écosystème de recyclage, développer les programmes de R&D pour identifier des solutions de substitution aux métaux rares. Mais ils doivent aussi inévitablement concurrencer Pékin dans sa politique d'appropriation des ressources étrangères. C'est là le seul moyen d'empêcher la mainmise mondiale chinoise, le seul moyen de diversifier nos approvisionnements... Tout ce que l'Europe n'a pas pris la peine de faire au cours des dernières années.

Pour l'heure, elle semble même passive pour sécuriser les ressources sur lesquelles son influence est la plus naturelle. Le Groenland, territoire semi-autonome rattaché au Danemark, abrite les plus grands gisements du monde occidental. Les spécialistes considèrent que l'usine de raffinage française de La Rochelle serait parfaitement placée pour accueillir et purifier le minerai groenlandais. La Rochelle deviendrait alors l'unique centre de traitement des lanthanides (15 des 17 terres rares) en dehors de la Chine. Mais ce sont pourtant la Chine et les États-Unis qui s'activent le plus sur ce dossier ! À cette fin, le président Trump a carrément proposé de racheter le Groenland ! Plus subtile, la Chine a placé ses billes dans le groupe *Greenland Minerals*, qui dispose depuis 2010 de la licence d'exploration du projet minier groenlandais Kvanfield, l'un des gisements les plus prometteurs au monde. En 2016, le chinois *Shenghe Resources* est devenu discrètement le premier actionnaire de cette société australienne[44]. Sans surprise, malheureusement, le groupe sino-australien a formé, en 2019, une *joint-venture** avec une filiale de la multinationale publique *China National Nuclear Corporation,* pour faire raffiner sa future production en Chine. Tant pis pour la Rochelle. Et surtout tant pis pour

* Une « *joint-venture* » (ou « coentreprise », en français) consiste en un contrat de collaboration entre deux ou plusieurs entreprises dans le but de mettre en œuvre une stratégie commune (par la mutualisation des coûts et des risques).

l'opportunité de fissurer le monopole chinois… L'affaire n'est certes pas encore perdue : le projet a été mis en pause en 2022 pour des raisons environnementales. Il est temps que l'Europe réagisse…

Voilà comment les États prédateurs peuvent construire des monopoles mondiaux sur des ressources stratégiques. Il est ensuite extrêmement tentant de se servir de ce monopole comme arme de politique étrangère. La menace de l'embargo est souvent intimidante, et sa mise en œuvre potentiellement douloureuse. Chacun se souvient sans doute de l'embargo américain sur les céréales contre l'URSS, décrété en 1979 par le président Jimmy Carter, qui contribua à précipiter l'effondrement de la sphère soviétique.

Le désinvestissement des secteurs stratégiques ou la menace du chaos économique

Janvier 2008, Addis Abeba, capitale de l'Éthiopie. Les cinquante-trois leaders des États africains sont réunis pour un sommet de l'Union africaine (UA). Dans les couloirs des palais, le chef d'État libyen, Mouammar Kadhafi, se démène pour défendre la cause de son projet insensé : la création, sur-le-champ, d'un État fédéral africain. C'est le seul moyen de se débarrasser pour de bon de l'influence occidentale en Afrique, répète-t-il à l'envi. Face à la défiance des chefs d'État, qu'il a pourtant travaillés au corps de longues années à grand renfort de dollars, via son fonds souverain, le Guide abandonne les salamalecs diplomatiques et dégaine la menace du désinvestissement.

Il est prêt, affirme-t-il, à donner l'ordre au fonds souverain libyen et aux multinationales publiques de son pays de se débarrasser massivement de leurs projets et participations dans les pays qui refuseraient de le soutenir. Cinq milliards de dollars d'actifs sont en jeu sur le continent, menace-t-il, jetant l'effroi sur ses homologues africains[45].

Mars 2016, les autorités américaines sont sous le choc. Le ministre des Affaires étrangères d'Arabie saoudite est venu jusqu'à Washington sur les ordres de la famille royale pour délivrer un message cinglant : l'Arabie saoudite menace de se séparer brutalement de 750 milliards de dollars d'actifs américains, principalement détenus par le fonds souverain du royaume et une poignée de multinationales publiques. Riyad exige que le Congrès américain abandonne son projet de loi fédérale *Justice Against Sponsors of Terrorism Act*, qui permettrait de convoquer devant une cour américaine le gouvernement saoudien au titre de ses responsabilités potentielles dans les attaques du 11 septembre 2001. À Washington, le chantage saoudien inquiète en plus haut lieu. L'onde de choc provoquée par de tels désinvestissements serait dévastatrice pour l'économie américaine. L'administration Obama prend officiellement le parti de céder à ces menaces en proposant de retirer le projet de loi, mais le Congrès s'y refuse courageusement… et l'Arabie saoudite renonce finalement à mettre en œuvre ses menaces[46].

Les États prédateurs agitent ainsi volontiers la menace du désinvestissement pour imposer leurs intérêts à l'international. Mais comme l'illustrent les cas libyen et saoudien, leur efficacité réelle est discutable. Le débat n'est pas récent : dans les milieux universitaires, il a longtemps été de coutume d'affirmer que ces menaces n'aboutissent que rarement[47].

Les dynamiques actuelles de la mondialisation donnent cependant du crédit à ces menaces de désinvestissement. Le poids exceptionnel d'un nombre restreint d'acteurs publics sur le marché de l'investissement international est d'abord parfaitement inédit. Cela accroît vivement la faisabilité et la potentialité d'une opération agressive sur la base de critères politiques. Et ajoutons que ces investisseurs publics sont eux-mêmes hébergés et pilotés par une poignée d'États auxquels leur puissance grandissante permet d'assumer de plus en plus aisément des rapports de force avec les pays occidentaux.

Les menaces sont aussi d'autant plus crédibles que les véhicules publics ont massivement investi au sein des secteurs stratégiques – les secteurs qui assurent la sécurité ou la continuité de la vie de la nation en cas de crise brutale. Ils ont, en effet, déployé l'essentiel de leur force de frappe dans les secteurs pétrolier, gazier, minier, des utilités (production et distribution de l'eau, du gaz et de l'électricité), bancaire et financier, ainsi que dans les hautes technologies et les télécommunications. Cette concentration sur les secteurs les plus sensibles (notamment dans leurs investissements européens) tranche avec les stratégies sectorielles plus équilibrées des investisseurs institutionnels traditionnels (qui incluront par exemple plus largement d'autres secteurs comme les biens de consommation ou les services aux entreprises et aux particuliers)[48].

Le potentiel de déstabilisation de ces secteurs paraît de plus en plus manifeste. La fragilité du secteur bancaire et financier s'affiche, par exemple, chaque jour dans les pages de nos quotidiens. La crise financière de 2008 nous a rappelé combien l'équilibre des marchés était devenu précaire. Dans ce contexte, des désinvestissements brutaux pourraient ébranler les économies occidentales. Le chercheur américain Alan Tonelson, spécialiste du commerce international, expliquait en 2008, dans une audition devant la commission des Affaires étrangères du Sénat américain : « Si, par exemple, le gouvernement chinois détenait des participations significatives dans un grand nombre d'institutions financières américaines, en particulier des *market-makers*, et si la période de fragilité financière que traverse notre nation persistait, à quel point Washington pourrait-il vraiment s'opposer à Pékin dans une crise ouverte avec Taiwan[49] ? »... Une alerte inquiétante lorsque l'on sait que, depuis cette audition, le poids des investisseurs publics a triplé ou quadruplé dans les secteurs stratégiques étrangers !

En cas d'exécution des menaces, les États *désinvestisseurs* paieraient, eux aussi, chèrement cette agression financière. Mais il ne faut pas croire que cela soit une barrière infranchissable. Les États prédateurs sont, pour l'essentiel, des régimes « illibéraux » ou autoritaires. Leurs dirigeants craignent moins les conséquences du contrôle démocratique ou de l'opinion publique que nos gouvernements occidentaux. À tort ou à raison, ils pensent pouvoir faire subir à leur population des chocs économiques et sociaux sans forcément mettre en péril leur pouvoir. Les dirigeants occidentaux savent bien, à l'inverse, combien les difficultés économiques – ou même la simple fermeture d'une usine dans la dernière ligne droite d'une échéance électorale – peuvent être dommageables pour leur pouvoir…

Le conflit russo-ukrainien a contribué à faire comprendre combien des désaccords géopolitiques profonds et un contexte de tensions exacerbées peuvent produire des effets considérables. La montée des tensions à Taïwan et en mer de Chine méridionale, ou en Iran et dans les pays du Golfe, sont autant de théâtres d'affrontement géopolitique sur lesquels les investisseurs publics peuvent peser par la menace du désinvestissement.

Celle-ci ne se limite pas, en réalité, à la possibilité de céder soudainement des participations. L'interruption soudaine d'un flux continu d'investissement peut être tout aussi dommageable pour les économies visées… Et la mise en œuvre de cet arrêt brutal apparaît, elle, particulièrement aisée et indolore pour les États prédateurs.

Retournons aux États-Unis pour s'en convaincre. La Silicon Valley et son industrie du capital-risque, le *venture capital*, vivent depuis une décennie sous perfusion des capitaux publics orientaux, notamment saoudiens. Les mégalevées sont devenues la norme dans les nouvelles technologies et le *PIF*, le fonds souverain de Riyad, s'est imposé comme un acteur incontournable, injectant des dollars par milliards dans les nouvelles pépites américaines. *Uber*, *Snap*, *Lyft*, *Magic Leap*, *Slack*, *Wag*, *WeWork*… presque tous les grands noms de la Silicon Valley se sont goinfrés de capitaux saoudiens. Ils acceptent d'autant plus volontiers cet argent public que le *PIF* a tendance à surpayer ses cibles et à adopter une position actionnariale passive dans le secteur des nouvelles technologies, rassurante pour les dirigeants des entreprises. En 2016, le fonds saoudien parachève son entreprise de domination en participant à la création du plus grand fonds de placement dédié aux technologies, le *Vision Fund*, qui dispose de près 100 milliards de dollars[50] !

Mais, fin 2018, la crise diplomatique américano-saoudienne déclenchée par l'assassinat de Jamal Khashoggi ébranle les grands dirigeants de la Silicon Valley. Les géants de la *tech* poussent des cris d'orfraie. Ils décident de boycotter la Future Investment Initiative Conference, ce « Davos du désert » organisé par le fonds souverain saoudien, et remettent en cause de façon virulente les liens financiers qui les unissent à Riyad.

La rébellion va être toutefois de courte durée… Dans les mois qui suivent, le *PIF* revient au tour de table de toutes les grandes levées de fonds de la Silicon Valley et, dès l'année suivante, tout le monde se presse à nouveau dans les allées du « Davos du désert »… La perfusion financière saoudienne était trop vitale pour le *venture capital* américain, comme le reconnaissent ses meilleurs experts. Kara Swisher, l'influente journaliste américaine spécialiste du secteur des technologies, admet : « Si on retire les Saoudiens du réseau mondial [du capital-risque], tout s'écroule[51]. » Voilà donc comment l'Arabie saoudite a pu mettre sous dépendance les États-Unis et favoriser leur soutien diplomatique par l'entremise de ses véhicules publics d'investissement.

Ce qui apparaît parfois, hélas, comme des fantasmes en Europe est pris très au sérieux aux États-Unis. Évoquant les dépendances financières internationales des États-Unis, la sénatrice Hillary Clinton, dont la familiarité avec les grandes questions stratégiques et financières internationales peut difficilement être mise en doute, reconnaissait en 2008 : « On ne peut pas être indocile avec son banquier. On ne peut pas s'opposer à lui s'il a des intérêts opposés aux nôtres au Moyen-Orient ou en Asie. Sinon le banquier vous dit en gros : "Bien, vous voulez qu'on déverse nos dollars ? Ou vous voulez qu'on retire nos investissements[52] ?" » Et cette inquiétude dépasse outre-Atlantique les cercles politiques : elle est devenue une priorité des services de renseignement, comme en témoigne le compte rendu annuel sur les menaces contre la sécurité nationale publié par la communauté du renseignement américain[53].

Le piège de la dette ou la menace de l'étranglement financier

L'examen approfondi de l'activité des investisseurs publics révèle une autre surprise, d'origine spécifiquement chinoise. Depuis une dizaine d'années, des investisseurs publics chinois ont abondamment déployé leurs capitaux pour financer de grands projets dans une poignée de pays en développement, avec des largesses pour le moins surprenantes au vu de la fragilité des projets et des économies ciblées. À la manœuvre côté financement, on retrouve principalement deux banques publiques chinoises : *CDB* et *EXIM*. À elles deux, elles ont déjà injecté depuis le début des années 2010 plus de 200 milliards de dollars à l'international (!) : au Moyen-Orient, en Afrique et surtout en Asie[54].

On serait tenté, à première vue, d'y déceler la volonté de Pékin de renforcer ses alliances stratégiques internationales avec des partenaires clés, tant ces investissements apparaissent comme des aubaines pour leur destinataire. Ils permettent à ces pays, souvent marginalisés sur la scène mondiale, de financer des projets de développement extrêmement coûteux, principalement des infrastructures de transport (ports, routes, lignes de chemin de fer...). Pour les faire sortir de terre ou les exploiter, les financeurs publics chinois poussent naturellement les services de multinationales publiques chinoises. Une offre clés en main, en somme !

Mais l'étude des projets financés par Pékin laisse entrevoir une réalité plus sombre. Généralement négociés directement de gouvernement à gouvernement, les contrats de financements sont nettement plus opaques que les standards internationaux[55]. Que peut bien cacher ce surplus de confidentialité ? Les conditions financières et contractuelles proposées par les Chinois s'avèrent généralement extrêmement séduisantes (taux d'intérêt bas, échéanciers de remboursement étendus...), alors même que la viabilité économique des projets est bien souvent douteuse[56]. Des arrangements, en apparence, bien surprenants. À tel point que le FMI a fini par critiquer lui-même les pratiques chinoises, estimant qu'elles pouvaient mener à des cadres d'endettement asphyxiants[57].

Les Chinois ne sont pas fous, ni incompétents. En pratique, lorsqu'un projet se retrouve dans l'incapacité de générer les rendements nécessaires au remboursement du bailleur public chinois, l'État emprunteur se réveille avec la gueule de bois et n'a d'autre choix que de négocier de nouveaux emprunts auprès de Pékin (moyennant quelles concessions ?) ou de finir par céder l'actif à Pékin…

Le Sri Lanka a, par exemple, fait l'amère expérience de ce « piège de la dette » chinois. En 2007, le pays commence tout juste à sortir d'une violente guerre civile, qui l'a profondément isolé sur la scène internationale. Jouissant d'un positionnement stratégique aux abords de routes maritimes majeures, le petit État de l'océan Indien veut se doter d'un important port en eaux profondes, à Hambantota. Les financeurs internationaux passent tous leur chemin, rebutés par la réputation sulfureuse du gouvernement sri lankais en matière de respect des droits de l'homme, et par la viabilité économique pour le moins contestable du projet. Mais la Chine, elle, propose un financement ! Au passage, elle conditionne son accord au recours à une multinationale publique chinoise pour assurer la construction du port. Très vite, l'incapacité du port à rentabiliser son investissement – peu surprenante pour les analystes financiers – oblige le gouvernement sri lankais à contracter de nouveaux emprunts auprès d'investisseurs publics chinois pour viabiliser le projet, faisant ainsi quintupler l'addition ! Elle dépassera les 2 milliards de dollars… Fin 2017, dans l'impossibilité de rembourser ses dettes, le Sri Lanka est contraint de céder son port à la Chine pour une durée de quatre-vingt-dix-neuf ans, au terme d'un accord qui se voulait confidentiel[58].

Au fil du temps, les projets financés par les investisseurs publics chinois s'accumulent et l'endettement agrégé des pays bénéficiaires semble déraper irrémédiablement. Le résultat est criant dans de nombreux pays : l'État chinois y détient parfois désormais, à lui seul, la moitié de la dette publique... Pékin enferme ainsi ces pays dans des liens de dépendance critique. Ces dettes deviennent, pour le créancier chinois, des leviers puissants de domination permettant d'imposer son agenda de politique étrangère, sous la menace – plus ou moins explicite – de rétorsions brutales.

Et, bien sûr, les pays piégés par Pékin ne sont pas choisis au hasard : ils revêtent clairement une dimension géostratégique pour la Chine. Il est clair que la Chine cible d'abord les États qui peuvent contribuer à la sécurisation des voies commerciales maritimes d'Asie du Sud. Car voilà incontestablement l'un des enjeux géostratégiques les plus critiques pour la Chine[59]. Ces voies lui sont vitales : d'elles dépend l'essentiel des approvisionnements chinois en hydrocarbures, acheminés depuis le Moyen-Orient. Le contrôle de ces routes est aussi un levier potentiel de domination géostratégique : il permet de maîtriser le flux de biens manufacturés asiatiques dont dépend fortement l'Europe. Depuis un demi-siècle, les intérêts occidentaux y sont protégés par la présence et le contrôle américains, notamment dans le très stratégique détroit de Malacca, situé entre la Malaisie, Singapour et l'Indonésie, par lequel transite près de la moitié du commerce maritime mondial. La Chine entend renverser le rapport de force en sa faveur et cherche pour cela à constituer un « collier de perles » sur ces voies. Elle cherche, en somme, à installer des points d'appui pour sa marine, lui permettant, si elle le souhaite, d'interrompre l'approvisionnement européen.

Une étude de l'université Harvard tirait récemment la sonnette d'alarme :

> Les situations du Pakistan, de Djibouti, de la Birmanie et du Sri Lanka sont des sujets majeurs de préoccupation : ces pays ont déjà tous cédé un grand port ou une base militaire à la Chine et s'enfoncent chaque jour un peu plus dans le piège chinois de la dette [...]. La Malaisie, elle, n'a pas encore atteint ce niveau d'endettement, mais sa position stratégique, ses liens économiques avec la Chine et la croissance rapide du poids de sa dette doivent être aussi des causes d'inquiétude[60].

La Chine met également en œuvre son piège de la dette au service d'un autre de ses enjeux internationaux majeurs : ses revendications territoriales en mer de Chine méridionale... Située au sud-est de la Chine, la zone maritime est âprement revendiquée par Pékin et ses voisins en raison des larges réserves d'hydrocarbures et de pêche qu'elle abrite, des routes maritimes commerciales qui la traversent et des bases militaires qu'elle peut accueillir. La Chine y multiplie les intimidations militaires au mépris des règles internationales. Et pour rallier à elle des soutiens, elle a déployé son piège de la dette au Laos et au Cambodge, avec une efficacité redoutable...

Les stratagèmes chinois deviennent si manifestes qu'ils sont devenus des questions centrales et houleuses du débat politique national parmi les pays bénéficiaires. En Malaisie comme au Pakistan, les candidats victorieux aux dernières élections nationales ont fait campagne sur la nécessité impérieuse de rompre avec ce qu'ils considéraient comme le néo-colonialisme financier chinois. Celui-ci porterait de graves atteintes à leur souveraineté et leur autonomie stratégique. Mais une fois au pouvoir, enserrés dans l'étau financier chinois, les dirigeants nouvellement élus n'ont eu d'autres choix, des deux côtés de l'océan Indien, que de rassurer leurs créanciers chinois sur leur volonté de coopération. Rétropédalage pathétique, mais sans doute compréhensible[61]…

Les dirigeants américains, souvent plus précoces que les Européens, commencent à prendre conscience des dangers pour les intérêts occidentaux de la « diplomatie de la dette » chinoise. Le rapport annuel de 2018 du secrétariat à la Défense américain s'inquiétait ouvertement de ces « pratiques de prédation économique ». La même année, le secrétaire d'État Rex Tillerson alertait sur le fait que les investissements publics chinois « encouragent des dépendances par le biais de contrats opaques, des pratiques de crédits prédateurs, et des accords pourris qui enlisent les nations dans la dette et rognent leur souveraineté[62] ».

Le contrôle des infrastructures critiques ou la menace contre la sécurité nationale

Mais l'appétit chinois ne s'arrête pas aux cibles « faciles » des pays en développement. En passant à la loupe l'activité des investisseurs publics, on ne peut occulter leur appétit croissant pour les infrastructures critiques européennes.

Le contrôle et l'intégrité de celles-ci ont pourtant une portée éminemment stratégique, pour ne pas dire vitale : on les définit précisément comme des actifs physiques ou intangibles dont la destruction, le sabotage, la paralysie, ou même la surveillance, peuvent porter atteinte à la sécurité publique, l'ordre social et le fonctionnement de l'action publique gouvernementale[63]. On retrouve principalement ces actifs dans le secteur bancaire et financier, énergétique, de la défense, des transports et des télécommunications…

Le contrôle public étranger de ces infrastructures fait peser *a minima* trois types de menace. *Première menace*: l'État investisseur acquiert par le biais de son investissement une technologie ou un savoir-faire exclusif et sensible susceptible d'être utilisé pour atteindre la sécurité nationale du pays ciblé. *Deuxième menace* : l'entreprise ciblée est cruciale dans l'approvisionnement de biens ou de services essentiels ; elle peut en couper ou en conditionner l'accès. Son contrôle par une puissance étrangère impliquerait un lien de dépendance vitale et donc une relation de soumission. *Troisième menace*: la prise de contrôle permet à l'État investisseur d'infiltrer, surveiller ou saboter les infrastructures critiques de l'État étranger visé[64].

Depuis une décennie, de façon discrète mais soutenue, les États prédateurs, et en particulier la Chine, prennent progressivement possession de certaines infrastructures critiques européennes[65]. Ils se donnent de plus en plus les moyens d'influer sur la gestion opérationnelle des actifs : contrairement à leurs discours, ils cherchent souvent à obtenir le contrôle effectif des infrastructures et négocient bien souvent des sièges au conseil d'administration lorsqu'ils ont acquis une simple participation minoritaire.

D'abord circonspects, les experts commencent à admettre que ces investissements constituent des menaces de plus en plus crédibles pour notre sécurité collective[66]. Pour comprendre ce qui se joue aujourd'hui même, partons pour un tour d'Europe autour de deux infrastructures critiques : les ports et les réseaux électriques.

En 2016, la Grèce de Tsipras, pressée par ses créanciers et les organisations internationales, cède le port du Pirée à l'armateur *Cosco Shipping*, entreprise publique, détenue par l'État chinois. Simple conséquence d'un État asphyxié par ses dettes ? Pas seulement. En l'espace de seulement cinq ans (2013-2018), la Chine a réussi à investir dans quatorze ports européens. Dans une demi-douzaine d'entre eux, dont Valence et Bilbao en Espagne, les Chinois ont même pris les commandes en devenant l'actionnaire majoritaire et nommant une nouvelle équipe de direction chinoise.

La présence locale de citoyens chinois prenant en charge les opérations rend crédibles les menaces de blocage ou de sabotage en cas de conflit stratégique avec la Chine. Le secrétaire d'État américain Mike Pompeo ne s'est pas privé de le rappeler aux responsables grecs lors de sa visite à Athènes, en octobre 2019[67].

L'histoire ne manque pas d'exemples de sabotages réussis sur des infrastructures portuaires. Buenaventura, principal port colombien sur le Pacifique, en a fait la douloureuse expérience en 2015. L'acte de sabotage, probablement initié par les FARC, a littéralement paralysé la région environnante[68]. L'Europe semble pourtant accepter de vivre avec de telles vulnérabilités...

Les réseaux de transport électrique sont également des cibles de choix pour qui voudrait menacer la sécurité européenne. Assurant le transport de l'électricité d'un bout à l'autre du continent, ces réseaux sont essentiels à la vie économique et sociale de nos nations. Ils occupent même une place de plus en plus centrale dans le contexte de la stratégie bas carbone européenne qui ambitionne d'électrifier la consommation globale d'énergie, de façon à réduire les émissions de gaz à effet de serre. Disons-le simplement : un *black-out*, même partiel, c'est-à-dire l'interruption de l'alimentation électrique, plongerait des régions entières dans le chaos.

Or, la Chine, là aussi, tisse depuis une décennie une toile menaçante à travers l'Europe. En 2012, la multinationale publique chinoise *State Grid* arrache 25 % du capital de *REN* et devient ainsi le premier actionnaire du gestionnaire des réseaux de transport de gaz et d'électricité du Portugal. Elle se met ainsi en position d'occuper trois sièges au conseil d'administration… et sa présidence. Un petit séisme dans l'univers des réseaux électriques européens, d'autant que le français *RTE* avait été empêché de réaliser la même opération du fait de son lien patrimonial avec *EDF*[69]. Dans les mois qui suivent, Pékin va habilement profiter de la fragilité financière des pays du sud de l'Europe, qui sont plongés dans la crise des dettes souveraines[70]. Les injonctions de l'UE poussent la Grèce, comme le Portugal avant elle, à ouvrir le capital de son gestionnaire de réseaux de transport électrique. Le chinois *SGCC* acquiert ainsi 24 % du gestionnaire grec *ADMIE*, au nez et à la barbe de l'italien *CDP Reti*, raflant trois fauteuils au conseil d'administration, et le poste opérationnel de directeur général adjoint. En 2014, *CDP Reti* (qui contrôle le réseau italien via sa filiale *Terna S.p.A.*) est, lui-même, la cible de l'investisseur chinois, qui s'empare de 35 %

de son capital et de deux sièges au conseil d'administration pour 2,4 milliards d'euros. Le gestionnaire de réseau électrique maltais suivra en décembre de la même année. Plusieurs États européens, comme l'Espagne, l'Allemagne et la Belgique, ont, eux, repoussé jusqu'à aujourd'hui les avances insistantes des investisseurs publics chinois. Mais les premières victoires chinoises suffisent à faire peser un risque sur l'ensemble du continent du fait de l'interconnexion du réseau européen[71]...

Que se passerait-il en cas d'antagonisme stratégique entre la Chine et l'Europe ? Ou pire, en cas de conflit ouvert ? Il est difficile d'imaginer que l'Europe accepterait sans intervenir qu'un investisseur étranger opérant une infrastructure critique européenne interrompe son fonctionnement. Néanmoins, les informations auxquelles l'opérateur peut accéder, son accès physique aux installations ou même la possibilité de sélectionner des équipements qui intégreront les infrastructures constituent des menaces manifestes de sabotage et de surveillance[72].

Comme pour la menace de désinvestissement massif, le passage à l'acte contre la sécurité nationale n'est pas le scénario le plus probable en l'absence de conflit ouvert avec les États prédateurs. Mais nul ne peut prétendre que ce temps ne viendra pas, ou n'est pas proche. L'alignement de nos intérêts nationaux futurs avec ceux de la Chine et des autres États prédateurs est pour le moins incertain. La capacité de menace offerte à des États étrangers pourrait bien, demain, devenir un péril majeur...

Ces liens de dépendance nous invitent aujourd'hui à la docilité et nous rendent vulnérables aux pressions politiques. Demain, en cas de désaccord stratégique, ils offriront de puissants outils de menace… et pourraient se transformer en armes létales. Qui sait à quoi ressemblera le gouvernement chinois, malaisien, saoudien ou qatarien dans une décennie et quelles seront ses intentions politiques, notamment à l'égard de l'Occident ?

*

Par l'entremise de leurs fonds souverains et de leurs multinationales publiques, les États prédateurs poursuivent donc de façon active des objectifs dissimulés de politique étrangère. Ils construisent les conditions de leur puissance sur la scène internationale : par la conquête de leur autonomie stratégique, par la fabrication d'alliances diplomatiques et, enfin, par la domination et l'exercice de la menace. Les investisseurs publics s'affirment chaque jour un peu plus comme les outils d'une nouvelle forme d'impérialisme économique.

Les opinions publiques occidentales se demandent candidement pourquoi leurs responsables politiques ne tancent pas l'Arabie saoudite, le Qatar ou encore la Chine, pour leurs violations des droits de l'homme ou leur soutien supposé à des groupes terroristes… Une partie de la réponse se trouve incontestablement là : nos dépendances stratégiques à l'égard d'une poignée de puissances sont trop lourdes pour que nous puissions imposer contre elles notre volonté. Ainsi jouissent-elles d'une relative impunité.

Le recours aux capitaux étrangers est naturellement inévitable et même souhaitable pour dynamiser nos économies, en tirant le meilleur parti des ressources financières mondiales. Des dépendances peuvent générer des opportunités précieuses, en échange de contreparties ou de risques tolérables[73]. L'essentiel est bien, pour les pouvoirs publics, de se doter des moyens de distinguer et d'arbitrer entre les dépendances qui nous profitent et celles qui nous asservissent.

Mais ne nous y trompons pas, le défi qui se présente à l'Occident dépasse ses propres frontières. Notre vulnérabilité ne se situe pas uniquement dans la prise de contrôle de nos propres actifs. Pour les États prédateurs, le monde entier est un terrain de jeu et de domination. Et l'influence qu'ils ont acquise dans des pays tiers peut constituer une perte d'influence pour l'Occident et l'Europe, et même une menace par ricochet. L'identification de ces pays pivots pour nos intérêts géostratégiques, et la préservation de notre influence sur eux, constituent incontestablement des enjeux vitaux pour l'Occident.

***

Chapitre 6

Des armes de conquête industrielle

En septembre 2021, l'influent *Wall Street Journal* titrait : « La guerre économique mondiale s'intensifie à mesure que les conflits militaires reculent[1] ». Guerre américaine, bien sûr, à travers les sanctions que les États-Unis imposent par le biais du droit et du dollar. Guerre chinoise, aussi et surtout, à travers la coercition économique dans laquelle verserait allégrement Pékin. « Guerre » : la presse américaine, même financière, n'a pas peur des mots.

À mots plus couverts, la presse européenne se passionne aussi pour l'empire du Milieu. Mais, en dépit de notre regard braqué sur la Chine, les stratégies économiques qu'elle déploie restent mal comprises ou ignorées.

Au-delà de l'instrumentalisation de l'État actionnaire au service de sa politique étrangère, c'est le rôle critique des investisseurs publics au service du *leadership* chinois dans tous les secteurs clés de l'économie mondiale sur lequel il faut enfin se pencher. De cela dépendent, bien sûr, sa croissance et sa prospérité économiques, mais aussi le déclassement économique européen... Car les stratégies de Pékin ont en commun leur nature prédatrice. Ce sont nos meilleurs atouts (et ceux des pays tiers) qui filent droit dans le « camp » de ce rival de taille. Et attention, car la stratégie de Pékin commence à faire des émules parmi les nouvelles puissances en développement...

Les raids coordonnés... sur les secteurs à haute valeur ajoutée

Aux États-Unis, les observateurs les plus soucieux de l'« explosion » des investissements directs étrangers (IDE) en provenance des pays en développement soulignent depuis quelques années le risque de transfert de technologies et de savoir-faire de pointe vers les économies hôtes des investisseurs. Paranoïa ?

Les transferts de technologie vers les pays en développement, notamment asiatiques, ne sont pas nouveaux. Mais le processus s'est opéré, historiquement, de façon inverse : ces pays se sont efforcés d'être les plus attractifs possible afin d'attirer les investissements des pays développés ; ils espéraient, ce faisant, acquérir les technologies et les savoir-faire délocalisés par les investisseurs. Les pays développés entendaient, eux, évidemment, conserver leur avance, en ne partageant que les savoir-faire les moins critiques.

Les IDE sortants des pays en développement à destination de l'Occident se sont depuis multipliés, notamment sous l'impulsion des acteurs publics. Sont-ils pour autant des armes de prédation technologique ou industrielle ?

La question mérite d'être décomposée. Les investisseurs publics visent-ils à l'étranger des actifs de pointe ? En acquièrent-ils le contrôle effectif ? Et, le cas échéant, ces actifs se diffusent-ils, contribuant de ce fait au développement économique national par-delà le périmètre du seul acquéreur ?

Semi-conducteurs : gros plan sur un raid chinois

Composants essentiels de notre modernité numérique, les semi-conducteurs apparaissent comme des technologies clés dans l'économie mondiale. Derrière ce nom un peu barbare se cachent en effet les circuits intégrés et les puces électroniques. On les retrouve donc partout où l'électronique progresse : dans l'automobile, les ordinateurs, les serveurs et les smartphones, ou encore l'aéronautique et les dispositifs médicaux.

Les grandes puissances de la planète ont toutes les raisons de s'intéresser au secteur. Le marché est d'abord attractif en lui-même : il pèserait plus de 600 milliards de dollars et sa croissance à deux chiffres a toutes les raisons de perdurer[2]. Mais ces technologies apportent surtout des leviers de différenciation puissants dans les secteurs du numérique (c'est ce qui explique que, aux États-Unis, Google, Amazon ou Facebook aient commencé à concevoir leurs propres puces), ainsi que dans des pans entiers de l'industrie. L'accès aux semi-conducteurs constitue en ce sens un facteur global de compétitivité de l'économie : positif, lorsque le tissu économique national est en position de bénéficier des technologies de semi-conducteurs les plus performantes du marché ; négatif, lorsque les tensions d'approvisionnement limitent l'accès à ces composants et pénalisent ainsi des pans entiers d'activité industrielle.

Quand, dans les années 2000, Pékin prend la mesure du caractère ultra-stratégique du secteur pour son économie nationale, les concurrents internationaux, notamment américains, sont déjà très avancés. Pour revenir dans la course, les autorités publiques chinoises dessinent elles-mêmes les priorités technologiques de la filière et financent à tour de bras des programmes de R&D. Mais elles réalisent très vite que le rattrapage nécessite d'autres outils au vu de l'intensité technologique considérable du secteur et de ses fortes barrières à l'entrée (propriété intellectuelle, image de marque, fidélité des consommateurs...).

Le changement de braquet survient en 2014. La nouvelle feuille de route gouvernementale dédiée aux semi-conducteurs fait de l'investissement public l'un des axes prioritaires de la stratégie industrielle chinoise. C'est ainsi qu'est créé le *CICIIF*, fonds souverain thématique – une première du genre – dédié aux semi-conducteurs. Avec les 80 milliards de dollars qu'il a levés, le « *Big Fund* » va rapidement investir en direct dans une centaine d'entreprises en Chine et à l'étranger[3]. Et si le « *Big Fund* » constitue le vaisseau amiral de la stratégie chinoise, une foultitude d'autres investisseurs publics chinois vont accompagner le mouvement et réaliser des acquisitions majeures.

En Europe, une quinzaine d'entreprises sont acquises par des investisseurs chinois en l'espace de trois ans à peine. Et Pékin n'est jamais loin... La société d'investissement *JAC Capital*, dont le propriétaire – derrière un montage de sociétés en cascade – n'est autre que le fonds souverain chinois *CIC*, acquiert en 2015 et 2016 les néerlandais *Ampleon* (pour 1,8 milliard de dollars), puis *Nexperia* (pour 2,8 milliards). La multinationale publique *Tsinghua Unigroup* s'empare quant à elle, en 2018, du français *Linxens*, ancienne filiale d'Areva devenue, avec ses cinq centres de R&D et ses 3 500 salariés, un leader mondial des connecteurs souples de cartes à puce (pour 2,6 milliards de dollars).

La charge est encore plus violente aux États-Unis. Avant 2014, les entreprises chinoises n'avaient réalisé que six acquisitions dans les semi-conducteurs, toutes mineures. Dans les trois années qui suivent le nouveau plan gouvernemental, trente-quatre investissements sont réalisés, pour une valeur cumulée de près de 11 milliards de dollars[4] ! *Omnivision* et *Analogix Semiconductor* sont notamment raflés par les investisseurs publics *CITIC Capital* et *Shanghai Capital* (pour 1,9 milliard et 500 millions de dollars respectivement). Et la vague chinoise déferle aussi sur l'univers des start-up : *Danhua Capital*, un fonds de *venture capital* en apparence privé, mais en réalité financé par *Zhongguancun Development Group* (ZGC)[5], société détenue par le gouvernement municipal de Pékin, va prendre des positions dans une multitude de nouvelles pépites américaines du secteur.

L'empreinte de Pékin dans cette razzia est partout palpable. Et elle finit par transparaître dans la réalité industrielle de la filière : au tournant des années 2020, quatre des cinq plus grands acteurs nationaux des semi-conducteurs sont directement détenus par l'État chinois[6]. La présence actionnariale publique n'est pourtant pas une norme du secteur : les vingt premiers acteurs européens et américains sont tous des sociétés privées, à l'exception de *STMicroelectronics*.

Mais quel est le problème, au fond ? Les cibles occidentales ne sont pas forcées de s'offrir aux investisseurs publics chinois. N'accueillent-elles pas ces capitaux librement, selon les règles du marché libre ? Pas tout à fait. Car les investisseurs publics chinois bénéficient quasi systématiquement d'une forme de distorsion de concurrence qui leur permet de rafler des actifs convoités de façon inéquitable. Cette distorsion leur est offerte par le soutien gouvernemental vigoureux dont ils bénéficient[7]. Soutien financier, grâce à un coût du capital préférentiel auprès des banques publiques nationales. Soutien stratégique, par un accès fréquent à de l'information étatique confidentielle (sur les dirigeants des cibles, sur leur santé économique…). Soutien diplomatique, pour obtenir les autorisations réglementaires nécessaires dans la juridiction étrangère, ainsi que le soutien des autorités politiques locales. Nos concurrents occidentaux, qui ne bénéficient pas des mêmes avantages, ne luttent donc pas à armes égales dans la compétition pour les meilleurs actifs.

Une concurrence faussée, mais avec quels impacts ? Qu'est-ce que le caractère public ou étatique de ces investissements chinois change, en fin de compte ? Les technologies de la société acquises bénéficient-elles simplement à l'acquéreur, comme dans les banales opérations entre acteurs privés (dans lesquelles les synergies sont exploitées) ? La tendance semble plutôt montrer que ces atouts se diffusent rapidement au sein de la filière nationale de l'acquéreur chinois, et même dans le reste de l'économie nationale.

Un schéma récurrent semble se dégager dans les semi-conducteurs – comme dans de nombreux autres secteurs en Chine : aux vagues d'acquisitions à l'étranger succèdent des vagues de consolidation entre acteurs nationaux. Ces consolidations sectorielles contribuent bien sûr à diffuser les atouts acquis au-delà du périmètre initial de l'acquéreur. Dans le cas des semi-conducteurs, *Tsinghua*, principal investisseur chinois à l'international, va être poussé en 2022 par Pékin, à la suite de difficultés financières, dans les bras d'un autre investisseur majeur du secteur, *JAC Capital*, la fameuse filiale du *CIC*... Évidemment, *JAC* va immédiatement engager un travail de synergie, favorisant la diffusion des expertises acquises[8].

De fait, la stratégie chinoise d'acquisitions internationales a coïncidé avec un rattrapage technologique général et l'émergence d'une véritable filière industrielle dans le pays. En moins de dix ans, les progrès ont été considérables : la production nationale a quadruplé[9] ! En termes d'emploi, le secteur emploie aujourd'hui directement plus de 500 000 personnes dans le pays[10]. Et en termes de compétition mondiale, la Chine place quatre de ses groupes parmi les leaders du secteur, alors qu'elle en était absente quelques années plus tôt.

À lire certains commentateurs de la presse économique occidentale, le bilan de Pékin serait pourtant mitigé[11].

Le rattrapage technologique et industriel se révèle, il est vrai, plus long et laborieux que prévu, notamment sur le segment amont de la chaîne de valeur (la conception). Si une filière chinoise a effectivement émergé, elle a toutefois un train de retard technologique par rapport à ses concurrents taïwanais et américains. Les acteurs chinois semblent avoir en partie péché par facilité. C'est ce que semble confirmer leur faible niveau de dépenses de R&D. Toutes entreprises chinoises confondues, il serait inférieur à celui de l'américain *Intel*[12]. Non-compétitives, de nombreuses entreprises financées par Pékin ont ainsi fini par faire faillite. Tout cela est exact. Le financement massif du secteur pourrait donc avoir l'air d'un gâchis… Mais, pour appréhender de façon juste la stratégie chinoise, il faut sortir d'une approche étroitement comptable.

Si on recule la focale, en évaluant les conséquences globales de la stratégie chinoise, les efforts déployés par Pékin semblent d'ores et déjà payer. Entre 2020 et 2022, une pénurie de semi-conducteurs frappe l'économie mondiale du fait des tensions commerciales sino-américaines et de la crise de la COVID. Apple, Ford, General Motors ou Nvidia aux États-Unis, Renault et PSA en France, Sony, Toyota et Nissan au Japon, Volkswagen en Allemagne… la plupart des grandes multinationales ont dû freiner ou stopper leur production face au manque de semi-conducteurs. Leurs usines sont contraintes de tourner au ralenti ou sont carrément mises à l'arrêt à mesure que les stocks diminuent… Au prix de pertes colossales, naturellement… plus de 100 milliards de dollars de chiffre d'affaires. La Chine a pu, elle, en partie amortir les effets de cette pénurie. De l'aveu même des fabricants chinois de puces, ils ont délibérément favorisé l'approvisionnement de leurs clients nationaux par rapport aux clients étrangers[13]. Alors, même si l'autonomie chinoise est encore loin d'être assurée, les investissements publics colossaux réalisés dans ce secteur stratégique au cours de la dernière décennie ont permis de limiter les effets de la pénurie mondiale sur les secteurs de l'électronique et de l'automobile.

Pleins feux sur les secteurs du plan « Made in China 2025 »

Les semi-conducteurs ne sont qu'un exemple des secteurs qui ont connu un déferlement d'investissements chinois au service d'une stratégie de prédation technologique. Les secteurs les plus ciblés par les investisseurs publics occupent tous une place de choix dans le plan stratégique national « *Made in China 2025* » (publié par le Conseil d'État chinois en 2015) : on retrouve notamment les technologies de l'information, l'aérospatial, les biotechnologies, la robotique et les énergies renouvelables[14]. Au sein de chaque secteur, les technologies acquises par les investisseurs publics chinois s'avèrent souvent être celles-là mêmes qui étaient identifiées comme hautement prioritaires par les plans stratégiques sectoriels de Pékin. Et le résultat est souvent le même : les avantages acquis se diffusent dans le tissu économique national, et contribuent, avec plus ou moins de succès, à la puissance économique nationale.

Le comble de la stratégie de Pékin est que les secteurs qu'elle cible sur les marchés internationaux sont en Chine largement interdits aux investisseurs étrangers[15]. Une absence totale de réciprocité tolérée par l'Occident…

La stratégie de Pékin dans le secteur aéronautique se concentre quant à elle autour d'un acteur clé. Cette entreprise chargée de mener l'offensive chinoise, c'est la multinationale publique *Aviation Industry Corporation of China* (AVIC). Elle a dépensé depuis 2010, via son réseau complexe de filiales, plusieurs milliards de dollars pour acquérir des ETI européennes et américaines (comme le spécialiste espagnol des lignes de production *Aritex* en 2016 ; le motoriste allemand *Thielert Aircraft* en 2013 ; le constructeur américain d'avions légers *Cirrus Aircraft* en 2011[16]...). Sur chaque *deal*, la multinationale publique bénéficie du soutien actif du gouvernement et des banques publiques chinois, lui conférant un avantage décisif sur ses concurrents à l'acquisition.

Le schéma d'investissement d'*AVIC* est relativement homogène : les cibles sont des entreprises de taille intermédiaire, traversant généralement des difficultés financières, mais détenant des technologies de pointe, des capacités de R&D et de l'expertise manufacturière. *AVIC* s'empare systématiquement de la majorité du capital et intègre directement la cible à ses programmes nationaux, quitte à abandonner certains programmes servant des concurrents non chinois (tels qu'*Airbus*, *Boeing* ou *Bombardier*). Or, il est de notoriété publique qu'*AVIC*, au-delà de son activité commerciale, coordonne le développement du secteur aéronautique chinois. Ces acquisitions et les transferts de technologies qu'ils ont induits ont ainsi permis, selon les experts du secteur aéronautique chinois, de combler des manques et des retards technologiques clés dans toute la filière nationale[17].

Cerise sur le gâteau : dans le secteur aéronautique, comme dans la plupart des secteurs stratégiques chinois, les ambitions de domination économique rejoignent celles de domination stratégique, en ce sens que les technologies acquises nourrissent une base industrielle à double usage, civil et militaire…

À chaque secteur ses spécificités et en conséquence sa stratégie propre de prédation chinoise. L'agrochimie mondiale est dominée par une poignée de mastodontes qui accaparent l'essentiel de la valeur du marché. C'est bien l'un d'eux que la Chine va cibler, avec l'acquisition du suisse *Syngenta*, en mai 2017, pour 43 milliards de dollars, par la multinationale publique *ChemChina*, avec le soutien financier exceptionnel d'un consortium de banques publiques chinoises. Par ce rachat hors norme, *ChemChina* a pu prendre possession d'un nombre considérable de brevets… que le gouvernement chinois avait préalablement définis comme des priorités dans ses plans stratégiques[18]…

Dans d'autres secteurs, le ciblage est plus fin et permet de compléter les positions chinoises sur des technologies critiques. Dans l'automobile, la multinationale publique *ACIF Electromechanical Systems* s'empare en 2014 du fleuron allemand *Hilite International*, permettant de faire un pas décisif dans les technologies d'optimisation de la consommation en carburant des véhicules. La multinationale publique *AVIC* (parente d'ACIF ES) réalise, elle, une percée dans les solutions antivibration en raflant l'américain *Henniges Automotive*. Dans le secteur de la machinerie industrielle, la multinationale publique chinoise *NHI*, conglomérat minier et cimentier, s'empare du *leadership* technologique dans les tunneliers de roche dure en acquérant en 2016 l'américain *Robbins*. Elle avait déjà acquis en 2007 le fabricant français *NFM Technologies* (ex-*Neyrpic Framatome Mécanique*), lui permettant à l'époque d'acquérir le savoir-faire nécessaire pour entrer sur ce marché. Pour l'histoire, le groupe français avait vu sa croissance dopée du fait de la politique commerciale ultra-agressive imposée par l'actionnaire chinois. Mais cette politique avait entraîné une baisse progressive de la qualité de fabrication et de services... au point que le groupe français a fini par être placé en redressement judiciaire en juillet 2018. Un cas qui flirte avec la vampirisation technologique...

Parmi les grands succès de la stratégie chinoise de prédation technologique, *Goldwind*, filiale d'une multinationale publique chinoise, va s'imposer comme l'un des tout premiers fabricants mondiaux de turbines éoliennes en quelques années à peine. Une seule acquisition aura suffi à réaliser ce tour de force : le rachat de l'allemand *Vensys* en 2007 (financé, là encore, de façon généreuse par une banque publique chinoise)[19]. Dans les années qui suivent, *Goldwind* va déployer sa technologie allemande un peu partout dans le monde, y compris aux États-Unis et en Europe.

L'opacité entretenue par les investisseurs publics rend impossible la mise au jour, dans leur ampleur réelle, de leurs prédations technologiques. Mais la Chine étant de plus en plus perçue comme une menace sur les marchés, les informations commencent à filtrer çà et là et permettent de dessiner les contours des stratégies de Pékin. Le faisceau d'indices démontrant la prédation technologique systémique des investisseurs publics s'étend d'année en année.

De fait, les secteurs à forte intensité technologique sont surreprésentés dans les portefeuilles des investisseurs publics (comparativement aux investisseurs traditionnels). Et ces investisseurs publics, au lieu de demeurer des actionnaires minoritaires passifs, prennent fréquemment le contrôle effectif de leurs cibles ou acquièrent une forme d'influence et d'accès à l'information stratégique via la détention de sièges au conseil d'administration. Et plus le secteur de la cible d'investissement est en ligne avec les priorités du plan stratégique national, plus le niveau de participation moyen dans les cibles s'avère élevé[20]. Un activisme assez clair, qui favorise dans la pratique la dissémination des technologies. Celle-ci s'opère, de l'aveu même des autorités chinoises, à travers non seulement des phénomènes naturels de marché (comme les mouvements de ressources humaines), mais aussi des initiatives plus délibérées, telles que la consolidation des acteurs nationaux ou encore les partenariats technologiques[21]...

Parmi les autres puissances en développement, en Asie comme au Moyen-Orient, le rôle prédateur des investisseurs publics reste en revanche un terrain à défricher entièrement. Depuis deux décennies, la mutation de l'État actionnaire et le rôle profondément politique qu'il a endossé parmi ces puissances en développement n'ont pas été perçus. Le peu d'attention publique consacré à ces sujets est resté concentré sur les pratiques chinoises les plus agressives, sans prendre conscience qu'un phénomène plus global était à l'œuvre. En dépit d'une matière brute extrêmement partielle – la divulgation d'une part minime des opérations d'investissement dans la presse ou dans les bases de données spécialisées –, il est primordial d'éclairer la diffusion du phénomène d'État prédateur.

Pékin, chef de file des États prédateurs

Singapour a la réputation d'être à l'avant-garde de la mondialisation libérale. Le *think tank* américain *Heritage Foundation* la classait en 2022 en tête des États les plus libéraux de la planète. C'est souvent ainsi qu'on explique le miracle économique de cette cité-État de 5 millions d'habitants.

Au cœur de sa puissance et de sa prospérité se trouve le hub maritime international qu'elle héberge aux portes du détroit de Malacca. Il contribue à lui seul – sans compter les activités connexes qu'il nourrit – pour près de 7 % du PIB national ! Pour constituer ce poumon économique, le gouvernement déploie depuis plusieurs décennies toute la palette des politiques libérales : fiscalité avantageuse, réglementation accueillante aux acteurs étrangers, protection de la propriété intellectuelle…

Moins visible, le succès maritime de Singapour tient aussi, en réalité, à la contribution conjointe de tous les investisseurs publics, et notamment de ses deux fonds souverains *GIC* et *Temasek*, qui ont déployé leur puissance d'investissement international pour bâtir un écosystème industriel extrêmement dynamique autour des activités et des technologies de la mer.

Le fonds *Temasek* détient d'abord lui-même l'opérateur du port de Singapour *PSA International*. Loin de rester en retrait de la vie de sa filiale, *Temasek* va jouer un rôle déterminant pour piloter la stratégie de conquête internationale de *PSA* qui débute dans les années 2000. L'opérateur singapourien va étendre son empreinte dans 42 pays et 66 terminaux, lui permettant de maîtriser des points stratégiques du commerce maritime international. En Europe, *PSA* opère dans les ports d'Anvers et de Bruges en Belgique, à Gênes et Venise en Italie, mais aussi au Royaume-Uni, au Portugal et en Pologne. Tout au long de cette expansion internationale, *Temasek* offre à *PSA* sa couverture financière, le fait profiter de sa réputation et de son carnet d'adresses… qui est aussi celui du Premier ministre, puisque la directrice générale de *Temasek*, Ho Ching, n'est autre, rappelons-le, que son épouse. Dans le même temps, les deux fonds souverains prennent des participations stratégiques en amont ou en aval de la chaîne de valeur, et même chez des opérateurs concurrents, comme *TIL*, la filiale du groupe italo-suisse *MSC*, dont *GIC* prend 10 % en mai 2019. Une façon de solidifier les positions de *PSA* et lui ouvrir des opportunités ?

Temasek et *GIC* vont aussi contribuer à créer un véritable *cluster* industriel en acquérant ou en investissant dans une myriade d'acteurs de la mer, en Europe parfois, mais souvent dans le reste du monde, faisant ainsi basculer les meilleurs actifs internationaux de son côté. Ils nourrissent ainsi l'ambition gouvernementale de faire de Singapour la *Silicon Valley* de la technologie maritime. En avril 2021, *Temasek* finance un partenariat de recherche avec l'autorité publique chargée du développement du port de Singapour pour mener à bien des projets de décarbonation de l'industrie maritime. En décembre de la même année, puis à nouveau en août suivant, *Temasek* mène les tours de table des levées successives de *Shiprocket*, licorne indienne spécialisée dans l'e-commerce maritime*. En novembre 2022, *GIC* lance un fonds de 600 millions avec un partenaire indien pour acquérir des acteurs de la logistique maritime. *Temasek* avait lui-même lancé, deux ans auparavant, un fonds dédié à financer des start-up spécialisées dans les technologies avancées de logistique, aux côtés d'une société suisse. En somme, au pays du marché libre, les investissements publics des fonds souverains ont largement contribué à faire de Singapour la première zone mondiale d'innovation dans le secteur maritime, selon le classement de *Menon Economics-DNV Leading Maritime Cities*.

Signe de la sophistication de l'État actionnaire singapourien, les investisseurs publics mettent aussi leur puissance financière au service de l'émergence d'industries non maritimes, mais qui stimuleront demain l'activité maritime, et notamment celle des ports sous pavillon singapourien. Les fonds souverains du pays investissent par exemple activement dans l'hydrogène et ses technologies de liquéfaction, faisant ainsi le lit d'une filière future de transport longue distance de l'hydrogène… qui serait une aubaine pour la prospérité du secteur maritime singapourien.

À l'inverse de Singapour, la Corée du Sud a souvent flirté, au cours des dernières décennies, avec une forme de « nationalisme économique[22] ». L'État a joué un rôle considérable dans le développement exceptionnel que le pays a connu depuis les années 1960. Paradoxalement, les

* Une licorne est une start-up non cotée en Bourse valorisée à plus de 1 milliard de dollars.

entreprises publiques n'ont pris part que de façon relativement modeste à cette réussite. L'État actionnaire n'a pas fait florès, ni avant les années 1980, à l'heure de son apogée dans le monde, ni après.

La montée en puissance, ces dernières années, du fonds souverain coréen, entièrement tourné vers l'international, semble cependant témoigner d'un intérêt nouveau pour les potentialités de l'État actionnaire. La stratégie de la *Korean Investment Corporation* (*KIC*), qui a été fondée en 2005, a d'abord été purement financière : la composition de son portefeuille témoignait d'un objectif clair de protection des réserves de change nationales.

Mais, dès 2010, la pratique d'investissement de la *KIC* glisse ostensiblement vers une approche plus stratégique et plus politique. Premier signe révélateur, la *KIC* bascule d'une gestion quasi entièrement déléguée à une gestion internalisée du processus d'investissement... une façon de prendre la main sur le choix des cibles[23]. Le fonds cherche aussi à prendre des participations plus importantes dans chacune de ses cibles et négocie, quand il le peut, des sièges aux conseils d'administration. Il entend ouvertement peser sur la gouvernance et la stratégie des entreprises dans lesquelles il investit.

À partir de cette période, le fonds réalise des investissements de taille dans le secteur de l'énergie, remarqués pour leur contribution à l'approvisionnement énergétique national. Il accroît aussi significativement la part de ses investissements internationaux dans les secteurs forts du pays, comme l'électronique et la santé, par-delà la simple logique de maximisation financière[24]. De façon générale, les investissements ressemblent de moins en moins à de simples placements, les obligations cédant largement le pas aux actions cotées et aux acquisitions de sociétés non cotées ou d'infrastructures. En termes de cibles, l'Europe et les États-Unis « accueillent » ensemble 80 % des capitaux investis par la *KIC*. Mais au-delà de cette vision macro, il est absolument impossible de connaître les noms des entreprises récemment acquises par la *KIC* : le fonds ne laisse aucune information filtrer et ne révèle pas le nom des véhicules d'investissement qu'il utilise pour réaliser ses opérations.

Les nouvelles les plus récentes de la *KIC* ne laissent guère de doutes sur son rôle politique. En 2022, le nouveau PDG du fonds souverain sud-coréen – nommé par le gouvernement – affiche clairement ses ambitions : il veut investir massivement dans les technologies du numérique et en particulier dans l'intelligence artificielle et le métavers (souvent considéré comme l'Internet de demain)*. Il renforce pour cela ses équipes dans les grandes places de la *tech* mondiale, et notamment dans la *Silicon Valley* et en Europe. La coïncidence de ce virage stratégique avec les plans gouvernementaux rendus publics peu avant est évidente. En 2021, le ministre de la Science avait lancé un plan pour investir et booster le développement du pays dans les technologies digitales, et dans le métavers en particulier. Il avait même mis sur pied en mai de la même année une « alliance » réunissant dix-sept acteurs coréens actifs dans le secteur digital ou de l'électronique, dont le but

---

* Le métavers est un monde virtuel et en 3D dans lequel les utilisateurs exploitent des avatars qui interagissent en temps réel selon des scénarios.

avoué était de partager leurs avancées en matière de métavers. Parmi ces acteurs, des multinationales publiques… ainsi que les autorités de tutelle du fonds souverain et vraisemblablement certaines de ses participations. Des conditions optimales pour favoriser largement la diffusion des savoir-faire acquis à l'international[25] !

Le cas coréen est intéressant. Sa culture politique nationale, pourtant étatiste, était relativement hostile à l'État actionnaire. Pourtant, là aussi, l'évolution stratégique du fonds souverain témoigne de la diffusion de l'État investisseur comme arme de conquête économique internationale.

Les attaques ciblées… sur les pépites industrielles

La palette des méthodes de prédation s'est élargie et sophistiquée au cours des dernières années : les investisseurs publics se sont progressivement concentrés sur des cibles de plus petite taille ou se contentent dans d'autres cas de participations minoritaires. Dans le secteur des semi-conducteurs, la stratégie de *Tsinghua Unigroup* en est un exemple : après l'échec d'un deal à près de 4 milliards avec *Western Digital*, le chinois se rabat avec succès sur de plus petits acteurs, comme *Lattice Semiconductor*[26]. Le fonds chinois *NSIG*, lui, acquiert avec le soutien du « Big Fund » à la fin des années 2010 le finlandais *Okmetic* et prend une participation minoritaire dans le français *Soitec* (avec deux sièges au conseil d'administration), spécialiste mondial du silicium sur isolant, particulièrement utile pour les semi-conducteurs.

Les investisseurs publics multiplient aussi les projets de coopération de recherche[27] ou, de façon plus classique, de coopération commerciale. Classique, mais terriblement efficace : les investisseurs publics chinois vont industrialiser les *joint-ventures* (JV) avec des partenaires étrangers dans les secteurs stratégiques*. Échappant au périmètre de la plupart des dispositifs de filtrage, elles deviennent un outil privilégié de prédation. Illustration du glissement tactique : quand le rachat du fondeur américain de semi-conducteurs *GCS Holdings* est empêché à l'été 2016, le chinois *Sanan Optoelectronics* change son fusil d'épaule dans l'été pour monter à la place une JV avec *GCS*... Et le « partage » de technologie a finalement bien lieu[28] ; l'objectif de *Sanan* et de la Chine est atteint[29].

Les joint-ventures *ou la discrète industrialisation des transferts de technologie*

Le nombre de *joint-ventures* entre partenaires internationaux est reparti à la hausse dans le monde, ces dernières années. Ces contrats de collaboration réunissant des entreprises autour d'un projet commun ont longtemps constitué l'un des visages souriants du marché libre, l'incarnation du « gagnant-gagnant » libéral-capitaliste. Pourtant, aujourd'hui, les *joint-ventures* internationales paraissent bien éloignées de l'image d'Épinal qu'elles

* Un « *joint-venture* » (ou « coentreprise », en français) consiste en un contrat de collaboration entre deux ou plusieurs entreprises dans le but de mettre en œuvre une stratégie commune (par la mutualisation des coûts et des risques).

véhiculaient aux heures glorieuses de la « mondialisation heureuse », comme le montre l'exemple de *GCS*.

La méfiance croissante qu'elles suscitent tient beaucoup à l'usage que la Chine semble en faire. D'après les statistiques les plus récentes de l'agence chinoise de promotion de l'investissement, le pays réaliserait près de 6 000 *joint-ventures* internationales chaque année, soit près d'un quart du total mondial. Le succès de ces structures juridiques y est le résultat direct du régime ultra-restrictif du pays en matière d'investissement étranger et d'accès à son marché national. Dans de nombreux secteurs, en effet, la réglementation publique conditionne l'accès au marché des entreprises étrangères à l'association avec un partenaire chinois. C'est pour cette raison que de très nombreuses entreprises étrangères, et notamment occidentales, établissent des *joint-ventures* avec des partenaires chinois. La taille exceptionnelle du marché chinois et le dynamisme de sa demande le rendent, en apparence, incontournable dans de nombreux secteurs (de même que le faible coût relatif de sa main-d'œuvre).

Mais depuis quelques années les récriminations des entreprises occidentales entrées en *joint-venture* avec des chinois s'accumulent de façon inquiétante. Ces entreprises dénoncent les pressions déloyales dont elles seraient l'objet. Le schéma décrit est souvent le même : pas d'accès au marché sans *joint-venture* avec un partenaire chinois, c'est la loi, mais surtout pas de *joint-venture* sans transfert de technologie à leur partenaire… Avec, en sus, la menace d'octroyer l'accès au marché aux concurrents, en cas de refus de transfert de technologie[30].

Dans certains cas, ce marchandage émanerait directement des autorités chinoises. Cela constitue pourtant une pratique illégale. Illégale au regard du droit international : le protocole d'accession de la Chine à l'OMC interdit formellement aux autorités publiques de conditionner l'accès à leur marché à un transfert de technologie. Illégale également au regard du droit chinois : à la demande de la communauté internationale, Pékin a légiféré en 2019 et 2020 pour transcrire en droit chinois cette interdiction. Pourtant, au dire des entreprises occidentales qui s'implantent en Chine, ce chantage des autorités publiques ne cesse toujours pas… même s'il semble de mieux en mieux dissimulé dans la complexité des procédures juridico-administrative chinoises.

Inquiets, la Chambre de commerce américaine à Shanghai, le Bureau américain de l'industrie et de la sécurité, ou encore la Chambre de commerce de l'Union européenne en Chine ont chacun réalisé des enquêtes pour recenser et évaluer ces chantages[31]. Les résultats ne sont pas de nature à rassurer : les chantages au transfert de technologie sont d'abord loin d'être épisodiques ; ils toucheraient quasiment une JV sur deux dans les secteurs les plus technologiques, et une JV sur quatre dans la majorité des autres secteurs.

Se dessine aussi en creux le rôle central des entreprises publiques dans ces pratiques de captation technologique. On les retrouve au cœur de la majorité des affaires identifiées. Qu'elles soient les têtes de pont de cette stratégie n'est pas étonnant en soi tant elles occupent des positions idéales pour exercer ces pressions. La menace repose sur le fait qu'aucun autre acteur chinois n'offrira l'accès au marché à l'investisseur étranger si celui-ci refuse de transférer son savoir-faire au partenaire initialement ciblé. Or, la connexion des entreprises publiques aux autorités chinoises leur permet potentiellement de s'en assurer. Ces autorités peuvent en effet favoriser l'alignement des entreprises nationales derrière la position des entreprises publiques. Une tactique des plus efficaces[32].

Ces dernières années, l'Europe est devenue une cible de choix pour les *joint-ventures* chinoises[33]. En passant au peigne fin les JV sino-européennes, on ne peut ignorer le rôle central de l'État actionnaire (*voir des exemples illustratifs au tableau n° 5*), ni la coïncidence forte entre les secteurs dans lesquels les JV sont les plus nombreuses et les secteurs prioritaires de développement ciblés par Pékin dans son plan « *Made in China 2025* ».

Au vu des arrangements contractuels des JV, leurs objectifs ne font pas grand mystère. Le transfert de technologie à destination de la partie chinoise est prévu explicitement dans plus d'un quart des contrats de ce type. Et, plus généralement, les parties chinoises étant majoritaires dans le capital de 80 % des JV recensées, elles sont souvent en mesure d'imposer leur volonté (et ces transferts) dans les entités créées. Les JV internationales, qui ciblent en particulier l'Allemagne, les Pays-Bas, le Royaume-Uni et la France, contribuent ainsi à réaliser les ambitions de rattrapage technologique et de développement sectoriel de Pékin.

Tableau n° 5
Exemples de *joint-ventures* sino-européennes à destination des secteurs ciblés par le plan gouvernemental « Made in China 2025 »

Secteur	*Joint-venture*	Date de création	Partenaire européen	Nationalité du partenaire européen	Partenaire chinois	Participation chinoise
Technologie de l'information (conception de semi-conducteurs)	Arm China	2018	ARM	Britannique	Amber Leading et autres (consortium d'investisseurs majoritairement publics)	Majoritaire (53 %)
Robotique (conception de machines-outils)	Jiangsu Weimar Yueda	2018	Karl-Josef Scholz Hausgeräte	Allemande	Jangsu Yueda Investment Co (multinationale publique)	Majoritaire (65 %)
Ingénierie maritime (systèmes de plongée)	Wuhu Divex Diving System	2016	James Fisher and Sons	Britannique	Shanghai Salvage (multinationale publique)	Majoritaire (51 %)
Ferroviaire (design de composants électroniques)	Shandong SRCC Rail Transit Technology	2017	Strukton Rolling Stock BV	Néerlandaise	Jinan Railway Transit (filiale d'une multinationale publique)	Majoritaire (55 %)
Nouveaux matériaux (alumine de spécialité)	Alteo-Ginet	2019	Alteo	Française	Suzhou Ginet New Material	Majoritaire (51 %)

Source : Sélection de l'auteur à partir des données de Datenna et de Clingendael (2022)

Mais quel impact économique ont vraiment ces *joint-ventures* ? Une étude internationale indépendante récente – mobilisant des chercheurs chinois et nord-américains – s'est attachée à y répondre. En s'appuyant sur l'examen d'une décennie de *joint-ventures* chinoises, elle confirme l'efficacité de la stratégie chinoise en matière d'acquisition de technologies[34]…

D'abord, les JV génèrent en pratique des transferts effectifs de technologie qui permettent aux partenaires chinois, au-delà même du simple périmètre de leur JV, d'accélérer leur développement et leur rattrapage technologique[35].

Mais, phénomène beaucoup plus important, l'étude démontre que les JV génèrent aussi des externalités positives sur le reste de la filière nationale. La productivité et la compétitivité du secteur national se trouvent significativement améliorées, indépendamment de l'effet direct produit par la JV elle-même. C'est le cas dans les secteurs les plus intensifs en R&D, notamment la pharmacie, l'électronique et la machinerie industrielle. En d'autres termes, les gains issus des transferts de technologie se diffusent pour partie au sein de l'écosystème industriel national et viennent améliorer la compétitivité des autres acteurs chinois du secteur[36]. Nul fantasme, donc, dans les craintes occidentales autour des transferts de technologie.

Le secteur de la construction automobile et notamment des véhicules électriques illustre le succès « prédateur » des JV chinoises. Pendant plusieurs décennies, l'accès des constructeurs étrangers au marché chinois a requis l'établissement de JV, dans lesquelles l'investisseur étranger ne pouvait être majoritaire. Ces JV avaient l'obligation de produire une partie des véhicules sur le sol chinois. L'entreprise publique *SAIC*, premier constructeur chinois, va ainsi construire sa croissance (en toute légalité) sur deux mégas-JV, l'une avec *Volkswagen*, l'autre avec *General Motors*. Mais il faut attendre la décennie 2010 pour voir le véritable décollage technologique du secteur automobile chinois. Pékin fait passer en 2009 une loi qui va largement faciliter les transferts technologiques : elle oblige les JV à détenir la propriété intellectuelle d'au moins un système complexe parmi la batterie, le système de transmission ou le système de commande moteur du véhicule. La Chine accroît même le périmètre de transfert technologique en 2017, en exigeant que les JV détiennent la maîtrise de la conception de l'ensemble des véhicules[37]. Les groupes chinois, qui produisent pour les marques de leurs partenaires étrangers (*SAIC* produit, par exemple, pour *Volkswagen*, *Audi*, *Skoda*, *Chevrolet*, *Cadillac*...), se retrouvent en capacité de capitaliser sur les technologies acquises pour développer les véhicules de leurs propres marques (*Maxus*, *MG*, *Roewe* et *Yuejin*, dans le cas de *SAIC*).

La diffusion des expertises au sein de la filière nationale va, elle, être favorisée par les nombreux partenariats entre acteurs chinois, ainsi que par la mobilité professionnelle des ingénieurs. D'autant plus que l'écosystème industriel chinois, dominé par cinq constructeurs publics, apparaît solidaire et coopératif.

Signe de la réussite de la stratégie industrielle chinoise, le pays revendiquait en 2022 avoir ravi à l'Allemagne la deuxième place parmi les exportateurs mondiaux d'automobiles (en nombre de véhicules), alors qu'il était absent de ce marché quinze ans plus tôt[38]. Et les perspectives sont encourageantes au vu du succès croissant de ses marques domestiques de véhicules électriques.

Les restrictions à destination des acteurs étrangers ont fini par sauter en 2018. Un sursaut d'éthique commerciale dans la politique chinoise ? Vraisemblablement, plutôt, une manière d'entretenir un environnement concurrentiel stimulant sur le marché national une fois le rattrapage technologique effectué. Une manière aussi de calmer les frustrations des nations rivales avant de pénétrer ensuite leurs marchés, fort de la compétitivité enfin atteinte par les entreprises domestiques.

La construction automobile n'est qu'un secteur parmi les très nombreux domaines dans lesquels la Chine et ses entreprises publiques ont fait un usage immodéré de *joint-ventures* internationales pour acquérir les technologies les plus avancées des pays rivaux.

La construction aéronautique, portée par la multinationale publique *Commercial Aircraft Corp. Of China* (*Comac*) est un autre exemple. Le premier avion de ligne C919, destiné à être livré à partir de décembre 2022, n'aurait pas vu le jour sans les dix-sept JV qui ont porté de bout en bout sa conception (notamment avec *Safran* et *GE* pour la motorisation).

Dans le ferroviaire, les Japonais faisaient figure depuis les années 1960 de leader technologique, grâce à leur joyau national, le célèbre train et réseau ferroviaire « *Shinkansen* ». En 2017, les dirigeants japonais ont reconnu avoir commis une erreur historique en laissant fuiter les secrets technologiques du *Shinkansen* dans des JV avec des partenaires chinois[39]. Ce transfert massif de technologie, auquel auraient également contribué *Alstom*, *Siemens* et *Bombardier*, a permis aux entreprises publiques chinoises, *CSR* et *CNR* de construire ici encore de façon tout à fait légale en moins de sept ans une technologie concurrente, capable de ravir aux Japonais (et aux Occidentaux) des contrats à l'export[40].

Même lorsque des fuites de propriété intellectuelle objectivement illégales sont orchestrées au sein de la JV, il est bien difficile pour l'investisseur étranger d'obtenir justice. Le géant américain de la chimie industrielle *DuPont* en a fait la douloureuse expérience, comme l'a dévoilé une enquête du *Wall Street Journal*[41]. Suspectant son partenaire chinois (lié à Pékin) de mettre la main sur certains de ses secrets industriels protégés, *DuPont* va tenter de mettre fin à la situation à l'aide d'une procédure d'arbitrage. En décembre 2017, alors que *DuPont* se démène dans la procédure depuis plus de un an, une vingtaine d'enquêteurs de l'autorité chinoise antitrust débarquent dans les locaux du groupe américain, à Shanghai. Pendant quatre jours, ils vont retourner les bureaux, exigeant les mots de passe des serveurs auprès des équipes chargées de la recherche mondiale. Ils photocopient des documents à tour de bras, saisissent des ordinateurs et intimident des employés. Le motif de leur enquête n'a rien à voir avec la JV chinoise, mais ils auraient fait passer un message clair : pour être tranquille, mieux vaudrait abandonner la procédure contre le partenaire chinois de la JV…

Les multinationales occidentales de l'automobile ne sont pas non plus en reste. Les nouveaux véhicules introduits sur le marché chinois nécessitent la validation des autorités chinoises avant que la production en série ne soit lancée. Pour cela, un audit technologique est requis par la législation. En 2018, des salariés d'une firme européenne responsable du lancement d'un nouveau véhicule électrique révélaient qu'ils avaient clairement identifié des collusions manifestes entre l'équipe d'audit et les constructeurs chinois concurrents. Quand l'audit a commencé, témoignent les salariés, les inspecteurs ont exigé les plans détaillés de tous les composants majeurs du véhicule, notamment ceux que le constructeur souhaitait protéger de son partenaire chinois[42]. Ce schéma de fuites technologiques orchestrées par les autorités de régulation chargées d'approuver la commercialisation de produits sur le marché chinois s'est répété dans d'autres industries, et notamment dans la chimie.

Dans le domaine des télécommunications, et en particulier des réseaux sans fil, la Commission européenne a été contrainte de déposer plainte en 2022 contre la Chine devant l'OMC. Elle estime que les autorités chinoises ont empêché de façon répétée des entreprises européennes (notamment le suédois *Ericsson*) de protéger leurs brevets dérobés par des partenaires chinois. Lorsque les acteurs européens lésés ont voulu traîner devant la justice les organisations suspectées des vols, ils ont été menacés d'amendes exceptionnelles[43].

Ces captations technologiques avec le soutien apparent des autorités chinoises sont devenues monnaie courante.

Mais les multinationales occidentales n'aiment pas que s'ébruitent leurs mésaventures de ce genre. Si *DuPont* a rapporté aux autorités américaines l'incident qu'il a connu, le groupe a souhaité que le cas ne soit pas évoqué publiquement. Honteuses ou intimidées par de potentielles représailles supplémentaires, les multinationales occidentales préfèrent passer sous silence les pratiques de voyous des acteurs chinois.

C'est le cas, *a fortiori*, lorsque le partenaire chinois est une entreprise publique[44]. Leur proximité avec les autorités chinoises accroît les craintes de représailles. Elles jouissent, ce faisant, d'une impunité accrue, et deviennent pour Pékin des armes de choix. Un cercle vicieux pour les économies occidentales.

Malgré toutes les critiques que l'on peut formuler à l'égard des pratiques scandaleuses de Pékin, ce sont bien nos entreprises occidentales qui choisissent initialement, de façon libre, de s'associer à des partenaires chinois, dont la réputation est pourtant connue. C'est d'ailleurs ainsi que se défend Pékin. En 2009, le vice-président chinois Wang Qishan glissait avec malice aux capitaines d'industrie européens venus se plaindre des pratiques chinoises : « Je sais que ça vous déplaît… mais le charme du marché chinois est pour vous trop irrésistible[45]. » En acceptant des concessions déraisonnables pour accéder au marché chinois, nombre de multinationales occidentales contribuent, consciemment ou non, au rattrapage technologique chinois et au développement de la puissance chinoise dans la compétition économique internationale. Le bien informé conseiller au commerce de la Maison-Blanche

Peter Navarro résumait ainsi le phénomène : « La combinaison de la naïveté et de l'hubris des entreprises américaines cherchant à pénétrer le marché chinois, couplée avec les méthodes chinoises sophistiquées pour s'approprier nos technologies, sont létales pour nous[46]. »

À la décharge des groupes occidentaux, la concurrence intense sur les secteurs les plus technologiques constitue une pression considérable. La course au marché chinois ne relève pas en ce sens simplement de leur « hubris ». Elle tient souvent de la nécessité de rester aux avant-postes de la compétition, et ainsi financer leur développement technologique futur. D'une certaine manière, il faudrait plutôt blâmer l'absence de solidarité entre les groupes occidentaux qui ne font pas bloc contre les exigences de transferts. Une solidarité difficile à imaginer dans notre logique libérale de marché...

Les autorités occidentales luttent à leur façon contre ces phénomènes. Elles font pression sur Pékin pour mettre fin aux exigences légales de transferts de technologie, elles s'indignent contre la partialité de l'autorité judiciaire... Les Chinois jurent la main sur le cœur de mettre fin à ces pratiques. Mais leurs entreprises publiques et l'autorité judiciaire continuent de trouver des méthodes toujours plus discrètes pour accaparer les technologies étrangères les plus avancées. Une vieille plaisanterie résume peut-être l'esprit de ces coopérations sino-occidentales :

Une poule et un cochon discutent en se promenant. La poule suggère : « Nous pourrions monter un restaurant ensemble ! » Le cochon répond : « Pourquoi pas ! Quel serait le concept ? » La poule : « On proposerait des petits déjeuners : je fournirais des œufs, et vous pourriez fournir… le bacon. »

Le risque des participations minoritaires étrangères

Les prises de participation minoritaire, infiniment plus nombreuses que les acquisitions et les *joint-ventures* – et encore plus discrètes ! –, ne représentent pas moins des outils de conquête industrielle pour les États prédateurs. Elles peuvent naturellement représenter de premières étapes dans une progression capitalistique jusqu'à la prise de contrôle.

Elles peuvent aussi servir de subtile monnaie d'échange dans une stratégie de conquête technologique. En mai 2016, le fonds parapublic chinois *NSIG* entre au capital de *Soitec*, électronicien français, fournisseur de pièces critiques à destination des fabricants de smartphones et des véhicules électriques. Le français, qui détient un savoir-faire de pointe dans un secteur stratégique et en plein boom, connaît des besoins de financements importants. En échange de l'injection d'une centaine de millions d'euros (opération qui va s'avérer financièrement extrêmement rentable), *NSIG* entre au capital et obtient deux représentants au conseil d'administration de *Soitec*. Le français accepte aussi de signer un partenariat technologique et industriel avec *Simgui*, une société chinoise détenue par *NSIG*. Au cœur de cet accord, un contrat de licence… et de transfert de technologie permettant à *Simgui* de fabriquer des plaquettes de silicium sur isolant en utilisant la technologie de *Soitec*.

Outre leur potentielle fonction de monnaie d'échange, les professionnels des fusions-acquisitions considèrent généralement que les opérations minoritaires peuvent suffire aux investisseurs pour accéder à une information stratégique ou à un contenu technologique critique développé par la cible. Les cabinets d'avocats anglo-saxons, pourtant si prompts à défendre la liberté en matière d'investissement international, n'hésitent pas à vanter l'efficacité (prédatrice) de ces investissements minoritaires. Une note du cabinet britannique Allen & Overy titrait par exemple : « Investissements minoritaires : comment utiliser le capital-risque à des fins stratégiques », précisant qu'« acquérir des parts minoritaires dans de plus petites entreprises disruptives en croissance peut être un outil efficace pour des entreprises établies [...] cherchant à accéder à de nouvelles technologies[47] ».

Des investisseurs publics également postés en seconde ligne

Dans le secteur des technologies de l'information, les tentatives d'acquisition sont scrutées de près par la presse internationale et les autorités de régulation, tant ces technologies sont considérées, partout dans le monde, comme ultra-stratégiques. Mais, là aussi, Pékin semble trouver un chemin pour servir sa stratégie nationale d'acquisition technologique.

Sur plusieurs opérations d'ampleur, les investisseurs publics chinois vont se retrancher en seconde ligne, juste derrière des investisseurs privés du pays. En se positionnant en soutien financier et stratégique, ils rendent possibles les acquisitions, sans prendre le risque de s'exposer. C'est le cas de l'acquisition par *Ant Financial Services* de l'américain *EyeVerify*, spécialiste des technologies de vérification biométrique, identifiées comme critiques par Pékin. Le terrain de l'opération va donc être soigneusement préparé par les pouvoirs publics. Peu avant le deal, une levée de fonds sera organisée, à laquelle le fonds souverain *CIC* et la banque publique chinoise *CCB* souscriront immédiatement[48].

Cette position de « seconde ligne » a été adoptée par les investisseurs publics dans d'autres secteurs sensibles. Dans la recherche médicale, l'acquisition de l'équipementier de séquencement génétique *Complete Genomics* par le chinois *BGI* a, par exemple, été manifestement pilotée et financée par des agences publiques. Dans la foulée, les acquis technologiques ont été largement partagés au sein de la filière chinoise, via les nombreux programmes de recherche nationaux dans lesquels *BGI* est engagé.

Dans les énergies renouvelables, les acquisitions du chinois *Hanergy* en Europe et aux États-Unis semblent également relever de la même logique. Tout comme, dans le domaine de la robotique industrielle, l'acquisition de l'américain *Paslin* par Wanfeng, et surtout l'acquisition du géant allemand *Kuka* par *Midea Group*[49].

Pékin va aussi prendre pied dans l'écosystème américain et européen du capital-risque en adoptant un rôle discret de pourvoyeur de capitaux des fonds – les « *limited partners* », dans le jargon du secteur. Avec ce statut, nulle possibilité légale pour les autorités de bloquer l'opération au motif éventuel de la protection de la sécurité nationale. Tant que le gestionnaire de la société de gestion, le « *general partner* », est américain, le fonds est considéré comme américain.

Une enquête récente de *Reuters* révèle que plus de vingt fonds de *venture capital* de la *Silicon Valley* sont en réalité essentiellement financés par des acteurs publics chinois[50]. Sont-ils, en ce sens, des investisseurs publics dissimulés ? Difficile de se faire une idée sur la capacité et l'ampleur réelle de la prédation technologique dans cette position singulière. Néanmoins, les nombreuses sources de l'enquête de *Reuters*, tous professionnels du secteur, affirment que « les investisseurs publics chinois jouent souvent un rôle influent dans les petits fonds de *venture* qu'ils financent, en tant qu'ils fournissent une part majoritaire des fonds levés. Cela les met[trait] en mesure de récupérer de l'information sur les start-up ou de les pousser à ouvrir des bureaux en Chine[51] ».

On le voit clairement, dans les secteurs à haute valeur ajoutée, la palette d'intervention des investisseurs publics se diversifie pour passer sous les radars et éviter la méfiance des grandes puissances rivales.

Et quand les diverses stratégies des investisseurs publics chinois ne fonctionnent pas alors même que l'objectif stratégique est critique pour le pays, Pékin n'hésite pas à monter au créneau quitte à verser dans l'illégalité complète. L'affaire « *Micron* », du nom d'une entreprise américaine originaire de l'Idaho, spécialiste des puces DRAM (mémoire vive dynamique), l'illustre parfaitement[52]. Son marché, qui pèse près de 100 milliards de dollars, est défini comme une priorité stratégique par la Chine, comme par les États-Unis. Au milieu des années 2010, *Micron* est un joyau convoité, fort de ses 25 % de part de marché. Un investisseur public chinois dépose en 2015 une offre non sollicitée de 23 milliards de dollars pour acquérir l'américain. *Micron* repousse l'offre. Pour la presse économique et financière, l'affaire s'arrête là. Mais les Chinois ne renoncent pas. Le patron d'une importante filiale de *Micron*, basée à Taïwan, est discrètement débauché. Dans les semaines qui suivent, plusieurs employés de *Micron*, autrefois collaborateurs du dirigeant parti à la concurrence chinoise, dérobent des secrets industriels protégés, pour les transmettre à deux industriels chinois. Une propriété intellectuelle d'une valeur de 8,75 milliards de dollars, devant permettre aux groupes publics chinois de franchir des étapes décisives dans le développement de la technologie DRAM. *Micron* découvre le vol et saisit la justice taïwanaise. Le clou de l'histoire ne manque pas de piquant : l'un des deux groupes chinois répond aux poursuites de l'américain en attaquant lui-même les filiales de *Micron* en Chine pour l'usage de ses brevets… ceux-là mêmes que le groupe chinois a dérobés ! En juillet 2018, à la stupéfaction des Américains, la cour de justice chinoise tranche en faveur du groupe chinois. Cette affaire a, en somme, tout d'un « crime en bande organisée » : tentative d'acquisition par un investisseur public, pillage technologique en collaboration avec une autre multinationale publique chinoise, soutien manifeste de l'appareil judiciaire… La stratégie de prédation n'est pas individuelle : elle est étatique et nationale.

Les infiltrations... des chaînes de valeur

Dans ce rôle que les investisseurs publics ont acquis au cœur de la compétition économique internationale, il y a les stratégies en un coup et les stratégies en deux coups. Les acquisitions technologiques sont à ranger dans la première catégorie. La plus lisible. Mais les investisseurs publics s'activent aussi à constituer des leviers qui permettent *in fine* de contribuer à la puissance économique nationale : ce sont les stratégies en deux coups.

À la faveur de la transition écologique et des conquêtes de l'électronique, l'accès aux métaux rares devient un instrument de domination géopolitique, mais aussi un levier considérable de développement économique et industriel.

Ce marché est, en soi, en valeur, un petit marché... surtout comparé aux autres marchés de matières premières. La production des oxydes de terres rares ne représente par exemple que quelques milliards de dollars à peine. Mais leur rôle critique dans des pans entiers de l'industrie leur confère une valeur indirecte exceptionnelle. Le contrôle de l'extraction des métaux rares offre une position stratégique pour se développer dans les industries qui en font grand usage.

La Chine l'a très vite compris : le leader chinois Deng Xiaoping déclarait à la fin des années 1980 : « Il y a le pétrole en Arabie saoudite, il y a les terres rares en Chine[53]. » Investissement public massif, rabais fiscaux, facilitation administrative, supervision avisée de la concurrence et du marché noir, Pékin va progressivement étouffer la concurrence occidentale et faire exploser sa propre production. En 1999, le nouveau secrétaire général du Parti communiste chinois, Jiang Zemim, ne cache pas son ambition : il veut « transformer l'avantage des ressources en supériorité économique[54] ». Le pouvoir chinois est convaincu qu'il a une occasion unique de bâtir une position dominante sur l'extraction et ainsi remonter les multiples chaînes de valeur industrielles.

C'est là qu'entrent en scène les investisseurs publics. Par leur entremise, à partir des années 2000, la Chine va s'approprier ou prendre le contrôle d'une part considérable des ressources étrangères, consolidant ainsi ses quasi-monopoles sur les différents métaux rares (le cobalt via ses investissements au Congo, le platine en Afrique du Sud, le niobium au Brésil, le lithium au Chili, en Argentine et en Australie)[55].

Comment faire de cette position dominante un levier de puissance économique ? La détention de ressources rares n'offre en aucune manière la garantie du développement industriel en aval, comme le prouvent de nombreux pays exportateurs d'hydrocarbures. Pékin en est conscient et va déployer des politiques agressives pour développer ses propres filières.

Les multinationales publiques chinoises productrices de métaux rares vont offrir à leurs clients chinois des prix d'achat largement préférentiels par rapport à ceux que connaissent les acheteurs étrangers important les métaux rares chinois. Le différentiel de prix va atteindre 30 à 40 % à partir des années 2000, créant ainsi une distorsion de concurrence massive sur leurs marchés d'usage[56]. Pékin met également en place des quotas d'exportation et de production, qui lui permettent en pratique, depuis 2006, de limiter de façon ciblée les approvisionnements à l'étranger.

Compte tenu de la situation quasi monopolistique de la Chine, la vaste majorité des multinationales acheteuses de métaux rares a été contrainte d'y délocaliser une partie de son activité – et d'accepter des transferts de technologie – pour s'assurer un accès à bas coût, mais surtout stable aux métaux rares. Certains acheteurs ont même renoncé à produire eux-mêmes les composants intégrant les métaux rares, laissant le champ libre aux acteurs chinois et leur achetant, *in fine*, ces composants pour les intégrer dans leurs équipements[57].

Dans les années 2000, la Chine est ainsi passée, en une décennie à peine, d'une position d'exportateur de minerai à un fabricant de produits à haute valeur technologique.

L'un des exemples les plus marquants est le marché des aimants, qui jouent un rôle central dans l'électronique et les énergies renouvelables, et qui est l'un des premiers débouchés des métaux rares. Ce marché était historiquement dominé par les États-Unis et le Japon : ils produisaient, à la fin des années 1990, 70 à 80 % de la production mondiale. En 2010, la Chine dépassait les 70 %[58]. Cette prise en main du marché a été largement facilitée par le levier offert par la mainmise sur les métaux rares[59]. À son tour, le *leadership* sur les aimants a conféré un avantage compétitif décisif aux acteurs chinois sur les technologies éoliennes (notamment sur les grands projets *off-shore*)[60].

Forte de sa mainmise sur les métaux rares, la Chine a réalisé des percées dans tous ses autres marchés finaux :

les panneaux photovoltaïques, les moteurs électriques, les batteries, les écrans LCD... Révélatrice de cette descente chinoise sur la chaîne de valeur, la consommation mondiale en métaux rares – en croissance forte du fait de la percée des technologies numériques et de la transition écologique – s'est déplacée radicalement vers la Chine. La consommation chinoise a été multipliée par 4 entre 2000 et 2015, alors qu'elle a baissé de façon constante dans le reste du monde. La part chinoise dans la consommation mondiale est ainsi passée d'un à plus de deux tiers ! Autrement dit, au lieu d'être exportées vers des usines occidentales, les métaux rares chinois ont été transformés dans des usines chinoises, souvent pour s'intégrer dans des technologies indigènes à haute valeur ajoutée.

En somme, la Chine a vite compris l'avantage économique – en plus de l'avantage stratégique – qu'elle pouvait tirer de ces ressoures. Les positions monopolistiques ou quasi monopolistiques assurées par les investisseurs publics se sont révélées être de véritables outils de négociation ou d'intimidation au service de l'appropriation des savoir-faire et des technologies utilisant les métaux rares. C'est ainsi que Pékin promeut avec succès le développement de filières industrielles dans des secteurs de pointe, comme le numérique et la transition énergétique.

Et l'histoire ne s'arrête pas là. En janvier 2022, le gouvernement a annoncé la fusion de la demi-douzaine de grands groupes publics produisant des métaux rares en une nouvelle entité, le *China Rare Earth Group*, qui doit regrouper 60 à 70 % de la production nationale à lui tout seul, et 30 à 40 % de l'approvisionnement mondial.

La poursuite de la conquête internationale sur la partie amont (*upstream*) et la progression sur l'aval (*downstream*) sont au cœur de la lettre de mission du nouveau groupe. Pékin se donne les moyens d'exploiter au mieux son levier d'influence dans la compétition mondiale. Cette fois-ci, l'Europe est prévenue.

*

Les États en développement ont longtemps semblé parier sur l'attractivité de leur territoire pour progresser technologiquement et développer leur économie. À cet égard, c'est sur l'appétit des puissances occidentales ou étrangères que reposait leur trajectoire de développement.

L'avènement des investisseurs publics sur les marchés internationaux vient bouleverser en profondeur ce schéma. Les rôles se sont globalement inversés. L'appétit a changé de camp. Par le truchement des fonds souverains et des multinationales publiques, les puissances en développement investissent massivement en Occident et dans le reste du monde, souvent au service de leurs ambitions nationales de *leadership* économique.

Les investisseurs publics contribuent de toutes leurs forces à la course à l'hégémonie technologique. Avantagés par leur proximité avec leurs gouvernements, ils sont diablement efficaces ! Ces investisseurs « sous stéroïdes » constituent une concurrence dissymétrique et préoccupante sur le marché de l'investissement international.

En accaparant les meilleures technologies et les meilleurs actifs, les États prédateurs ne se contentent pas de « rattraper » l'Occident, ou de se doter des moyens de le copier. Ils arrachent des positions de *leader* sur certains secteurs et mènent la danse de l'innovation, comme on le voit dans les énergies renouvelables. Symbole de ce nouveau rapport de force, le nombre annuel de brevets déposés par les entreprises chinoises a dépassé le total de celui des entreprises américaines au début des années 2020. La Corée du Sud se place quant à elle quatrième au niveau mondial, la Russie sixième et l'Inde septième.

Tout cela a un coût bien sûr colossal pour les États prédateurs. Et les retours sur investissement en termes de prospérité nationale ne sont pas garantis. C'est un arbitrage permanent qu'ils opèrent pour s'offrir ou non des sources d'avantages compétitifs. Ils pèsent l'intérêt qu'ils ont à les acquérir, mais aussi le risque que des nations rivales s'en emparent.

Ce nouveau visage du capitalisme d'État est incontestablement chinois. Mais les indices laissés par les autres États investisseurs laissent penser que ce modèle se diffuse largement en Asie et au Moyen-Orient. À Singapour, en Malaisie, en Corée, aux Émirats arabes unis, au Qatar, en Russie, on voit émerger puis prospérer les mêmes outils de conquête et de prédation économique. Les méthodes les plus agressives sont encore principalement chinoises, mais elles sont aussi des alertes pour les Occidentaux : elles annoncent ce dont sont capables les États prédateurs quand leur puissance devient telle qu'ils ne craignent plus les rétorsions occidentales.

En Europe, cette guerre économique ne suscite l'émoi que lorsque la sécurité nationale est menacée. Pourtant, ne nous y trompons pas : les armes déployées au service du *leadership* économique sont aussi dangereuses que les armes conventionnelles. Elles font le lit insidieux du chômage et de notre déclassement collectif.

***

Partie C

Europe ouverte, Europe offerte

Chapitre 7

Les remparts des États stratèges

Hors d'Europe, aux quatre coins du monde, des États s'arment pour se protéger des investissements étrangers les plus menaçants. Ces États stratèges ne sont pas dupes des luttes politiques que dissimule la mondialisation économique au visage pourtant souriant et pacifique. Ils savent que les États-nations ne sont pas morts, que le « doux commerce », la « fin de l'histoire » et la « mondialisation heureuse » ne sont que de douces chimères. Pour faire face aux offensives étrangères, ils bâtissent soigneusement leurs remparts… Au risque de basculer dans un nationalisme économique aveugle ?

L'impuissance du droit international

S'il est des investissements étrangers dont tous les États du monde veulent pouvoir se protéger, ce sont ceux qui menacent leur sécurité nationale.

Il n'existe toutefois pas de traité international régulant les investissements portant atteinte à la sécurité nationale des États. Depuis plusieurs décennies, les organisations économiques internationales (OMC, OCDE…) se sont officiellement donné pour vocation de libéraliser les échanges internationaux de biens, de services et de capitaux.

Elles ont néanmoins accepté de reconnaître – dans des formulations très générales – le droit légitime des États à contrôler et restreindre, dans certaines circonstances, les investissements étrangers. L'article 3 du Code de libération des mouvements de capitaux de l'OCDE précise, par exemple :

> Les dispositions du présent Code n'empêchent pas un membre de prendre les mesures qu'il estime nécessaires : (i) au maintien de l'ordre public ou à la protection de la santé, de la moralité et de la sécurité publiques ; (ii) à la protection des intérêts essentiels de sa sécurité ; (iii) à l'exécution de ses obligations concernant la paix et la sécurité internationales[1].

En mai 2009, le Conseil de l'OCDE affine sa doctrine en adoptant une recommandation intitulée *Guidelines for Recipient Country Investment Policies relating to National*

Security. L'intention est claire : il s'agit de limiter au maximum les restrictions nationales aux investissements étrangers. L'organisation y appelle les États membres à respecter quatre principes fondamentaux. Un *principe de non-discrimination*, selon lequel les gouvernements doivent traiter de façon similaire les investisseurs placés dans des situations équivalentes. Un *principe de transparence et de prédictibilité*, selon lequel les objectifs et les modes de régulation doivent être publics et explicites afin de pouvoir anticiper leurs résultats. Troisième principe posé par l'OCDE, la *proportionnalité des réglementations* : les restrictions ne doivent pas être plus fortes que ce qui est nécessaire pour protéger la sécurité nationale. Les solutions doivent donc être étroitement ciblées et sur mesure. Quatrième et dernier principe, la *nécessité de rendre des comptes* : les procédures et leurs résultats doivent être soumis au contrôle d'autres entités nationales, comme le Parlement ou l'autorité judiciaire.

Ces principes de bonne conduite s'adressent aux États membres de l'OCDE et laissent ainsi le champ libre à de grandes puissances telles que la Chine, l'Inde ou la Russie.

Et en pratique, ces principes ont, de toute façon, peu de prise sur les États membres eux-mêmes : les grandes puissances – membres ou non – élaborent leurs dispositifs de filtrage relativement librement, pour protéger au mieux ce qu'elles considèrent souverainement comme leurs intérêts nationaux.

Le CFIUS américain : un modèle de filtrage des investissements étrangers

Premier investisseur international, les États-Unis sont aussi *leader* en montant d'investissements directs étrangers (IDE) accueillis[2]. C'est plus spécifiquement le pays le plus visé par les investisseurs publics de la planète. Quelle que soit leur couleur politique, les gouvernements américains ont toujours voulu maintenir un climat politique et juridique propice à ces financements[3].

Pour autant, la culture américaine d'accueil des IDE est loin d'être naïve. Sans sacrifier leur attractivité, les États-Unis ont progressivement construit l'un des systèmes les plus robustes et pragmatiques de filtrage des investissements.

Au milieu des années 1970, à la suite du premier choc pétrolier, les pays de l'OPEP amplifient fortement leurs investissements à destination du territoire américain. À Washington, cet intérêt soudain et la nature incertaine de ses motivations suscitent des craintes[4]. À l'initiative du président Ford, un comité nommé CFIUS (le *Committee on Foreign Investment in the United States*, ou Comité pour les investissements étrangers aux États-Unis) est mis en place pour examiner les investissements étrangers réalisés aux États-Unis et identifier les opérations pouvant avoir des impacts sur la sécurité nationale américaine.

Opérant initialement sur un périmètre restreint et dans une relative opacité, le dispositif n'a cessé, depuis, de gagner en sophistication et en capacité d'intervention.

Une étape décisive est franchie en 1988, avec l'amendement *Exon-Florio*, qui confère au président des États-Unis le droit de bloquer une opération d'acquisition incluant un investisseur étranger si le CFIUS considère qu'elle peut menacer la sécurité nationale. D'une simple entité administrative, le CFIUS devient l'un des bras armés du président pour garantir la sécurité nationale.

Il serait erroné d'y voir, dans le contexte de l'époque, les marques d'un raidissement de Washington face au libre-échange et à l'intégration économique internationale grandissante. Le CFIUS est imaginé, au contraire, comme une contrepartie à l'ouverture croissante des secteurs stratégiques américains, auparavant fermés aux investisseurs étrangers. Accueillir les capitaux étrangers est jugé nécessaire pour accroître les efforts d'investissement dans les secteurs clés... mais la sécurité nationale ne doit pas être bradée pour autant ; elle demeure l'impératif suprême.

Trois décennies après la création du CFIUS, une affaire va réveiller les inquiétudes américaines et pousser au renforcement du dispositif. À la fin de l'année 2005, alors que l'Amérique de George W. Bush se remet difficilement du traumatisme des attaques du 11 Septembre, qu'elle est embourbée dans la guerre d'Irak et s'inquiète des velléités nucléaires iraniennes, l'exploitant portuaire *DP World*, multinationale publique contrôlée par l'émirat de Dubai, annonce sa volonté de prendre le contrôle du groupe *Peninsular & Oriental Ports* (*P&O*), présent dans dix-neuf pays... et gérant six ports américains stratégiques (à New York, Newark, Baltimore, Philadelphie, Miami et La Nouvelle-Orléans). Conscientes que cette acquisition pouvait soulever des questions de sécurité nationale, les deux parties de l'opération ont pris les devants en déposant une demande d'étude auprès du CFIUS. Le comité approuve la transaction en janvier 2006, et, dans la foulée, les actionnaires de *P&O* se mettent d'accord avec les Émiratis pour conclure la vente. Des démocrates, dont la sénatrice Hillary Clinton, et de grandes figures des républicains, notamment George Pataki, gouverneur de l'État de New York, et Bill Frist, chef de la majorité républicaine au Sénat, manifestent publiquement leur inquiétude. La tension monte au Congrès : les opposants évoquent les attentats des *Twin Towers*, rappelant que l'un des kamikazes était originaire des Émirats arabes unis[5]... Au terme d'un bras de fer entre le Congrès et les deux groupes portuaires, les Émirats arabes unis ordonnent à *DP World* de retirer les ports américains du périmètre de l'opération.

En ravivant dans la classe politique américaine le sentiment de vulnérabilité, cet épisode va conduire au développement du CFIUS[6]. Dans les mois qui suivent, le CFIUS met sur pied un mécanisme plus fin que le dispositif binaire d'autorisation ou de blocage des opérations : une procédure est imaginée pour lui permettre d'autoriser certains investissements en les soumettant à des conditions préalables. Une illustration de la procédure est donnée dès décembre 2006, lorsque le CFIUS et le président Bush approuvent la fusion de l'américain *Lucent Technologies* et de l'ex-géant français des télécommunications *Alcatel*. Pour valider l'opération, *Alcatel* est contraint d'accepter un arrangement (appelé « Special Security Arrangement » ou « SSA ») restreignant l'accès d'*Alcatel* aux travaux sensibles réalisés par les équipes de recherche du groupe américain, ainsi qu'à ses infrastructures clés de communication basées sur le territoire américain. Ce type de mesures conditionnelles dites « de mitigation » ne vont cesser de se sophistiquer au cours du temps. Le CFIUS peut désormais, par exemple, exiger le maintien futur de certaines activités sur le sol américain, l'exclusion de certains actifs sensibles de la transaction, la mise en place d'un « *proxy board* », par lequel l'investisseur étranger, devenu actionnaire, confie à des représentants américains la gestion de ses parts dans l'actif ciblé, le droit pour le gouvernement américain de bloquer certaines décisions d'entreprise[7]. En introduisant la possibilité de mesures conditionnelles, le dispositif américain a cherché à préserver l'attractivité nationale d'une part (en autorisant des investissements malgré le caractère sensible des actifs concernés) et la sécurité nationale d'autre part (en se prémunissant concrètement contre la menace).

Pour éclairer les décisions du président, le Comité s'est doté de membres du plus haut niveau représentant les principales agences gouvernementales américaines. Depuis quelques années, l'empreinte de la communauté du renseignement (à travers la présence du directeur du Renseignement national ou celle du secrétaire de la Sécurité intérieure) et des principaux acteurs de la politique économique et industrielle nationale est devenue particulièrement prégnante.

Cette double identité est révélatrice de la philosophie du CFIUS au XXIe siècle. Il a, certes, toujours eu pour vocation d'identifier les menaces contre la « sécurité nationale », mais ce concept peut apparaître flou et plus ou moins large selon les interprétations, puisque le législateur américain n'en a pas fixé les contours juridiques. La doctrine américaine a indéniablement élargi sa conception de la « sécurité nationale » au cours du temps. Évolution la plus déterminante, la *sécurité économique* est aujourd'hui considérée comme une composante de la sécurité nationale[8]. Au nom d'un objectif de préservation de la prospérité économique nationale, des investissements étrangers peuvent ainsi être bloqués ou conditionnés...

L'examen des opérations récemment empêchées par le CFIUS confirme cette nouvelle doctrine. Pour illustration, quand, en 2015, un consortium mené par le fonds chinois *Go Scale Capital* planifie d'acquérir *Lumileds*, la filiale américaine d'éclairage LED de *Philips* – et ce avec la bénédiction du groupe néerlandais –, le CFIUS s'y oppose sans motif évident de sécurité nationale. Les connaisseurs du dispositif américain de filtrage y voient clairement la volonté de Washington d'empêcher la Chine d'acquérir des technologies avancées et de se renforcer sur un des nouveaux marchés clés de l'économie mondiale[9].

Les inquiétudes récentes suscitées par la croissance des investissements chinois ainsi que la meilleure compréhension des menaces stratégiques ont contribué à revoir continuellement à la hausse le périmètre des opérations contrôlées par le CFIUS (loi FIRRMA de 2018).

Le premier type de transactions aujourd'hui examinables est celui qui offre à l'investisseur étranger une position de contrôle dans une entreprise américaine... tous secteurs confondus ! Le contrôle est entendu ici de façon large, puisqu'il comprend les positions minoritaires dites dominantes : celles qui permettent d'exercer une influence déterminante sur les décisions importantes de l'entreprise. Ajoutons que les situations de contrôle implicite, créées par un cumul de plusieurs transactions ou participations, sont également prises en compte.

Deuxième type de transactions qui entrent dans le périmètre du CFIUS : les investissements dans des activités impliquant des technologies ou des infrastructures critiques, ou des données personnelles sensibles. Au-delà des investissements conférant le contrôle de la cible, sont concernés tous ceux qui donnent accès à des informations techniques non publiques, un siège ou des droits de « tiers observateurs » au conseil d'administration, ou qui permettent de prendre part aux décisions impliquant les actifs sensibles.

Dernier type de transactions examinables : les opérations immobilières dont les terrains se situent à proximité d'infrastructures critiques ou d'installations gouvernementales ou militaires américaines.

Si ce périmètre apparaît déjà large et ambitieux, une mesure de la loi FIRRMA de 2018 est venue cibler spécifiquement les investisseurs publics étrangers : alors que les dossiers d'examen sont normalement déposés de façon volontaire par les investisseurs (le CFIUS peut naturellement s'autosaisir en l'absence de dépôt), les entités investisseuses dans lesquelles un gouvernement étranger a un « intérêt substantiel » ont l'obligation stricte de présenter par elles-mêmes un dossier au CFIUS. Les fonds souverains comme les multinationales publiques sont donc en théorie spécifiquement scrutés par le CFIUS dès lors qu'ils investissent dans une entreprise américaine.

Au cours de la dernière décennie, l'élargissement du périmètre légal d'intervention ainsi qu'un volontarisme politique manifeste se sont traduits par la croissance du nombre de transactions examinées par le CFIUS : il a presque triplé depuis 2010. Au total, entre 2010 et 2020, près de 2 000 projets d'investissement ont été soumis au CFIUS[10].

Avec 26 % du total des dossiers étudiés, la Chine est le pays le plus ciblé. Ce chiffre est impressionnant lorsqu'on le compare à la part nettement plus réduite de la Chine dans les IDE accueillis aux États-Unis (de l'ordre de 1 %[11]). Il faut dire que le CFIUS s'autorise à discriminer les investissements dont il se saisit sur la base de leur pays d'origine. Il peut donner une attention particulière aux pays potentiellement les plus menaçants (« *countries of special concern* »). Le Comité se base pour cela sur l'analyse des comportements historiques de ces pays et sur leurs discours actuels, en cherchant à déterminer si ceux-ci révèlent des tentations prédatrices. En cela, les États-Unis font fi des appels à la non-discrimination de l'OCDE.

À quoi aboutissent les examens du CFIUS ? Un peu plus de 10 % des dossiers mènent à des autorisations d'investissement soumises à des mesures conditionnelles. Pour une part également significative des dossiers (environ 20 %), l'opération est abandonnée au cours de la procédure, bien souvent en réponse aux premières réserves du CFIUS ou à ses propositions de mesures conditionnelles. Arbitre en dernier ressort, le président américain ne s'est, lui, opposé qu'à une dizaine de transactions depuis la création du CFIUS (mais cinq depuis 2016, confirmant, là aussi, la montée en puissance du dispositif). Ces chiffres témoignent à la fois de la vigueur du dispositif et de son usage relativement parcimonieux dans son expression la plus brutale : le blocage présidentiel.

Au cours de ces années 2010, c'est sans doute la ruée chinoise sur les semi-conducteurs qui va le plus alerter et mobiliser le CFIUS. En 2016, le CFIUS déjoue en quelques mois, sur le seul secteur, une demi-douzaine de tentatives d'acquisition de grande ampleur. La plus rocambolesque est sans doute la tentative d'acquisition de l'américain *Lattice Semiconductor* par le fonds d'investissement chinois *Canyon Bridge*, en 2016-2017 (pour une offre de 1,3 milliard de dollars). Au cours de son enquête, le CFIUS découvre les liens actionnariaux discrets qui unissent *Canyon Bridge* et le gouvernement chinois[12]. Avec son siège basé à Palo Alto dans la Silicon Valley, *Canyon Bridge* a tous les atours d'une « société de capital-investissement américaine ». Or son seul investisseur est l'obscure société *CVVF*... elle-même filiale du *China Reform Holdings Corp*... dont l'actionnaire est le SASAC, l'agence des participations du Conseil d'État du gouvernement chinois[13] ! Malgré les réticences exprimées par le CFIUS, *Canyon Bridge* s'obstine, jusqu'à ce que le président Trump finisse lui-même par bloquer l'opération. La Maison-Blanche et le département du Trésor souligneront alors le « risque sur la sécurité nationale du fait de potentiel transfert de propriété intellectuelle vers l'acquéreur étranger[14] ». Une prudence de bon aloi lorsque l'on sait que le FBI avait inculpé en 2012 deux citoyens chinois pour avoir tenté d'acquérir illégalement, et sous de fausses identités, des puces du même *Lattice Semiconductor*, comme le rapportent les archives de l'agence américaine de renseignement intérieur[15].

Les esprits partisans seront déçus d'apprendre que la coloration politique de l'administration au pouvoir n'est pas déterminante dans l'intensité du filtrage américain. Barack Obama a lui-même fait usage du veto présidentiel à deux reprises et ses mandats ont été marqués par la montée en puissance sans précédent de l'activité du CFIUS. Le président démocrate s'est même opposé en 2016 à un investissement chinois dans une entreprise non américaine : le rachat d'un fabricant allemand de semi-conducteurs, qui détenait une filiale aux États-Unis, par le chinois *Fujian Grand Chip Investment* (*FGC*). Le mandat du président Biden s'inscrit clairement dans la même philosophie, comme l'illustre l'opposition exprimée par le président démocrate en mars 2024 au rachat du sidérurgiste américain *US Steel* par le japonais *Nippon Steel*.

Les États-Unis se sont ainsi dotés d'une arme efficace qui ne contredit pas leur désir d'attractivité à l'égard des investisseurs internationaux. Ils ont pour cela dédié au dispositif des moyens significatifs, en croissance forte ces dernières années : la dotation annuelle s'évalue aujourd'hui en dizaines de millions de dollars[16]. Les Américains en ont pour leur argent, car, outre les rares blocages présidentiels et les cas, plus fréquents, d'autorisations conditionnelles, le dispositif a aussi le mérite d'exercer un effet dissuasif puissant. Les investisseurs étrangers motivés par des stratégies politiques connaissent maintenant la robustesse du dispositif et craignent une publicité négative en cas d'échec ou de conflit.

La robustesse de ce dispositif américain de filtrage pourrait surprendre tant les États-Unis ont pu faire l'apologie répétée du marché libre depuis les années 1980. Les présidents américains ont placé le *free market* au cœur de leur parole publique[17]. Le président Ronald Reagan en est resté dans la mémoire collective le porte-étendard. Il fut, il est vrai, le premier à marteler sans ambages que le marché libre était « la seule vraie voie à suivre[18] » et le seul vrai « moteur du progrès économique[19] ». Les présidents Bush, père et fils, reprendront tous deux ces expressions à de nombreuses reprises[20]. Les présidents démocrates se sont indéniablement inscrits dans la même veine rhétorique. Le président Clinton affirmait que le *free market* était la « seule voie qui a fait ses preuves[21] », et le président Obama ajoutait que c'était le « chemin le plus sûr » vers la prospérité[22].

Chantres de l'ouverture, les présidents américains ont dans le même temps construit l'un des marchés nationaux les plus protégés du monde développé. Outre le CFIUS, les barrières tarifaires étaient, avant même leur élévation par le président Trump, plus élevées que dans cinquante pays[23] ! De même, le *Buy American Act* favorise les entreprises nationales dans les commandes publiques américaines. Au cœur des discours présidentiels américains, les barrières tarifaires et non tarifaires de ce genre sont pourtant clairement perçues, lorsqu'elles sont mises en place par d'autres États, comme des entraves « injustes ». Les discours présidentiels pressent ardemment les autres États de se débarrasser de ces protections… et ce dans des termes peu délicats : il faut « briser les barrières partout où cela est possible », les « éliminer », les « démolir »[24]… Selon que vous soyez puissant (les États-Unis) ou misérable (le reste du monde), les jugements de cour (américains) vous rendront blanc ou noir…

Il ne s'agit pourtant pas là d'une schizophrénie nationale. En réalité, le *free market* est plus qu'un mythe collectif rassembleur pour les Américains : c'est aussi un outil politique qui fait le jeu des ambitions de domination internationale. Ce sont les marchés des États concurrents qu'il s'agit d'ouvrir… à la tenaille si nécessaire.

Et cette rhétorique présidentielle entend justement éviter la tenaille en prêchant les bienfaits de l'ouverture des marchés : George W. Bush expliquait, par exemple, que l'ouverture « contribuait à triompher de la pauvreté et enseignait aux hommes et aux femmes les vertus de la liberté[25] ». Ce même président versait dans le chantage affectif en affirmant que s'opposer au libre-échange était une faute morale : « Ceux qui protestent contre le libre-échange ne sont pas des amis des pauvres » puisqu'ils « leur retirent leur meilleur espoir [de sortir de leur condition][26] ».

Cinquante nuances de protection

Les États-Unis ne sont pas seuls à avoir développé des stratégies pour se protéger des investissements étrangers les plus menaçants. Depuis le milieu des années 2000, le nombre d'États qui se sont dotés de dispositifs a triplé… et le mouvement s'accélère[27].

Une fois armés, ces États renforcent leurs dispositifs à intervalles réguliers. Le périmètre des actifs stratégiques contrôlés par les pays développés n'a cessé de s'étendre. Souvent réduit dans les premiers temps au secteur de la défense, puis aux infrastructures critiques au fur et à mesure que celles-ci se privatisaient, la majorité des dispositifs cible aujourd'hui les technologies de l'information et de rupture. Outre leur contribution à la sécurité nationale, celles-ci sont devenues des facteurs clés de compétitivité nationale. Les États qui détiennent de tels actifs ont ainsi un intérêt impérieux à ne pas les partager ou les céder.

On retrouve aujourd'hui quatre grands types de dispositifs de protection à travers le monde : (i) les dispositifs qui prohibent *a priori*, et de façon systématique, les investissements étrangers sur un périmètre stratégique donné ; (ii) les dispositifs qui filtrent les investissements pour appréhender les menaces objectives ; (iii) les dispositifs qui protègent, par la présence publique actionnariale, les cibles potentielles des investisseurs étrangers ; (iv) et ceux qui font usage de *golden shares* pour bénéficier à moindre coût des avantages de la présence publique actionnariale (*voir schéma n° 2 p. 238*). Les objectifs de ces types de dispositifs peuvent se recouper, mais leur utilisation peut aussi être complémentaire pour appréhender au mieux la diversité des menaces.

L'interdiction d'investissement

Certains États ont fait le choix de prohiber de façon systématique des types d'investissement dans des secteurs (ou visant des types d'actifs) jugés sensibles. Pas de possibilité alors d'obtenir une autorisation si la menace n'est pas avérée dans le cas spécifique. Les intentions et l'impact réel sur la sécurité nationale ne sont pas un objet d'évaluation ni de négociation : l'interdiction est absolue.

La Chine offre un exemple musclé et fortement restrictif de ce type de dispositif. Elle interdit les investissements étrangers dans une trentaine de pôles sectoriels, de l'armement à l'exploration et l'exploitation de terres rares, en passant par la pêche, l'énergie nucléaire et l'édition[28].

La Russie a, elle aussi, choisi d'appliquer un régime d'interdiction stricte, ciblant spécifiquement les investisseurs « *souverains* » étrangers (et les investisseurs dont l'identité finale n'est pas divulguée), considérés comme plus menaçants que les investisseurs privés. Il leur est strictement interdit de prendre le contrôle d'entreprises russes opérant dans une quarantaine de secteurs[29].

Ce régime d'interdiction stricte des investissements sur des pans entiers d'activités stratégiques est le mode le plus brutal et le plus restrictif de contrôle des investissements étrangers. Outre la Chine et la Russie, on le retrouve en Inde, au Brésil ou au Mexique notamment. Il peut dégrader l'attractivité économique nationale, d'autant qu'il se cumule bien souvent avec d'autres dispositifs de protection.

Le filtrage des investissements

Plus nombreux sont les États qui ont mis en place des dispositifs de filtrage évaluant le potentiel spécifique de menace des projets d'investissement, sur la base d'un examen individuel. Ce dernier n'est pas systématique : il ne s'applique généralement qu'aux opérations d'une certaine taille ou sur un périmètre d'activité spécifique, critères tous deux déterminés par la loi. Quand l'examen du projet d'opération permet de s'assurer que l'investissement n'est pas menaçant (même si l'activité ciblée est sensible), l'opération peut être autorisée.

Ce dispositif de filtrage est la réponse la plus commune à la fois parmi les pays développés et parmi les pays émergents. D'après l'OCDE, la moitié des flux mondiaux d'IDE se dirigeraient vers des États pratiquant le filtrage des investissements étrangers, et cette proportion serait amenée à croître encore dans les années à venir[30]. Des dispositifs répandus, donc, mais aussi très actifs : l'équivalent de 10 à 15 % des flux annuels d'IDE mondiaux seraient bloqués par ces dispositifs de filtrage[31].

La puissance restrictive de ce type de dispositif dépend évidemment de la taille du périmètre de l'activité et des opérations concernées, mais également de l'impératif final à préserver. S'agit-il de la « sécurité nationale » dans un sens restreint et physique, compris comme la protection de la nation et des citoyens face aux menaces terroristes et militaires étrangères ? Dans ce premier cas, on s'intéresse quasi exclusivement aux investissements réalisés par des acteurs issus de puissances déjà menaçantes, et ciblant des actifs sensibles comme l'armement de dernière génération ou les infrastructures critiques. S'agit-il, plus largement, de la « sécurité nationale » incluant également les menaces géopolitiques indirectes, comme les dépendances stratégiques à l'égard de puissances rivales ? Dans ce deuxième cas, on se préoccupera également des investissements étrangers dans des activités d'approvisionnement énergétique, alimentaire, ou dans la santé publique. S'agit-il, enfin, d'une « sécurité nationale » incluant la prospérité économique nationale et le bien-être social de la population ? Dans ce dernier cas, les restrictions pourront frapper des investissements dans tous les grands secteurs de l'activité nationale ! En pratique, l'impératif final à préserver, dans la majorité des législations nationales, n'est pas défini au-delà de termes relativement vagues, comme celui de « sécurité nationale »[32]. L'entité chargée du filtrage bénéficie alors d'une large marge de manœuvre interprétative.

Parmi les grandes puissances, les États-Unis, le Japon, l'Afrique du Sud, le Royaume-Uni, l'Australie et le Canada penchent clairement – et de plus en plus au cours du temps – en faveur de la vision extensive, c'est-à-dire du côté de la défense de leurs intérêts économiques[33]. Le Canada explicite même clairement ce parti pris en substituant au critère de « sécurité nationale » celui de « bénéfice net » : un investissement étranger peut être refusé si le bénéfice net (notamment économique et social) associé à l'opération est négatif pour le Canada. L'examen des opérations entravées par ces États révèle un large éventail de motivations économiques : la défense de la croissance économique nationale ou locale, de l'emploi, le maintien ou le développement des capacités productives domestiques, le maintien ou le développement des capacités de recherche et le développement (R&D), ou encore la structure concurrentielle d'un marché (menace de positions monopolistiques).

La procédure d'examen s'applique, elle aussi, à partir de seuils variables d'acquisition de capital (ou de droits de vote), selon les États, rendant les périmètres de filtrage plus ou moins vastes. Mais la tendance est indubitablement à l'élargissement du périmètre. Aux États-Unis, le critère historique était la prise de contrôle. La réforme de 2018 a élargi le périmètre du CFIUS aux positions minoritaires donnant accès à des droits de vote ou de l'information non publique technique sur certains actifs critiques. Le seuil était à 25 % en Allemagne ; il a été descendu à 10 % dans certains secteurs, à la suite de tentatives récentes d'acquisitions d'actifs sensibles par des investisseurs étrangers, notamment chinois[34]. Au Japon, le seuil était auparavant établi à 10 % ; il est descendu à 1 % à partir du printemps 2020[35] !

L'abaissement tendanciel des seuils se fonde sur un constat rationnel : non seulement une entreprise peut être contrôlée ou influencée par la détention d'une faible part de son capital, mais le simple accès à son information stratégique ou technique peut constituer un risque.

Les États stratèges prennent progressivement conscience de la diversité des menaces que font peser les investissements étrangers ; ils élargissent donc rapidement leur champ d'intervention pour mieux se protéger.

Aux États-Unis, le CFIUS étend un peu plus son influence en intégrant peu à peu à son périmètre de contrôle les *joint-ventures* formées avec des acteurs américains à l'extérieur du territoire national. Une façon nouvelle de protéger le patrimoine technologique national et de limiter les transferts massifs dont la Chine et d'autres ont bénéficié au travers de JV internationales.

Plus disruptif : certains États, comme l'Australie, ont décidé d'élargir leur dispositif au-delà des seules opérations d'*acquisitions*. Ils se donnent les moyens de se protéger contre les risques liés à la *détention* d'actifs par des acteurs étrangers. Dans quelle situation est-ce utile ? D'abord lorsqu'une société étrangère s'installe dans un pays pour lancer une activité à partir de rien (investissement « *greenfield* ») ; elle n'acquiert pas d'actifs sensibles, mais peut être amenée à en développer sur le territoire concerné. Autre exemple, les participations dans des sociétés dont l'activité se transforme durant la détention des titres, pour se déployer sur des activités sensibles. L'entreprise *Nokia* constitue un cas connu : initialement présente dans le papier et le caoutchouc, elle s'est progressivement développée dans les télécommunications et les nanotechnologies. Enfin, les mécanismes d'échanges de créances contre des actifs (« *debt-for-equity swap*[36] ») ou le changement d'actionnaire au sommet d'une longue chaîne actionnariale constituent encore d'autres de ces moyens.

Certains États, comme le Japon et la Chine, contrôlent également une partie des investissements sortants, c'est-à-dire ceux réalisés par des entités nationales dans des territoires étrangers. Ceux-ci pourraient impliquer des risques en matière de sécurité nationale, via des transferts de données ou de technologie sensibles[37]. Sous l'impulsion de l'administration Biden, les États-Unis avancent aussi dans cette direction[38].

La présence actionnariale défensive

Certains États se donnent directement les moyens d'entrer au capital des pépites stratégiques nationales pour se prémunir des prédations et protéger les intérêts nationaux. Ils investissent donc en lieu et place, ou à côté, des investisseurs étrangers. Les interventions de leurs véhicules publics d'investissement ont ainsi un objectif défensif. Les participations ont généralement vocation à rester temporaires ; l'idée étant de céder à moyen terme cette participation à un investisseur sûr, pour ne pas constituer un coût trop important pour l'État.

C'était notamment l'une des vocations du *Fonds stratégique d'investissement* mis en place en France sous la présidence de Nicolas Sarkozy[39]. La reprise de la participation d'*Areva* dans *Eramet* semblait relever de cette logique. L'incorporation du *FSI* dans *Bpifrance* a progressivement détourné cet outil de sa vocation initiale. En Allemagne, la *Kreditanstalt für Wiederaufbau* (*KfW*), qui gère les principales participations de l'État allemand (*Deutsche Telekom*, *Deutsche Post*...), a récemment rempli ce rôle défensif pour la première fois. Elle a acquis en juillet 2018, à la demande du gouvernement fédéral, une participation de 20 % dans le groupe allemand *TSO 50Hertz*, qui opère une infrastructure critique d'énergie permettant l'approvisionnement en électricité de 18 millions d'Allemands. Cette intervention a permis d'empêcher l'investisseur public chinois *State Grid* de prendre possession de l'infrastructure allemande, comme il planifiait de le faire. Dans ce cas précis, le gouvernement allemand n'était pas en mesure de bloquer l'investissement à travers son dispositif de filtrage, puisque celui-ci concernait alors uniquement les prises de participation dépassant 25 %. Au passage, le soutien actif du ministère chinois des Affaires étrangères au projet de *State Grid* en dit long sur la récupération cynique du discours libre-échangiste anglo-saxon par les États prédateurs : il soulignait alors la « nécessité d'accueillir favorablement [cet] investissement et de promouvoir ainsi la libéralisation et la facilitation du commerce et de l'investissement sur la base de bénéfices partagés et d'un principe de non-discrimination, dans la perspective d'une économie ouverte[40] ». Venant de Chine, on croit rêver…

Schéma n° 2
Principaux mécanismes de protection des investissements étrangers

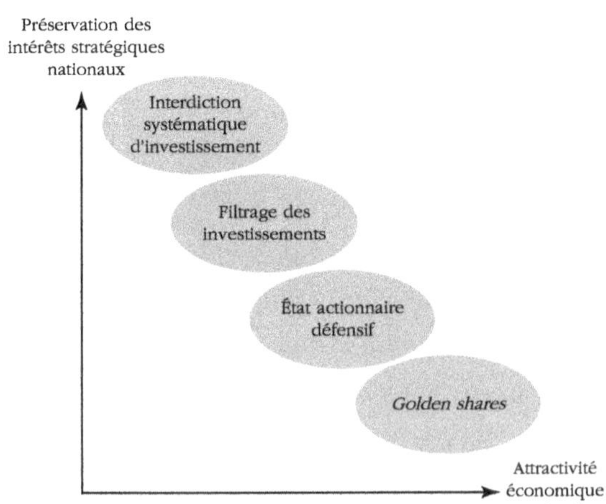

Source : Représentation de l'auteur

Les « golden shares »

On peut enfin aussi compter parmi les mécanismes de protection les « *golden shares* », ou « actions spécifiques » ou encore actions « préférentielles » ou « de référence ». Détenues par les États, ces actions permettent de contrôler et influencer les décisions importantes des entreprises stratégiques, en amont ou en aval d'une prise de participation étrangère, pour un coût insignifiant.

Inventé par le gouvernement Thatcher, cet outil a pris de l'ampleur à la suite d'une montée au capital controversée du fonds souverain du Koweït dans le géant pétrolier britannique *BP*, au cours de l'année 1988. Les récits de la presse de l'époque relatent les inquiétudes de la classe politique britannique qui craignait que le Koweït utilise son influence sur *BP* comme levier pour soutenir ses intérêts économiques et géostratégiques nationaux[41].

L'action de référence confère à son détenteur des pouvoirs défensifs étendus : il peut bénéficier de droits de vote au conseil d'administration ou au sein de l'organe délibérant, au-delà de la proportion de capital acquise, et bénéficie généralement d'un droit de veto sur les décisions d'orientation stratégique. Il est ainsi en mesure de s'opposer à la cession d'une activité ou à la délocalisation d'un site de production ou de recherche. Mais les *golden shares* n'empêchent pas les éventuels actionnaires étrangers d'avoir accès à des informations, des technologies ou des infrastructures stratégiques. En ce sens, elles n'offrent qu'une protection parcellaire. Elles ont tout de même l'avantage – en sus de leur coût négligeable – de préserver grandement l'attractivité du pays hôte pour les capitaux étrangers : les interférences minimales de l'État détenteur ne semblent pas dissuader les investisseurs étrangers bien intentionnés d'investir.

Ce mécanisme des *golden shares* a été adopté par de nombreux gouvernements à travers le monde (France, Pays-Bas, Espagne, Allemagne, Russie…). Mais sa légalité a été contestée à partir des années 1990. En 2009, la Cour de justice de l'Union européenne (CJUE) a restreint son usage au sein des États européens et la Commission européenne n'a cessé de manifester son opposition farouche à leur usage au nom de la libre liberté de circulation des capitaux. *A priori* dissuasif, puisque l'État français s'est limité en pratique à une poignée de *golden shares*[42]…

Haro sur les États stratèges

Les États prédateurs à l'attaque des dispositifs de protection

La montée en puissance des dispositifs de protection ne se fait pas sans résistance. Les investisseurs éconduits dénoncent généralement la « discrimination » dont ils seraient victimes. Depuis quelques années, ils commencent à se saisir d'instruments juridiques pour attaquer les décisions des États protecteurs.

Les États-Unis et leur dispositif de protection ont connu, il y a quelques années, une attaque judiciaire vigoureuse, qui pourrait ouvrir une brèche importante dans de nombreux pays[43]. L'affaire débute en 2012, lorsque le président Obama s'oppose à l'acquisition de quatre sociétés américaines exploitant des fermes éoliennes en Oregon. L'acquéreur, *Ralls Corporation*, est une société américaine, mais détenue et contrôlée par des officiels chinois. Après examen, le CFIUS a estimé que l'acquisition chinoise de ces fermes éoliennes, situées à proximité d'installations militaires américaines ultra-sensibles, faisait peser un risque important sur la sécurité nationale. *Ralls* et ses actionnaires chinois décident de poursuivre le gouvernement devant la Cour fédérale de district. Leurs avocats estiment que le blocage est illégal parce que le veto présidentiel n'aurait pas été justifié par des éléments factuels démontrant la menace objective contre la sécurité nationale.

Cette ligne d'attaque constitue une remise en cause du dispositif même du CFIUS. Les éventuels éléments de preuve factuels sont naturellement pour partie des documents classifiés que le CFIUS ne peut dévoiler publiquement... La capacité de cet organe à rendre des décisions et, ce faisant, à filtrer les investissements étrangers susceptibles d'attenter à la sécurité nationale américaine est donc tout entière comprise dans sa légitimité à ne pas avoir à justifier factuellement et publiquement ses décisions.

Si la Cour a d'abord rejeté la plainte de *Ralls*, la décision a été renversée en appel. Une décision historique, mettant en péril le dispositif américain... Mais afin d'éviter les risques associés à la poursuite du contentieux, les parties ont finalement trouvé un accord l'année suivante, mettant ainsi fin à la plainte chinoise[44]. *Ralls* est ainsi probablement sorti par le haut de cette situation coûteuse et paralysante et le gouvernement américain a, lui, sauvé son dispositif de filtrage. Mais pour combien de temps ? Les experts prédisent que les plaintes vont se multiplier à l'avenir, aux États-Unis comme ailleurs[45].

Les démocraties libérales laisseront-elles leur autorité judiciaire abattre les quelques protections qu'elles construisent consciencieusement ? Pour l'heure, la quasi-totalité des États dotés de mécanismes de contrôle s'efforce de donner des gages de confiance : ils codifient les procédures, gagnent en transparence, y compris sur les objectifs poursuivis.

L'épouvantail du nationalisme économique

Au-delà des États prédateurs, dans le monde occidental lui-même, et en particulier en Europe, une partie des médias et de la recherche académique s'est aussi posée en critique des dispositifs de protection. Elle n'a pas hésité à y voir les marques d'un « protectionnisme » galopant et néfaste, voire d'une forme de « nationalisme »[46]. Celui-ci aurait notamment pour effet de diminuer l'attractivité économique des pays et de décourager le financement des entreprises.

En France, le premier embryon de dispositif permettant de filtrer les menaces les plus évidentes contre la sécurité nationale (notamment dans le secteur de la défense) subira les foudres méprisantes de Jean Tirole. La tribune assassine de l'économiste commençait par ses mots : « L'État a mieux à faire que combattre les OPA[47] »...

Contrairement à ce que suggère cette perspective idéologique, la protection croissante des actifs stratégiques n'a pas empêché un mouvement global d'ouverture des économies nationales. La part des IDE dans le PIB mondial était de 7 % en 1990, deux fois plus haute au tournant du siècle, et six fois plus haute en 2017, autour de 40 %[48] ! Les politiques publiques ont largement encouragé ce mouvement : l'intensité des restrictions étatiques vis-à-vis des IDE, mesurée par le *FDI Regulatory Restrictiveness Index* de l'OCDE, s'est largement et régulièrement assouplie parmi les principales puissances. Il faut donc concevoir la montée en puissance des dispositifs de protection comme la contrepartie des États souverains à l'ouverture de leurs marchés nationaux. Ce sont d'ailleurs statistiquement les pays accueillant les volumes les plus importants d'IDE qui se sont le plus souvent dotés de dispositifs de protection. Même la Conférence des Nations unies sur le commerce et le développement (UNCTAD), qui publie chaque année son *World Investment Report*, publication de référence sur l'investissement international, appelait en 2019 à raison garder et à ne pas surinterpréter le phénomène de développement des instruments de filtrage : « Les nouvelles réglementations en matière d'investissement, dans leur grande majorité, vont dans la direction de "la libéralisation, la promotion et la facilitation [des échanges internationaux]"[49]. »

Au-delà de l'exemple déjà évoqué du CFIUS américain, le cas russe est éclairant pour comprendre ce phénomène de contrepartie. Malgré la mise en place de mesures fortes de protection des secteurs stratégiques, la politique économique menée en Russie dans les années 2000 ne s'est pas inscrite dans un mouvement général de renationalisation ni de fermeture internationale, bien au contraire : entre 1999 et 2007, la part du secteur privé dans l'emploi est passée de 40 à 60 % et les investissements directs étrangers (IDE) ont explosé, passant de 3 milliards à plus de 55 milliards de dollars[50] ! Plutôt qu'un nationalisme économique aveugle, l'État russe a donc sélectionné des secteurs et des entreprises clés dans lesquels il a fait le choix de se réengager et qu'il a choisi de protéger des prédations étrangères.

Le cas chinois lui-même contredit la thèse d'un « nationalisme économique » grandissant. À l'inverse de la Russie, il existait déjà dans les années 2000 un dispositif extrêmement restrictif de protection face aux investissements étrangers. Il n'a pas empêché l'envolée des IDE entrants. À contrecourant de la montée en puissance des dispositifs de protection partout dans le monde, et notamment dans les pays développés, la Chine a assoupli dans les années 2010 son dispositif. Très concrètement, le nombre de secteurs dans lesquels l'investissement est strictement interdit ou restreint pour les investisseurs étrangers est passé de 180 à 31 entre 2011 et 2021[51]...

S'il fallait encore s'en convaincre, le traitement fiscal favorable réservé aux véhicules publics d'investissement montre également que la grande majorité des États qui protègent leurs secteurs stratégiques est loin de toute forme de nationalisme économique ; ils se démènent au contraire pour entretenir leur attractivité économique. Les États-Unis ont par exemple introduit une exemption fiscale pour les véhicules publics d'investissement étrangers qui investiraient sur le sol américain sans prise de contrôle de leurs cibles. On retrouve aussi ce type d'exemptions fiscales pour les fonds souverains au Royaume-Uni ou encore en Australie[52].

Des critiques ont été émises à l'égard de ces dispositifs fiscaux accueillants, en particulier compte tenu du fonctionnement opaque de la majorité des fonds souverains[53]. Pourtant, ces États n'ont globalement pas décidé de remettre à égalité les fonds souverains avec les autres investisseurs. Un signe supplémentaire que nous n'assistons pas à des replis nationalistes, mais bien à un retour de la logique de souveraineté et d'intérêts nationaux.

*

Les grandes puissances extra-européennes se dotent donc de dispositifs de protection puissants pour faire face aux menaces des investissements étrangers. Ces dispositifs sont des remparts face aux offensives des États prédateurs. Mais, pour de nombreux États stratèges, dont les États-Unis constituent le meilleur exemple, ces remparts ne sont pas des clôtures étanches : ce sont des valves de sécurité qui offrent le niveau d'ouverture nécessaire pour préserver l'attractivité économique nationale.

Chez les experts et les universitaires, quelques voix ont appelé à mettre en place une régulation internationale supplantant les dispositifs nationaux, notamment pour traiter le cas des investisseurs publics[54]. Parmi les propositions envisagées, une organisation internationale – comme la Banque des règlements internationaux (BRI) – pourrait définir une série de règles et les faire respecter à l'échelle mondiale.

Ces propositions apparaissent parfaitement naïves. Il y a fort à parier que les grandes puissances refuseraient d'abdiquer une partie de leur souveraineté dans un domaine aussi régalien, sensible et donc intime que la sécurité nationale. D'autant que nombre d'entre eux trouvent dans ces dispositifs le moyen de défendre leur prospérité économique face à la compétition internationale. Chaque État soucieux de ses intérêts continuera, dans les années qui viennent, à s'armer pour défendre ses intérêts stratégiques tout en préservant son attractivité. L'Europe et la France l'ont-elles compris ?

***

Chapitre 8

L'Europe et la France à découvert

En un quart de siècle, le centre de gravité de la production mondiale de richesses s'est déplacé à une vitesse sans précédent. L'Europe est, sans conteste, la région qui a le plus perdu dans ce mouvement. Les pays européens généraient un tiers (32 %) du produit intérieur brut (PIB) mondial en 1998, ils en génèrent moins d'un quart (24 %) en 2022. La contribution nord-américaine s'est elle aussi érodée : elle a glissé de 31 à 26 %. Ce grand déclassement occidental s'est principalement réalisé au profit de l'Asie et du Moyen-Orient : leur part dans le PIB mondial a grimpé sur la même période de 25 à 39 %[1].

Un tragique chassé-croisé qui s'est accompagné d'une évolution analogue des capacités d'investissement respectives, ainsi que des velléités d'investissement international. Les pays asiatiques et moyen-orientaux n'investissaient que très marginalement dans le reste du monde avant les années

2000, générant à peine 10 % des flux sortants d'IDE. Ils inondent aujourd'hui la planète de leurs capitaux, avec plus de la moitié des flux sortants mondiaux[2]. À l'inverse, la part de l'Europe dans ces flux d'IDE est passée de deux tiers à seulement un tiers en deux décennies. Les moyens et les priorités ont changé : l'UE entend même présenter le visage le plus attractif possible pour attirer les capitaux étrangers, et financer ainsi sa croissance future.

L'exercice n'est pas aisé dans le contexte d'une croissance européenne atone, entrecoupée de crises brutales (*subprimes*, dettes souveraines, COVID, conflit russo-ukrainien…). Pour attirer les capitaux, la pente naturelle est de s'ouvrir chaque jour davantage… au risque de s'offrir.

Les pas de nain de l'Union européenne

13 septembre 2017, à Strasbourg. On pouvait enfin y croire. La technocratie européenne semblait prendre conscience qu'il n'y aura pas d'Europe forte sans défense de ses intérêts et de son autonomie stratégique. Dans son discours sur l'état de l'Union européenne, Jean-Claude Juncker lançait devant les eurodéputés :

> Je voudrais dire une fois pour toutes : nous ne sommes pas des partisans naïfs du libre-échange. L'Europe doit toujours défendre ses intérêts stratégiques. C'est la raison pour laquelle nous proposons aujourd'hui un nouveau cadre de l'UE sur l'examen des investissements – « *investment screening* » en anglais. Si une entreprise publique étrangère veut

acquérir un port européen stratégique, une partie de notre infrastructure énergétique ou une de nos sociétés dans le domaine des technologies de défense, cela ne peut se faire que dans la transparence, à travers un examen approfondi et un débat. Il est de notre responsabilité politique de savoir ce qui se passe chez nous afin d'être en mesure, si besoin en était, de protéger notre sécurité collective[3].

Le président de la Commission semblait enfin proposer une réponse aux inquiétudes et aux attentes exprimées par certains représentants des États membres. Dès 2011, le commissaire européen Michel Barnier avait sonné l'alerte sur la nécessité de contrôler collectivement les investissements étrangers. Début 2017, des parlementaires européens étaient montés au créneau, dénonçant les prédations technologiques chinoises et déposant une résolution, avant que les ministres de l'Économie français, allemand et italien rédigent eux-mêmes un courrier adressé à la commissaire européenne au Commerce.

Mais la déception fut rapide et profonde pour ceux qui croyaient que l'Union européenne pouvait bâtir une vision cohérente et forte de ses intérêts stratégiques et se doter des moyens de la défendre. Courant 2018, Cécilia Malmström, la commissaire européenne au Commerce, détaille sa vision : « Notre but n'est pas une harmonisation. C'est un cadre de coordination et d'échange d'informations entre États membres sur les investissements étrangers. Libre à eux d'en faire partie ou non[4]. » Le ver est déjà dans le fruit…

Entré en vigueur en avril 2019, le nouveau règlement sur le filtrage des IDE fait le choix de la subsidiarité : les États membres conservent une mainmise pleine et entière sur l'élaboration et la mise en œuvre de leur dispositif de filtrage.

Ce règlement introduit trois innovations, pour le moins décevantes : (i) il propose une *série de principes et de critères d'examen* dont les États membres peuvent se saisir pour élaborer ou renforcer leur dispositif national et évoluer vers une meilleure harmonisation ; (ii) il confie à la Commission européenne la *responsabilité d'émettre des avis sur des investissements* susceptibles de porter atteinte à la sécurité et l'ordre public de plusieurs États européens ou à des projets et programmes d'intérêts communautaires ; (iii) il prévoit, enfin, la mise en place de *mécanismes de coopération et de dialogue* entre les États membres et la Commission visant à s'informer des menaces.

Les principes et les critères proposés par l'Union européenne pour harmoniser les dispositifs sont d'une vacuité navrante si tant est que l'on veuille et puisse défendre nos intérêts stratégiques à cet échelon supranational. On y retrouve tous les mantras libéraux habituels : principe de non-discrimination entre les pays d'origine des investissements, transparence et prévisibilité des procédures, existence de voies de recours juridictionnelles pour les investisseurs étrangers empêchés, protection des informations confidentielles des parties prenantes… Rien de nouveau sous le soleil libéral.

Tout cela témoigne bien plus de la crainte que les États se barricadent que de la prise de conscience des enjeux de prédation. Pris au pied la lettre, le principe de non-discrimination empêche de concentrer les moyens (limités) sur les pays les plus à risque (comme la Chine) ; le principe de transparence, associé à l'existence de voies de recours, peut rendre inopérantes ou illégales les procédures de filtrage qui appuieraient leurs recommandations sur des informations classifiées, par définition non communicables (comme l'a illustré l'affaire *Ralls* aux États-Unis…).

La possibilité que se donne la Commission d'examiner de son côté les IDE extra-européens susceptibles de menacer la sécurité ou l'ordre public peut, elle, paraître ambitieuse ! Mais, le diable se cachant dans les détails, elle ne peut investiguer que les projets d'opération menaçant *simultanément* plusieurs États membres, ainsi que ceux portant atteinte aux *projets et programmes d'intérêts communautaires*[5]. Et lorsque la Commission estime qu'un investissement étranger entre dans ce périmètre, elle ne peut que se contenter d'émettre un avis à l'intention des États concernés… La portée de ce mécanisme apparaît limitée, puisque l'avis européen n'a aucune puissance contraignante.

En octobre 2023, un rapport de la Commission a permis de faire le bilan des premières années d'existence du dispositif. Depuis sa mise en œuvre, la Commission a reçu quelques centaines de notifications seulement, concernant des investissements provenant des États-Unis, du Royaume-Uni, de Chine, des îles Caïmans (!) et d'Arabie saoudite principalement. Ce nombre peu élevé s'explique par le fait que seuls quelques États semblent pour l'heure coopérer au dispositif : la France et cinq autres pays ont, ensemble, transmis plus de 90 % des notifications à Bruxelles. Plus problématique encore, la Commission n'a émis une opinion que dans moins de 3 % des cas qui lui ont été notifiés par les États membres[6]...

Reste, enfin, les mécanismes de coopération et de dialogue entre les États membres et avec la Commission. Ils sont en pratique de trois natures : mécanisme d'alerte dans une perspective de partage d'information, demande d'information et demande d'intervention. Gadgets, tant que les États eux-mêmes ne prennent pas les menaces au sérieux.

Réponse européenne : l'impossible ambition ?

Ce cadre partagé, fait de conseils d'harmonisation et de mécanismes de dialogue, est donc loin d'être un dispositif commun de filtrage des investissements étrangers. Son élaboration peut sembler pourtant une urgence pour se protéger contre les offensives des États prédateurs. Comme la Commission européenne le reconnaît elle-même dans ses documents de travail interne, les États de l'Union européenne présentent des régimes juridiques parmi les plus ouverts du monde aux investisseurs étrangers[7].

Dans l'absolu, un dispositif européen aurait l'avantage de jouir d'un effet de taille. Conjuguer les moyens humains et financiers, et bénéficier de l'expérience la plus large possible, permettrait de mieux faire face à l'augmentation des flux d'IDE et à la nature de plus en plus complexe des menaces.

Une véritable réponse européenne permettrait aussi à chaque État de mieux prendre en compte les menaces indirectes, celles qui impactent les pays par ricochet. Les filières économiques sont en effet fortement intégrées sur le continent. La déstabilisation d'un champion industriel italien peut menacer tout un écosystème de PME françaises et réciproquement. Or, l'absence de dispositifs dans de nombreux États européens, leur faible robustesse dans d'autres, ou des intérêts divergents, peuvent conduire à laisser s'opérer dans un pays des investissements menaçants ou néfastes pour d'autres pays. Soulignons que même l'Allemagne, l'Italie et l'Espagne, qui pourraient faire office de bons élèves au vu de leur dispositif apparemment avancé de filtrage, n'instruisent en pratique que quelques dizaines de dossiers chaque année… Dix fois moins que les puissances équivalentes extra-européennes, comme le Canada ou l'Australie[8] !

Bâtir un véritable dispositif commun de filtrage nécessiterait d'abord de revisiter en profondeur son objectif final : quelle est la vocation profonde d'un tel dispositif, quel intérêt voulons-nous protéger ? La sécurité collective européenne ? Certes, mais osons alors la vraie question : sommes-nous prêts à considérer la sécurité économique comme une composante de la sécurité collective européenne ? La Commission et les autres institutions de l'Union s'y refusent. Pourtant, cette vision élargie de la sécurité nationale, telle qu'adoptée aux États-Unis, au Japon, en Australie ou au Canada, permettrait au dispositif de devenir une arme défensive de choix dans la compétition internationale.

Un dispositif de contrôle efficient doit également connaître ses adversaires. Face à la masse des investissements étrangers, et l'impérieuse nécessité économique d'accueillir ceux qui ne nous menacent pas, comment faire l'économie de l'identification des acteurs dont les investissements sont à surveiller en priorité, voire à écarter systématiquement ? Cette cartographie vivante doit se construire sur la base d'une enquête de moralité, portant sur l'historique d'investissement de ces acteurs, en identifiant les pratiques à vocation extra-commerciale et les violations du droit international. Le dispositif européen ne devrait pas se limiter à ces acteurs, mais leur consacrer une attention première.

Sans excès de pessimisme, deux limites semblent pour l'heure infranchissables pour construire un tel dispositif à l'échelle européenne.

L'Europe ne semble pas aujourd'hui en mesure de définir ses intérêts communs, parce que les nations qui la composent continuent de penser, à tort ou à raison, que leurs intérêts stratégiques et économiques divergent. La façon glaciale dont plusieurs États membres ont accueilli l'initiative européenne de coopération et de partage d'information (pourtant bien timide) en dit déjà long… Ces États craignent de subir la pression des autres États face à certains investissements qu'ils auraient souhaité accueillir (en dépit d'effets potentiellement négatifs sur les autres membres). Ce réflexe est à la fois partagé par les États les plus pauvres de l'Union, comme la Bulgarie ou la Roumanie, qui luttent pour attirer les capitaux étrangers nécessaires à leur rattrapage économique, et les pays d'Europe du Sud comme la Grèce ou le Portugal, qui, après avoir été douloureusement frappés par la crise de la dette dans la zone euro, envisagent difficilement de se couper d'opportunités d'investissements étrangers... Comment alors imaginer une seule seconde un outil commun de filtrage ?

Seconde limite, la technostructure dirigeante de l'Union européenne continue de communier, plus encore que les élites politiques nationales, dans le culte béat de l'attractivité et de l'ouverture. La croyance que l'investissement étranger contribue de façon systématique à la croissance et à l'emploi de l'économie européenne est trop profondément ancrée dans l'esprit de la génération de dirigeants européens actuels. Le refus de s'insérer activement dans l'économie pour défendre nos intérêts l'est tout autant. Une vision à contretemps complet de celle des autres grandes puissances de la planète...

La (tranquille) course à l'armement française

Fruit de son héritage colbertiste, l'État français a conservé, jusqu'à présent, une présence forte dans le capital des entreprises nationales (il contrôle près de 700 entreprises et détient des participations simples dans 900 autres). Cet engagement étatique a cherché, bon an mal an, à préserver les intérêts nationaux, y compris face aux éventuels actionnaires étrangers : la présence capitalistique publique entendait orienter les décisions stratégiques de nos champions nationaux dans le sens de nos intérêts stratégiques.

Au cours des dernières décennies, cette stratégie est apparue à la fois trop coûteuse et trop peu efficace. La dette ne cessant de s'envoler depuis les années 1970, les participations publiques ont détourné des ressources importantes d'autres impératifs publics clés. De plus, le nombre forcément restreint d'entreprises dans lesquelles l'État est capable de s'engager ne permet plus d'assurer la préservation globale des intérêts nationaux. Le risque stratégique s'est considérablement étendu. Les IDE entrants ont d'abord crû à une vitesse faramineuse et ciblé de très nombreuses entreprises de toute taille, démultipliant la présence « étrangère ». De plus, les moteurs de compétitivité, de l'innovation et les actifs stratégiques se sont eux-mêmes disséminés dans le tissu économique national ; ils ne sont plus seulement l'apanage des grands groupes. L'État ne peut – ni ne doit – naturellement être partout.

Dans le même temps, notre compréhension du risque stratégique s'est aussi approfondie, permettant de réaliser que la présence capitalistique de l'État, même lorsqu'elle est possible, n'est pas elle-même une garantie suffisante pour se protéger des menaces. Le risque stratégique ne tient pas seulement à l'orientation stratégique des entreprises, mais revêt des formes multiples : accès à des informations sensibles, acquisition de savoir-faire de pointe, accès à des infrastructures critiques, blocage de nominations dans les comités directeurs… Au tournant du nouveau siècle, le modèle français historique de protection des intérêts stratégiques est ainsi apparu obsolète.

À partir de 2005, un dispositif législatif commence à se dessiner sous la pression de quelques hommes politiques et chefs d'entreprise alors bien isolés[9]. L'article R.135-2 du Code monétaire et financier, adopté le 31 décembre 2005, institue une procédure d'autorisation préalable pour les investissements dans des entreprises dont l'activité est liée à la lutte antiterroriste, à la défense et à l'armement, à la sécurité privée, à la cryptologie, aux écoutes, à la sécurité des technologies de l'information et, enfin, aux jeux d'argent.

Devant les affaires qui s'accumulent, les menaces qui se précisent et la pression croissante de l'opinion publique, le dispositif va être renforcé à plusieurs reprises. Au cœur de l'affaire *Alstom/General Electric*, le « décret Montebourg », adopté le 14 mai 2014, vient ajouter au périmètre sectoriel contrôlé l'énergie, l'eau, la santé, les transports et les télécommunications. En 2019 entrent dans le champ du dispositif les entreprises de l'aérospatial et de la protection civile, ou encore celles qui sont actives dans les activités de recherche et de développement en cybersécurité, intelligence artificielle, robotique, fabrication additive, semi-conducteurs, ainsi que les hébergeurs de certaines données sensibles[10]. Début 2020, la presse écrite et les services de presse en ligne d'information politique et générale, les produits agricoles et alimentaires qui contribuent aux objectifs nationaux de sécurité alimentaire, les technologies critiques en lien avec le stockage d'énergie et les technologies quantiques sont ajoutés[11].

À l'intérieur de ces secteurs, toutes les opérations ne sont pas concernées par la procédure d'autorisation du ministère de l'Économie : elle cible principalement les opérations impliquant la prise de contrôle d'une entité française (soit la détention de la majorité des droits de vote, au sens du droit français). Pour les investisseurs extra-européens, le périmètre de contrôle s'élargit cependant aux opérations qui n'impliquent pas de contrôle de l'entité ciblée, mais qui permettent à l'investisseur de dépasser un seuil avancé de droits de vote dans cette entité. Jusqu'à 2020, ce seuil était fixé à 33,3 % des droits de vote, il a été abaissé à 25 % avant la crise de la COVID. Dans le contexte de la crise sanitaire et économique, Bruno Le Maire annonce, en avril 2020, l'abaissement temporaire du seuil à 10 % pour les entreprises cotées exclusivement, avant de pérenniser ce seuil fin 2023[12].

L'investisseur concerné par la procédure doit, dès la demande, faire connaître ses liens avec des États ou des organismes publics étrangers, tels que les fonds souverains ou les multinationales publiques. Ces liens peuvent contribuer à motiver un refus d'accorder une autorisation d'investissement.

Au titre de la législation que l'on appelle maintenant le « contrôle IEF » (pour investissements étrangers en France), le ministre de l'Économie peut donc autoriser ou s'opposer à la réalisation de l'opération qui lui est soumise, mais il peut également subordonner sa réalisation au respect de conditions préalables qu'il définit. Celles-ci peuvent impliquer l'exclusion de certains actifs sensibles de l'entreprise du périmètre de l'opération, l'obligation de désigner des dirigeants français ou encore celle d'implanter le siège social en France. La législation laisse ainsi une large liberté d'appréciation au ministre de l'Économie.

Le tamis troué du dispositif français

Malgré ses récents renforcements, le dispositif français est loin d'être à la hauteur. Ses objectifs, son périmètre de contrôle, ses cibles prioritaires et ses moyens doivent être rénovés au plus vite pour affronter les menaces qui pèsent sur notre économie.

Des objectifs sécuritaires trop étroits

Les objectifs du dispositif actuel révèlent combien le filtrage des investissements étrangers n'est ni pensé ni mis en œuvre dans une logique de puissance, pas même de défense des intérêts nationaux. La notice du décret français en vigueur stipule :

> Les investissements étrangers doivent faire l'objet d'une autorisation lorsqu'ils interviennent dans des activités essentielles à la garantie des intérêts du pays en matière d'autorité publique, d'ordre public, de sécurité publique ou de défense nationale[13].

La vocation du dispositif est clairement « sécuritaire », dans un sens restreint et physique. Cette position est d'ailleurs précisée et encadrée par celle de la Cour de justice de l'Union européenne (CJUE). En ce sens, l'Union européenne verrouille la position française.

Les objectifs du filtrage excluent donc la sécurité économique, pourtant prise en compte par nombre de nos grands concurrents internationaux. Et, là encore, le verrouillage européen est clair, comme le résume le Conseil d'État :

> [Selon le droit de l'UE], l'application de ce dispositif [...] ne doit pas être motivée, en fait, par des fins purement économiques, notamment de sauvegarde de ses intérêts financiers ou de poursuite de ses objectifs de politique économique[14].

Cette position de la CJUE a été réaffirmée par la Commission[15]. Des activités qui ne mettent pas directement en jeu la défense nationale, la protection de l'ordre public et la sécurité publique sont ainsi livrées aux prédations étrangères. Et ce même si ces investissements impliquent pour notre pays des dépendances stratégiques accrues à l'égard des grandes puissances rivales, l'accaparement de nos technologies, de nos capacités de recherche et de nos savoir-faire de pointe, des pertes massives d'emploi ou l'amoindrissement du rayonnement français à l'international...

Les actions « spécifiques », dont les conditions de recours ont été élargies par la « loi Pacte » de 2019, demeurent quant à elles aussi limitées par les mêmes objectifs, c'est-à-dire la préservation des intérêts essentiels du pays en matière d'ordre public, de sécurité publique ou de défense nationale[16]. En ce sens, elles n'offrent pas davantage de moyens de défendre nos intérêts nationaux plus globaux. D'autant que l'Union européenne veille au grain pour limiter tout usage industriel de cet outil.

Il est urgent, pour la France, comme pour les autres États européens, de réviser les objectifs de leur dispositif de filtrage. Notre meilleure option consisterait à calquer l'objectif canadien de « bénéfice net » national. Cette stratégie a le mérite de la franchise, puisque l'ensemble des intérêts nationaux peut être pris en compte pour juger de l'opportunité d'un investissement étranger. Cette évolution offrirait incontestablement une meilleure protection face aux prédations étrangères. Le dispositif pourrait ainsi s'attacher à protéger les actifs dont l'influence étrangère pourrait amoindrir notre puissance et notre prospérité, que ce soit par l'amoindrissement de notre sécurité et notre défense publiques, de notre autonomie stratégique ou de notre prospérité économique (effet de l'investissement sur la croissance économique nationale ou locale, sur l'emploi, sur les prix, sur le maintien ou le développement des capacités productives domestiques, le maintien ou le développement des capacités de R&D...).

Un périmètre de contrôle restrictif

Au-delà de ses objectifs, le dispositif français a également le tort de définir de façon restrictive son périmètre de contrôle : seuls les investissements dans les secteurs ou les technologies listés dans la loi peuvent être contrôlés. Le principal avantage de cette approche sectorielle est d'offrir plus de prévisibilité aux investisseurs : ils savent aisément s'ils sont concernés par la procédure avant même de réaliser une opération. Mais l'inconvénient de cette approche est de taille : la liste peine à saisir toutes les *situations* stratégiques. Car le caractère stratégique d'un actif se loge parfois davantage dans des *situations* que dans des *secteurs*. La proximité physique d'un actif avec une installation militaire, la détention d'un savoir-faire unique ou de technologies innovantes, le caractère vital d'un actif dans une chaîne de valeur, le risque de création d'un monopole mondial ou d'une concentration excessive d'un actif et donc de dépendance à un fournisseur étranger, sont autant de situations qui transcendent les logiques sectorielles. Face à la transformation des réalités économiques et technologiques et l'évolution de nos intérêts stratégiques, la tentative est forte d'étendre de façon récurrente le périmètre sectoriel. Mais l'extension est souvent tardive, en réaction à des investissements déjà réalisés, comme le reconnaît même l'OCDE[17]. Quand, en 2019, les activités de recherche développement en cybersécurité, intelligence artificielle, robotique, fabrication additive ou encore semi-conducteurs sont intégrées au périmètre de contrôle français, cela fait déjà de nombreuses années que ces activités ont acquis un caractère stratégique et que certains acteurs européens sont passés sous pavillon étranger. En ce sens, l'autorité publique prend le risque, avec l'approche sectorielle, d'avoir toujours un temps de retard. Ajoutons qu'en s'allongeant constamment la liste des secteurs donne le sentiment d'une hostilité croissante à l'égard des investisseurs étrangers… alors même que l'efficacité globale du dispositif laisse à désirer.

Dans le monde, la majorité des États qui ont développé un dispositif de filtrage a adopté une approche transsectorielle du périmètre de contrôle (ex. : États-Unis, Canada, Australie…) : toutes les opérations pouvant porter atteinte à la sécurité nationale sont potentiellement examinables, quel que soit le secteur d'appartenance de l'actif concerné[18]. À première vue, ce périmètre illimité pourrait nuire à l'attractivité du territoire en laissant planer un risque de blocage constant sur les investisseurs étrangers. Mais si le nombre d'opérations empêchées reste en pratique extrêmement limité, et qu'il existe des procédures de préévaluation pour anticiper la décision la plus probable, le niveau de prévisibilité de la procédure demeure alors tout à fait acceptable pour les investisseurs.

En France, l'adoption d'un périmètre transsectoriel permettrait de juger au cas par cas si la cession d'un actif représente une atteinte à notre « bénéfice net » ou à notre puissance et notre prospérité nationales. Les « actifs stratégiques » ne seraient ainsi pas figés. Il faudrait plutôt les concevoir comme *les actifs qui concourent, dans une situation donnée, au bénéfice net national.* Les projets d'acquisition d'un géant français du luxe, d'une start-up innovante dans la comptabilité carbone, ou d'un fournisseur majeur dans l'automobile pourraient tous être étudiés. Cela n'empêcherait pas de conserver, en sus, une notion de secteurs stratégiques au sein desquels le dispositif pourrait contrôler des opérations de plus petite taille, habituellement non contrôlées. De manière générale, il est impératif que les services de l'État bâtissent et mettent continuellement à jour une cartographie des filières et des technologies les plus stratégiques pour faciliter la priorisation des dossiers et l'identification des menaces. Faute de moyens, ce travail est encore beaucoup trop parcellaire en France et n'intègre pas d'outil efficace d'anticipation des menaces[19].

En termes de typologie d'investissement, le périmètre des opérations ciblées par la réglementation française est également insuffisant. Se préoccuper uniquement des prises de contrôle (pour les investisseurs européens) ou des participations de plus de 25 % (pour les extra-Européens) constitue une dangereuse erreur : l'influence et les menaces peuvent s'exercer bien en deçà. Bien sûr, le gouvernement a temporairement revu à la baisse ce seuil depuis le début de la crise de la COVID (uniquement pour les entreprises cotées...). Mais gare aux naïvetés : face aux États prédateurs, la guerre économique est continue et nos vulnérabilités permanentes. Le grand pillage se poursuivra au lendemain de la crise, car la soif de conquête des nouvelles puissances n'est ni passagère, ni strictement opportuniste.

Il est impératif de descendre le seuil du contrôle de façon pérenne. Le CFIUS américain offre là encore un exemple inspirant : lorsque des actifs, des technologies ou des infrastructures critiques sont en jeu, le dispositif américain peut s'intéresser à des opérations qui confèrent simplement aux actionnaires étrangers un accès à des informations techniques non publiques, des droits de vote, des droits d'observateur ou la voix au chapitre dans les prises de décisions opérationnelles clés. Une option raisonnable consisterait, en France, à adopter ce même critère sur le périmètre stratégique existant et à conserver, en parallèle le critère de 25 % sur les entreprises qui échappent au périmètre stratégique défini par la loi *(voir tableau nº 6)*.

Il serait également utile d'ajouter une exigence de simple notification d'opération, pouvant ouvrir le droit à examen, à la discrétion du ministre de l'Économie, dans deux cas : premièrement, pour les acquisitions supérieures à 1 % dans des entreprises appartenant au périmètre stratégique ; et deuxièmement pour les acquisitions conférant une position au conseil d'administration ou un accès à de l'information technique et/ou stratégique, lorsque la cible n'appartient pas au périmètre stratégique. Ce type de notification, qui existe par exemple au Canada, permet aux autorités publiques chargées du filtrage des investissements étrangers de prendre connaissance de l'ensemble des opérations significatives réalisées sur le territoire, et d'anticiper l'émergence de nouvelles menaces.

Tableau n° 6
Propositions d'évolution des seuils de déclenchement du dispositif « IEF »

Seuil de déclenchement du dispositif	Périmètre non stratégique	Périmètre stratégique
25 % des droits de vote	Demande d'autorisation	Demande d'autorisation
Siège et/ou accès à de l'information technique et/ou stratégique	Notification amont	Demande d'autorisation
Investissement financier passif (>1 %)	*n.a.*	Notification amont

Source : Proposition de l'auteur

Enfin, la réglementation actuelle s'en tient aux opérations de fusions-acquisitions traditionnelles. Elle se fait silencieuse sur les investissements dits « *greenfield* ». Il serait pourtant utile de soumettre la réalisation de ces opérations à une exigence de notification préalable pouvant ouvrir le droit à examen (comme c'est le cas au Canada, en Australie, en Hongrie, en Russie, au Japon, ou même indirectement aux États-Unis), pour pouvoir appréhender les menaces survenant du fait de la création *ex nihilo* d'une activité stratégique sur le territoire national[20].

Ces renforcements des capacités de filtrage des investissements étrangers n'ont pas pour but de conduire à la mise en place d'un protectionnisme systématique déguisé. Le filtrage doit permettre un arbitrage éclairé entre les bénéfices et les menaces pour la puissance et la prospérité nationales, en instaurant un véritable dialogue avec l'investisseur, et en favorisant, si possible, la mise en place de mesures conditionnelles, plutôt que le blocage.

Il est d'ailleurs impératif de contrebalancer ces renforcements par des mesures ciblées pour préserver l'attractivité du territoire français pour les investisseurs étrangers. En ce qui concerne le dispositif même, il s'agira de poursuivre les efforts de transparence, de lisibilité et de rapidité de la procédure.

Un outil apolitique en charge d'une problématique politique

Il ne suffit pas de mettre sur le radar le périmètre pertinent d'opérations, il faut déterminer les priorités, pour s'attaquer aux menaces politiques les plus critiques, car les moyens de l'appareil public français sont naturellement limités.

Au-delà de la nationalité de l'investisseur (qui doit pouvoir susciter une attention accrue sur la base d'une analyse empirique des prédations opérées), la nature publique des investisseurs devrait entraîner une procédure spécifique

– comme c'est souvent le cas ailleurs dans le monde (États-Unis, Australie, Canada, Japon...) – pour déceler toute motivation politique potentielle[21].

La France pourrait aussi envisager de faire valoir un principe de réciprocité (comme il en existe dans d'autres domaines des relations commerciales), en sus du principe de « bénéfice net » : les pays fermant de façon stricte certains de leurs secteurs aux investisseurs français pourraient se voir appliqué le même sort en France dans les secteurs concernés, non de façon systématique, mais de façon opportuniste, selon les intérêts français sur le cas d'espèce. En plus de fournir une possibilité additionnelle de motivation de la décision de filtrage, ce principe de réciprocité pourrait inciter les partenaires internationaux à faire sauter progressivement leurs barrières à l'investissement.

Le dispositif français souffre enfin d'un problème d'autorité, de légitimité et d'incarnation. L'élaboration du cadre législatif et réglementaire et la mise en œuvre du dispositif existant sont aujourd'hui assurées par un bureau de la direction générale du Trésor, au ministère de l'Économie (Multicom 4). Il instruit les dossiers et coordonne le Comité interministériel des investissements étrangers en France (CIIEF) qui rassemble des représentants de différentes administrations (armées, santé, transition écologique et solidaire...).

Il paraît regrettable de confier à un simple bureau la lourde charge d'identifier et d'instruire les menaces contre nos intérêts stratégiques. Il n'en a ni les moyens, ni la nécessaire vision holistique et politique, ni la légitimité aux yeux des principales administrations (défense, renseignement, affaires étrangères…) et des parties prenantes externes. Or sur chaque projet d'opération, la pression des acteurs désireux de conclure le *deal* peut être très importante et intimidante pour l'autorité publique, comme l'a montré une affaire outre-Rhin. Les velléités de protection des autorités allemandes commencent à grandir après le rachat chinois en 2016 de *Kuka*, champion de la robotique, pour 4,5 milliards d'euros. L'affaire est vécue comme une humiliation nationale. Quelques mois plus tard, un autre fleuron allemand, *Aixtron*, fabricant d'équipements de pointe dans l'écosystème des semi-conducteurs, est l'objet à son tour d'une OPA de la part du chinois *Fujian Grand Chip Investment* (*FGC*). Les difficultés financières que traverse le groupe allemand le poussent à accepter l'offre de rachat chinoise. En septembre 2016, les autorités allemandes donnent leur feu vert à l'opération. Mais, à peine un mois plus tard, elles reviennent sur leur autorisation dans une forme d'incompréhension générale. Une information jamais révélée dans la presse européenne constitue peut-être la clé de ce revirement : la fragilité financière d'*Aixtron* était largement due à l'annulation, l'année précédant l'OPA de *FGC*, d'une commande majeure. Et qui était l'auteur de ce faux bond qui fit écrouler le cours boursier d'*Aixtron* de façon si opportune pour *FGC* ? Un groupe chinois du nom de *Sanan*… groupe qui entretient des liens capitalistiques avec l'acquéreur FGC[22] ! De quoi s'interroger sur les relations entre ces deux acteurs. On découvrira plus tard que les deux groupes chinois, présentés comme des entreprises privées, opèrent tous deux dans l'orbite de Pékin ; ils ont tissé des liens capitalistiques et financiers avec quatre investisseurs publics chinois, parmi lesquels le fameux « *Big Fund* »[23]. Dans cette affaire, il est frappant d'observer comment les dirigeants d'*Aixtron* et les banques d'affaires impliquées dans l'opération mirent la pression sur les autorités allemandes pour encourager le *deal*, agitant notamment la menace des plans sociaux : « Si le *deal* échoue, le futur d'*Aixtron* sera lugubre et de nouvelles mesures de restructurations seront attendues[24]. » L'opération bloquée, le groupe reste allemand. Dramatique ? Pas du tout. La capitalisation boursière du groupe a depuis lors considérablement grimpé, faisant mentir les partisans acharnés de la cession. Le dispositif doit donc avoir la légitimité suffisante et les reins suffisamment solides pour résister aux discours qui poussent si souvent à la cession de nos intérêts nationaux.

En France, un nouveau comité doit être imaginé, renforcé à la fois en moyens humains et financiers (le budget actuel du mécanisme français représenterait *a priori* moins de 3 % du budget américain consacré au CFIUS)[25] et en légitimité. La décision finale d'autorisation devrait quant à elle, sur demande du ministre de l'Économie, remonter au niveau du Conseil de défense et de sécurité nationale en formation spécialisée.

Adopter le critère de filtrage du « bénéfice net » national aurait également le mérite de limiter les risques de litige en politisant la procédure. Les décisions du ministre de l'Économie et des Finances sont, en effet, aujourd'hui, susceptibles de faire l'objet d'un recours de plein contentieux devant le juge administratif. Celui-ci a la charge d'évaluer si l'administration a commis une erreur manifeste d'appréciation. Quelques cas de recours se sont d'ailleurs déjà produits dans la jeune histoire du dispositif[26]. La libre appréciation du juge administratif pose un risque réel, *a fortiori* dans un pays où les juges manifestent une vigoureuse indépendance à l'égard du politique et ne sont pas formés (ni sensibilisés ?) aux enjeux d'intérêt national. Il est impératif que la nouvelle législation reconnaisse la légitimité du dispositif à évaluer souverainement la satisfaction du critère de « bénéfice net ».

Ne perdons pas de vue, néanmoins, l'essentiel : la protection de nos intérêts, notamment économiques, passe par la défense de nos intérêts européens. En ce sens, la refonte du dispositif français doit servir de matrice ou de source d'inspiration au futur mécanisme européen.

Les pudeurs mal placées de nos décideurs

Notre inaction collective, et plus précisément celle de nos dirigeants français et européens, est le fruit de deux grandes barrières psychologiques, ardemment entretenues par la doxa libérale.

La défense de nos intérêts à travers le filtrage des investissements étrangers est d'abord victime d'un procès en légitimité. Nos États ne seraient pas fondés à limiter les droits des investisseurs et la liberté de circulation des capitaux. Une soumission pure et simple à la logique de marché.

Retrouvons le sens des choses : le marché doit servir nos intérêts et notre prospérité collective. S'il devient une figure sacrée supplantant le droit de nos institutions démocratiquement élues, alors le régime démocratique même est vidé de sens. La France comme l'Europe doivent cesser de douter de leur propre droit à la souveraineté. Réguler les investissements qui ne contribuent pas à nos intérêts n'est pas un crime : c'est l'affirmation de notre liberté collective sur notre territoire. Les grandes puissances extra-européennes ne s'en privent pas.

Procès en légitimité, mais aussi en efficacité. Les défenseurs d'une économie « ouverte » et « accueillante » rappellent à l'envi l'impact que pourrait avoir sur l'attractivité nationale un dispositif plus musclé. Pour appuyer leurs propos, ils relaient abondamment les déclarations des investisseurs étrangers qui menacent de rétorsion les États qui se protégeraient trop activement. En 2013, le dirigeant du fonds souverain chinois *CIC* évoquait, par exemple, la stigmatisation dont seraient victimes les investisseurs chinois, notamment publics, de la part de l'administration Obama ; il affirmait que, en réponse à ce qu'il considérait comme des discriminations, il aurait souhaité diversifier ses investissements en orientant une part des capitaux publics chinois vers des pays « plus accueillants »[27]. Alors, risque-t-on vraiment de détériorer significativement notre attractivité en mettant en place un dispositif robuste de filtrage des investissements étrangers ?

Les voix qui critiquaient les derniers renforcements du dispositif français – notamment celui porté par Arnaud Montebourg – prévoyaient déjà un impact négatif important sur l'attractivité du pays. Bien loin de ces prédictions malheureuses, l'attractivité de la France à l'égard des investisseurs étrangers n'a cessé de croître au cours de la dernière décennie, y compris les années qui ont suivi le renforcement de 2014 et celui de 2019. Une enquête d'opinion auprès de grands dirigeants d'entreprises étrangères, *leaders* d'opinion et pourvoyeurs d'IDE, est claire en ce sens[28]. De même, dans les faits, la part de la France dans les IDE mondiaux s'est renforcée au cours de la dernière décennie, à contrecourant de la trajectoire des pays développés (qu'ils aient déployé ou non des dispositifs de protection)[29].

Si ces dispositifs de protection jouent sur l'attractivité nationale, c'est uniquement à la marge. Des réticences peuvent certes voir le jour face à la durée (toutefois inférieure à deux mois en moyenne), le coût (infinitésimal à l'échelle des opérations concernées) ou l'incertitude du résultat de la procédure d'examen (relative vu le nombre d'opération empêchées y compris par les dispositifs mondiaux les plus robustes). Mais la personnalité et la tonalité du discours des dirigeants, le niveau de la fiscalité et la complexité administrative ont un impact nettement plus important que les éventuels dispositifs de protection des intérêts stratégiques. Dans le fond, les États prédateurs comprennent bien les ressorts profonds et la légitimité de ces dispositifs, malgré leurs discours invitant à déverrouiller un peu plus nos marchés.

Il faut rester droit face aux menaces des États prédateurs, comme nous y invite, par exemple, le comportement des autorités américaines. Elles n'échappent pas aux tentatives d'intimidation malgré le prestige de la superpuissance américaine, comme l'illustrent les câbles diplomatiques confidentiels publiés par WikiLeaks[30]. Les États-Unis ne fléchissent pas, certains de la légitimité qui est la leur à protéger leurs intérêts stratégiques et économiques. Ancrés dans une perspective longue, ils n'hésitent pas à se priver d'un investissement ou d'un investisseur spécifique et à abîmer un temps leurs relations avec un partenaire commercial.

Dans la mondialisation telle qu'elle va, la faute tactique n'est pas de se doter des moyens de protéger nos intérêts nationaux : la faute serait plutôt de bâtir des frontières étanches et non ciblées ou de jouer les gros bras en fanfaronnant sur nos velléités de défense et en apparaissant plus fermé que l'on est réellement. Conservons avec pragmatisme un discours d'ouverture, mais une attitude ferme et protectrice sur le fond.

*

Si les marqueurs d'une prise de conscience apparaissent, le « vieux monde » peine à se hisser à la hauteur des enjeux. En matière de commerce international, l'Europe et la France ont des pudeurs de gazelle. Elles craignent sans cesse de bousculer leurs partenaires ou de les entraîner dans des cycles de protectionnisme accrus. Elles subissent les offensives musclées sans oser répondre ni s'en protéger efficacement. À la grande braderie des bijoux européens, tout le monde doit-il être le bienvenu ? Toutes les nations semblent avoir leur place réservée pourvu qu'elles dégainent leur carnet de chèque. Les États prédateurs auraient tort de se priver…

***

Chapitre 9

De l'emprise au sursaut

Pechiney, *Alcatel*, *Alstom*, *Lafarge*, *Kuka*, le port du Pirée : au cours des deux dernières décennies, les acquisitions des cathédrales de l'économie française et européenne ont fait grand bruit. Chaque opération a déclenché une véritable bombe médiatique et politique. Le scénario est toujours le même : les responsables politiques s'indignent comme des vierges effarouchées et les élites libre-échangistes se font toutes petites – hormis quelques têtes brûlées qui défendent coûte que coûte la logique de marché.

Entre deux scandales, les prédations se poursuivent dans le silence général. Il est normal que l'opinion publique s'intéresse davantage aux cathédrales qu'aux petites églises de campagne… L'ampleur du phénomène doit pourtant nous alerter. Car se jouent là aussi notre puissance, notre prospérité et notre destin collectifs.

Esquisser le panorama de cette emprise étrangère en France et en Europe, voilà sans doute le meilleur moyen de se convaincre que notre laissez-faire n'est pas soutenable. D'autant que la place grandissante que prennent les investisseurs publics dans cette conquête laisse présager, pour demain, des conséquences plus graves. Sans sursaut, le pire est à venir.

Discrète mais si profonde emprise…

Que sait-on de l'influence étrangère dans l'économie française et européenne ? Nous avons d'abord une idée claire des flux d'investissements entrants. Prise dans son ensemble, l'Union européenne est la première destination mondiale des IDE. Elle a accueilli près de 4 000 milliards d'euros d'IDE au cours de la dernière décennie. La France est, elle aussi, une destination relativement privilégiée ; elle se classe chaque année parmi les quinze nations du monde accueillant le plus d'IDE[1].

L'attractivité de l'Europe est en soi positive. Les capitaux étrangers sont précieux pour nourrir le développement économique de notre continent. Mais tout dépend, bien sûr, de leur origine et de leurs objectifs. Des investissements financiers passifs et diversifiés sont naturellement plus désirables que les prédations des États investisseurs.

Les statistiques officielles d'IDE ne nous éclairent pas sur les risques d'emprise étrangère. Elles souffrent de biais majeurs qui nous empêchent même de connaître les véritables pays d'origine des investissements[2].

De discrets travaux des services de recherche de la Commission européenne, réalisés entre 2017 et 2019 sous la pression de certains représentants d'États membres, ont permis d'éclairer, pour la première fois, l'étendue de la présence extra-européenne au sein de nos entreprises[3]. Ils ont mesuré l'ampleur du contrôle des actionnaires étrangers, en identifiant les pays d'origine, les types de véhicules d'investissement utilisés et les secteurs ciblés. Un éclairage particulièrement précieux qui a pourtant fait l'objet d'une communication et d'une publicité extrêmement limitées de la part des institutions européennes[4].

Le silence de la technostructure européenne n'est pas surprenant. Car l'étude dresse un constat alarmant… un réquisitoire, à lui seul, contre la politique économique de l'Union européenne et des États membres. Elle valide pourtant à première vue une intuition des défenseurs de la politique européenne d'ouverture : une faible proportion des entreprises européennes est possédée ou contrôlée par des actionnaires extra-européens (3 % en 2016, vraisemblablement un peu plus aujourd'hui). Mais ce chiffre ne dit rien de l'empreinte réelle des investisseurs étrangers. Les entreprises qu'ils contrôlent sont nettement plus grandes que la moyenne… si bien que, malgré leur faible nombre, elles regroupent 35 % des actifs cumulés des entreprises européennes et près de 17 % des salariés européens (des indicateurs imparfaits, et datant de 2016, mais néanmoins révélateurs).

Ce travail n'a pas été effectué – ou n'est pas disponible – à la granularité nationale. Néanmoins les données de l'INSEE laissent penser que l'implantation des investisseurs étrangers en France est relativement comparable à celle que l'on observe à l'échelle européenne[5].

Le plus inquiétant dans ce phénomène est que les investisseurs étrangers ont une présence encore plus importante sur les secteurs « stratégiques » de l'économie européenne, nous indiquent les données de la Commission. Ils avaient, par exemple, en 2016, la main sur plus de 60 % des actifs de l'industrie minière et de l'industrie de cokéfaction et de raffinage, sur plus de 50 % du secteur de la fabrication de produits informatiques, électroniques et optiques, de l'industrie pharmaceutique ou encore de celle de la sécurité ! D'autres secteurs, moins scrutés, sont également fortement touchés par la mainmise étrangère : c'est le cas de l'assurance et de la réassurance, des services d'information ou des activités d'études de marché, dans lesquels plus de 40 % des actifs sont détenus par des extra-européens[6].

Une emprise considérable, donc, mais qui s'accroît surtout rapidement. Entre 2010 et 2016, la détention étrangère d'entreprises européennes a crû de 75 % en valeur d'actifs cumulés, et de 50 % en nombre de salariés ! La dynamique est encore plus inquiétante dans les secteurs stratégiques. À titre d'illustration, les positions extra-européennes dans le secteur minier ont par exemple triplé entre 2007 et 2016, celles dans l'assurance et la réassurance ont presque quadruplé. À l'inverse, il apparaît que tous les secteurs dans lesquels les positions étrangères reculent ne sont clairement pas d'importance stratégique, ni pour l'Europe, ni pour les États qui hébergent les investisseurs (les plus gros reculs ont été observés dans les activités vétérinaires, les travaux d'impression et de reproduction et la fabrication de boissons)...

Où en est-on en 2024 ? Pour l'heure, la Commission européenne n'a pas jugé utile de renouveler l'exercice... Le silence des institutions européennes traduit, bien sûr, son embarras face à ce qui est, d'abord, le terrible bilan des politiques d'ouverture qu'elles encouragent depuis plusieurs décennies.

La crise de la COVID, la guerre russo-ukrainienne et les turbulences économiques qui s'ensuivent offrent de nouvelles opportunités d'acquisitions, comme avant elles la crise de 2008. Difficile de croire que cette dynamique puisse s'interrompre en l'absence de virage politique de l'Europe et des États membres.

Sur les traces des États prédateurs en France et en Europe

Au cours de la dernière décennie, les États historiquement implantés en Europe, comme les États-Unis, le Canada ou l'Australie, ont continué d'accroître leur présence actionnariale. Mais de nouveaux États ont réalisé une percée impressionnante sur le vieux continent : la Chine, naturellement, mais aussi l'Inde, la Russie et les États du Golfe. D'après les travaux de la Commission, les actionnaires de ces pays ont multiplié par six ou huit le nombre d'entreprises qu'ils contrôlaient en Europe ! Et ce chiffre est nécessairement sous-estimé, car, parmi les pays qui contrôlent le plus d'entreprises européennes, on retrouve, en seconde place, juste derrière les États-Unis, les « Centres financiers *off-shore* » (CFO), c'est-à-dire, les Bermudes, les îles Vierges britanniques, les îles Caïmans, les Bahamas… Ces CFO ne sont bien sûr que des paravents qui dissimulent les véritables États commanditaires des investissements. Il est possible de se donner une idée approximative des origines de ces investissements en suivant l'origine des flux financiers globaux entrants dans ces États. Et on retrouve la trace des États investisseurs… Les îles Vierges britanniques hébergent, par exemple, pour l'essentiel des avoirs chinois (environ 80 %). En dépit d'un volontarisme politique – sincère ou non – affiché par les États européens, les prises de contrôle en Europe réalisées par des investisseurs abrités dans ces territoires *off-shore* ont continué de croître au cours des dernières années.

Parmi ces investisseurs venus de nouveaux horizons, la part d'acteurs publics est elle-même en croissance nette. Elle a doublé ou triplé, selon les pays, rien qu'entre 2013 et 2017. Logique, car l'État actionnaire a connu un renouveau puissant dans la majorité de ces pays. L'Europe n'échappe donc pas aux ambitions de conquête des États prédateurs. Un tour d'horizon des acquisitions qu'ils mènent depuis une décennie – ou du moins de celles que l'on peut identifier – suffit à s'en convaincre[7].

La Chine tous azimuts

L'avance éclair des positions chinoises en Europe est le symbole le plus visible et le marqueur le plus alarmant de la fragilité des modèles européens. Quasiment inexistants au début des années 2000, les IDE chinois au sein de l'Union européenne dépassent légèrement les 2 milliards en 2010. Ce chiffre va être multiplié par vingt en à peine une demi-décennie[8]. Et les Chinois ne se contentent pas d'investissements financiers passifs : ces IDE permettent à la Chine de contrôler près de 30 000 sociétés européennes avant la fin des années 2010[9].

Dans les flux chinois qui se déversent en Europe, le rôle des investisseurs publics est encore plus frappant qu'ailleurs : plus de 60 % des IDE y sont portés par des acteurs publics[10]. L'investisseur n'apparaît pas toujours comme tel, il faut parfois remonter de longues chaînes d'intermédiaires pour découvrir la nature étatique du commanditaire. Dans d'autres cas, il est véritablement privé sur le papier, mais le soutien financier et stratégique de l'appareil d'État est si vigoureux que l'on doit légitimement le considérer comme parapublic.

En France, au milieu des années 2010, une poignée d'opérations chinoises vont faire grand bruit en raison de la renommée des cibles attaquées. Début 2014, *Peugeot* voit la multinationale publique *Dongfeng Motor* rafler 14 % de son capital. La participation chinoise égale ainsi celles de l'État français et de la famille Peugeot, et lui permet de négocier de nouvelles « coopérations technologiques » avec le français… À la fin de la même année, c'est l'aéroport de Toulouse-Blagnac qui est la cible du consortium *Casil*, piloté par le groupe public chinois *Shandong High-Tech Investment Corp.*, qui n'a aucune expérience dans l'aéroportuaire… Quelques mois plus tard, le *Club Méditerranée* est acquis au terme de la plus longue OPA de l'histoire de la Bourse de Paris. L'italien *Bonomi* s'incline devant le chinois *Fosun*… qui a bénéficié du soutien du président du groupe, Henri Giscard d'Estaing. Un an plus tard, en 2016, le numéro un chinois de l'hôtellerie, *Jin Jiang*, devient le premier actionnaire d'*Accor*... avec la bénédiction du président François Hollande. À chaque année son triste symbole d'un tissu économique qui se défait. Mais, si médiatiques soient-elles, ces opérations ne sont pas les plus douloureuses. Dans l'ombre, une myriade d'acquisitions de taille intermédiaire contribuent à notre déclin et nourrissent le grand rattrapage chinois.

Dans un secteur emblématique de l'offensive chinoise, les semi-conducteurs, la multinationale publique *Tsinghua Unigroup* va s'emparer en 2018 de l'une des rares pépites européennes, le français *Linxens*, pour 2,3 milliards d'euros. En dépit de la criticité de cette activité, Bercy ne s'opposera pas à ce *deal*, estimant que l'acquisition chinoise ne fait pas peser de risque majeur sur la sécurité publique ou la défense nationale. Dans la foulée, deux autres groupes français de taille plus modeste, *AsteelFlash* et *SES-imagotag*, tombent aux aussi dans l'escarcelle de deux spécialistes chinois des semi-conducteurs.

Plus largement, l'industrie française va représenter à partir de 2010 une cible de choix pour les investisseurs publics et parapublics chinois. Les fabricants de composants technologiques, détenteurs de brevets et de capacité de R&D, sont préférés aux acteurs les plus visibles de leur secteur. Dans l'automobile et l'aéronautique, les français *All Circuits* (sous-traitance de produits électroniques), *Lamberet* (véhicules à cellules frigorifiques), *McCormick* (fabricant de tracteurs agricoles), *CFAS* (production d'équipements automobiles), *Electropoli* (traitement de surface des métaux), *LISA Airplanes* (fabrication d'avions), *FVM*

Technologies et *SAM* (fonderies de pièces automobiles) sont raflés en quelques années à peine. Les autres segments industriels de pointe ne sont pas en reste : la photonique est ciblée, avec le fabricant de puces *Almae Technologies* et le designer de diodes lasers *3SP Technologies*, la machinerie industrielle avec *Somab* et *NFM Technologies*, l'instrumentation acoustique avec *OROS*, la logistique industrielle avec *Savoye*, l'équipement industriel énergétique avec le tarnais *Flow Control Technologies*, le normand *CTI* ou encore *Manoir Industries*…

À partir de 2016, c'est le secteur français de la santé qui devient l'objet de la convoitise des investisseurs publics chinois. Là encore, tout l'écosystème industriel est ciblé : du packaging spécialisé (*SGD Pharma* ou *Axilone*) au spécialiste de la formulation, du développement et de la fabrication de produits pharmaceutiques (*Cenexi*), en passant par la distribution de médicaments (*Tridem Pharma*) ou la fabrication de réactifs et d'instruments pour les laboratoires R&D et la bio-analyse (*Interchim*).

La chimie, l'énergie, les télécommunications, le transport maritime, le numérique : la liste des secteurs français visés n'en finit pas. Même l'édition française intéresse Pékin… du moins, lorsqu'elle est susceptible d'apporter un savoir et des connexions commercialisables, comme le montre l'acquisition par l'Académie des sciences de Chine de la mythique maison de diffusion scientifique *EDP Sciences*, fondée par Marie Curie, Louis de Broglie et Louis Lumière…

La vaste majorité de ces opérations a été réalisée après les principaux renforcements du dispositif français de filtrage des investissements ; de quoi démontrer, s'il le fallait encore, son inaptitude à préserver nos atouts économiques et notre puissance. Outre la question des outils techniques de protection, une forme de naïveté continue de prévaloir. Les investissements minoritaires sont par exemple largement perçus comme inoffensifs, alors même qu'ils sont régulièrement des portes d'entrée vers de futures prises de contrôle. Fondé en 2007, le fabricant d'équipements 3D de renommée internationale *Volfoni* a choisi en 2012 de s'allier au chinois *Luxin-Rio* au sein d'une *joint-venture,* avec l'objectif de pénétrer le marché chinois. Deux ans plus tard, *Volfoni* accepte que le chinois entre à son capital, à hauteur de 10 %. Finalement, *Luxin-Rio* profitera de ses liens privilégiés pour s'emparer de la totalité du capital de *Volfoni* en 2018. Un schéma qui s'observe dans de multiples transactions.

La France intéresse donc Pékin, mais elle n'est pas la plus violemment frappée par les acquisitions chinoises. Le Royaume-Uni et l'Allemagne accueillent chacun deux à trois fois plus d'IDE. Outre-Rhin, c'est la toute-puissante industrie qui est visée. Le phénomène apparaît au grand jour lorsque le pionnier allemand de la robotisation industrielle *Kuka* tombe dans l'escarcelle du chinois *Midea*, en 2016. Mais la véritable douche froide survient deux ans plus tard, en février 2018, lorsque le pays de l'automobile apprend, médusé, l'entrée fracassante d'un groupe chinois au capital de *Daimler*, maison mère de *Mercedes-Benz* et de *Smart*. *Geely*, dirigé par le milliardaire Li Shufu, révèle l'acquisition de 9,6 % des parts de *Daimler*, devenant ainsi son premier actionnaire, « au terme d'une opération financière peu transparente, dans laquelle Pékin pourrait avoir joué un rôle déterminant », rapporte le journal *Le Monde*[11]. *Geely* s'était déjà illustré dans l'industrie automobile européenne en s'emparant du suédois *Volvo Cars*, en 2010. Ces deux prises de guerre donnent le ton : les secteurs allemands de l'automobile et de la robotique vont être pilonnés, de même que ceux du numérique et les technologies d'énergies renouvelables.

Au Royaume-Uni, ce sont l'énergie, les *utilities*, les télécommunications et le numérique qui sont visés ; en Italie, l'automobile, les équipements industriels et les télécoms ; en Espagne, les métiers de l'environnement, des énergies renouvelables et le maritime…

Dans toute l'Europe, les investisseurs publics chinois vont aussi se ruer, comme nous l'avons vu, sur les grandes infrastructures, faisant peser un risque évident de dépendance stratégique et même de sécurité nationale.

L'offensive chinoise en Europe est enfin marquée par l'émergence des investissements « *greenfield* », qui sont par nature plus discrets et échappent encore au périmètre des dispositifs nationaux de filtrage. Leur part est en croissance rapide : elle représente quasiment un tiers de l'ensemble des IDE chinois à destination de l'Europe en 2021[12]. Ces activités, montées de toutes pièces sur le sol européen, font appel aux ressources locales – notamment humaines – et représentent un excellent moyen d'exploiter et de s'approprier les expertises et la matière grise européennes. C'est ce qu'a montré, par exemple, l'installation par le chinois *CATL* (leader mondial dans la production de batteries lithium-ion) d'un centre majeur de R&D en plein cœur de l'Allemagne. Le phénomène se concentre pour l'instant sur quelques secteurs – les technologies de l'information et des télécommunications (TIC), l'automobile, le transport et les infrastructures – mais il a toutes les chances de prendre de l'ampleur dans les temps à venir.

Une Russie « à l'ancienne »

La stratégie de prédation internationale de l'État russe repose elle aussi sur ses multinationales publiques, mais également sur les oligarques qui gravitent dans l'orbite du Kremlin. Ceux-ci raffolent, on le sait bien, de l'immobilier de luxe français et ouest-européen : c'est une vieille tradition nationale, assez peu stratégique. Mais leur ambition ne s'arrête pas là.

Les investisseurs publics et parapublics russes vont s'intéresser, en France, aux savoir-faire nationaux de l'industrie des transports et de la logistique. En 2010, *Uralvagonzavod* (*UVZ*), filiale de la multinationale publique *Rostec,* spécialisée dans l'armement, prend le contrôle de la fonderie ferroviaire française *Sambre et Meuse*, permettant au russe d'accroître ses capacités de production, dans un contexte d'explosion de la demande mondiale. Deux ans plus tard, le même *UVZ*, toujours animé par une ambition d'importation du savoir-faire français ferroviaire, s'accorde avec *ABRFI,* un autre acteur français du secteur, pour son rachat.

Dans la logistique, le géant public russe *RZD* s'empare en 2012 de l'expert mondial de la *supply chain* multimodale, le français *Gefco*, filiale de *PSA*, pour 800 millions d'euros. « La décision est historique. Pour renflouer les caisses de *PSA Peugeot Citroën*, actuellement très mal en point, la famille Peugeot n'a donc pas hésité à confier l'un de ses joyaux à une entreprise publique russe », lira-t-on alors dans le journal *Les Échos*[13].

Au niveau européen, le phénomène le plus notable est sans doute la stratégie d'acquisition agressive des oligarques russes dans l'acier (et plus généralement la métallurgie), ainsi que dans les industries minière et énergétique. En quelques années sont acquis successivement les italiens *Lucchini*, *Eurallumina* et *ISAB*, les suisses *Sulzer*, *Oerlikon*, *Schmolz + Bickenbach* et *Duferco*, ou encore le britannique *Oriel Resources*. Ces noms ne nous disent pas grand-chose, mais le poids économique de ces acteurs est bien réel : chacune de ces acquisitions s'est chiffrée en centaines de millions ou en milliards d'euros !

Dans un registre plus géopolitique, la Russie va chercher à se positionner dans la presse européenne. En 2009, première acquisition ambitieuse, avec le journal *France-Soir*, réalisée par la famille Pougatchev, connue pour être alors intime de Vladimir Poutine. Serguei, le père, est surnommé « le banquier du Kremlin ». L'année suivante, quand le quotidien *Le Monde* cherche à se recapitaliser, un autre oligarque russe lié à Poutine tente sa chance, mais cette fois sans succès[14]. À la même époque, un troisième proche du Kremlin, ancien du KGB, met la main, au Royaume-Uni, sur le prestigieux quotidien *The Independent* et le populaire *Evening Standard*[15].

Moscou s'emploie aussi à financer le déploiement aux quatre coins du monde occidental de ses médias Sputnik et RT. Des filiales locales sont installées dans presque tous les pays qui « comptent » pour la Russie. RT a ainsi employé plusieurs centaines de journalistes dans ses bureaux de Paris, Washington, Los Angeles, Miami, Londres ou Tel-Aviv…

Depuis 2014 et les sanctions euro-américaines, le flux d'investissement s'est tari. D'une certaine façon, le conflit ouvert avec la Russie protège pour l'heure nos économies. Les investissements publics sont des armes de guerre économique… pour temps de paix. Il y a fort à parier que, lorsque les relations entre Russes et Européens s'apaiseront, les stratégies de prédation économique reprendront leur cours tranquille et discret.

Les pays du Golfe en quête d'une place

Parmi les États de la péninsule arabique, c'est le Qatar qui s'est le plus intéressé à la France au cours des deux dernières décennies.

Les Qatariens se sont penchés sur quelques-uns de nos savoir-faire spécialisés. Une multinationale publique du pays acquiert, en 2016, le français *GFI Informatique*, expert de l'intégration de systèmes et d'ingénierie informatiques, valorisé plus d'un demi-milliard d'euros. En 2009, une filiale du fonds souverain national avait raflé le spécialiste de l'ingénierie électrique *Cegelec* (valorisé à presque 2 milliards d'euros), au nez et à la barbe d'*Eiffage* et de *Vinci*[16].

Mais les investisseurs publics qatariens se distinguent surtout par leur propension à prendre des participations minoritaires au capital de nos grands champions nationaux,

13 % du capital de *Lagardère*, 11 % d'*Accor*, 5 % de *Vinci*, 5 % de *Veolia*, 3 % de *Suez*, 3 % de *TotalEnergies*, mais aussi *Orange-France Telecom*, *LVMH*, *Airbus* : fonds souverains et multinationales publiques prennent des positions franches, qui se chiffrent généralement en milliards, et qui dépassent largement le niveau visé habituellement par un grand investisseur diversifié (comme le fonds souverain norvégien *GPFG*). Il ne faut pas y voir, *a priori*, de tentative pour récupérer des savoir-faire critiques ou de l'information stratégique. Il s'agirait plutôt, dans l'ensemble, de diplomatie du chéquier... à destination de la cible d'investissement – les injections de capitaux peuvent encourager les cibles à réaliser des projets d'ampleur dans le minuscule État du Golfe –, mais surtout à destination de la France : le Qatar achète sa respectabilité et l'amitié de Paris. Membre permanent du Conseil de sécurité des Nations unies, voix encore un peu écoutée dans le monde arabe... et principal fournisseur de l'émirat en matière d'armement, la France présente un intérêt géopolitique manifeste. À court terme, le risque géostratégique pour la France serait de se sentir, consciemment ou non, l'obligée de cet émirat. À plus long terme, si les prises de participation dans nos grands groupes continuaient à s'accumuler, la France pourrait s'exposer à la menace du désinvestissement massif.

Le Qatar va déployer une stratégie relativement analogue dans le reste de l'Europe occidentale : quelques investissements visant à acquérir des savoir-faire spécifiques – un peu plus qu'en France – dans l'énergie, l'agro-alimentaire, le transport aérien et la logistique principalement, et des investissements minoritaires mi-financiers mi-« diplomatiques »

– moins qu'en France –, citons *Barclays* et *Crédit suisse*, dans le secteur bancaire ; l'espagnol *Iberdrola* et l'allemand *RWE* dans l'énergie.

Les Émirats arabes unis ne font pas, pour leur part, le pari français. Ils vont se contenter de mettre la main de façon opportuniste sur de petits acteurs stratégiques, comme la filiale française du spécialiste de l'information financière *Bureau van Dijk*, ou bien *Eurofos* qui exploite le plus grand terminal à conteneurs de France, ou encore le spécialiste français des télécoms africaines *Atlantique Telecom*.

Une acquisition mérite tout de même le détour : celle du fabricant historique de munition français *Manurhin* par l'émirati *EDIC*[17]. Le groupe français traversait des difficultés financières : son carnet de commandes à l'export était rempli, mais la gouvernance était paralysée par un conflit avec un actionnaire minoritaire slovaque et le groupe n'arrivait plus à financer son activité auprès des banques françaises, privées comme publiques, malgré des résultats financiers excédentaires... Acculé, *Manurhin* est placé en redressement judiciaire. Le belge *New Lachaussée* et l'actionnaire slovaque de *Manurhin* se mettent sur les rangs pour reprendre le groupe, de même que deux PME françaises (malgré l'absence, là aussi, de soutien de nombreuses banques françaises, en raison de l'appartenance de *Manurhin* au secteur de l'armement...). Le groupe public de défense émirati *EDIC* se positionne aussi. Et c'est lui qui va remporter la mise auprès du tribunal de Mulhouse. Le gouvernement n'aura malheureusement pas cherché à faciliter le rapprochement avec les potentiels repreneurs français et européens. Où est passée l'Europe de la défense ? se demande-t-on. « L'ancien ministre de la Défense de François Hollande, Jean-Yves Le Drian, actuellement au Quai d'Orsay, avait eu la volonté de créer une filière de munitions de petit calibre "*Made in France*" à laquelle devait participer *Manurhin*. Ce projet [...] a finalement été abandonné en rase campagne par la nouvelle équipe au pouvoir. Un vrai gâchis à la française », rapportera le spécialiste du secteur de la défense Michel Cabirol. La France « a laissé partir à l'étranger cette entreprise », « elle ne croit plus en son industrie », regrettera, amer, le président du directoire de *Manurhin*. Ironie de l'histoire, c'est le Français Luc Vigneron, ancien PDG de *Thales*, recruté par les Émiratis pour faire passer un cap à leur industrie nationale de la défense, qui aura été à la manœuvre côté *EDIC*... Les représentants syndicaux auront eux aussi soutenu l'offre émiratie : « la plus avantageuse », dira la déléguée CFE-CGC...

Au-delà de ce cas funeste, c'est bien dans le reste de l'Europe que l'offensive des Émirats arabes unis s'est fait le plus intensément sentir. Les investisseurs publics émiratis se sont concentrés sur une poignée de secteurs avec une intensité hors norme. L'immobilier, bien sûr, là aussi, mais surtout l'énergie, les transports aérien et maritime, la santé, l'agro-alimentaire et le digital. Plus des trois quarts de leurs investissements ont ciblé ces seuls secteurs. Dans l'aérien, ils ont raflé, au cours de ces cinq dernières années seulement, l'irlandais *AWAS Aviation* pour 7 milliards de dollars, le suédois *Envirotainer*, le britannique *Reaction Engines*, l'italien *Airport Handling*, les allemands *Bd4travel*, *Tropo* et *Wisskirchen Handling Services*... Compagnies aériennes, loueurs, mainteneurs, logisticiens, fournisseurs de service d'escale : la chaîne de valeur du secteur est ciblée dans ses grandes largeurs. Dans le maritime, l'emblématique britannique *P&O* est lui aussi passé sous pavillon émirati, tout comme le danois *Unifeeder*, les espagnols *Reyser* et *Contarsa Sociedad de Estiba*, d'autre britanniques tels qu'*Imagine Cruising* et *Southampton Container Terminal*… Comme si cela ne suffisait pas pour l'Europe, les investisseurs privés émiratis ont fidèlement suivi les priorités stratégiques d'Abu Dhabi et Dubai, accumulant les acquisitions dans les mêmes secteurs que les investisseurs publics et contribuant, ce faisant, au développement d'écosystèmes nationaux puissants.

L'Arabie saoudite a quant à elle concentré l'essentiel de ses efforts sur deux pays européens: le Royaume-Uni et l'Ukraine. S'agissant de ce dernier, la stratégie saoudienne est des plus claires : les investissements en Ukraine ont représenté une opportunité unique d'acquérir des terres cultivables et des réserves alimentaires. L'acquisition de Mriya Agro réalisée en 2018 par *SALIC*, entreprise publique saoudienne détenue par le fonds souverain du royaume, a permis à elle seule de mettre la main sur 165 000 hectares de terres cultivables.

Les investissements publics du Koweït se sont, eux, concentrés de façon encore plus forte sur deux pays : le Royaume-Uni et la France, et quasiment la moitié d'entre eux sur un seul secteur, la santé.

Et quid des autres États prédateurs ?

La Turquie, c'est bien connu, a accueilli elle-même au cours des dernières décennies de nombreux investissements étrangers, notamment européens. Cible de choix des stratégies de délocalisation, le pays mute aujourd'hui discrètement, en accroissant fortement le niveau de ses investissements à l'étranger : leur montant a triplé sur les dix dernières années.

Comme l'économie turque elle-même, ces IDE sont dominés par une petite poignée de conglomérats familiaux. Des investissements *a priori* privés, mais dont les pilotes sont bien souvent étroitement liés au pouvoir d'Ankara. Ils se concentrent dans les secteurs où le gouvernement cultive une ambition de développement rapide, voire de *leadership* : l'automobile (avec des acquisitions en Allemagne, aux Pays-Bas, mais aussi en France avec *Fragola Industries* en 2018), la construction navale (avec des dizaines d'acquisitions à travers l'Europe dont *Blohm + Voss La Ciotat* en France), ou encore l'électronique et les nouvelles technologies (notamment au Royaume-Uni et en Allemagne).

Du côté de Singapour, si les secteurs maritime et logistique ont été les grandes priorités de l'État actionnaire, les investisseurs publics s'attaquent désormais à l'industrie pharmaceutique et notamment aux technologies les plus prometteuses développées en Europe. *Temasek* a par exemple pris le contrôle en 2022 de *BenevolentAI*, un pionnier européen de l'intelligence artificielle appliquée à la recherche médicale (via le véhicule d'investissement

Odyssey). Le fonds souverain singapourien a également investi dans *Cambridge Epigenetix* et dans *Oxford Nanopore Technologies*, tous deux spécialisés en séquençage génétique, quelques mois seulement après le déclenchement de la crise de la COVID. Il s'est également emparé de l'allemand *Medical Columbus* et est entré au capital de *BioNTech* et d'*ITM Isotope Technologies*. Outre-Rhin toujours, il est aussi devenu le premier actionnaire du groupe *Bayer*… L'autre fonds souverain de Singapour, *GIC*, s'est emparé lui aussi de nombreux acteurs européens parmi lesquels le français *Unither Pharmaceuticals* en mars 2023. La stratégie singapourienne est payante : la cité-État est en train de devenir l'un des principaux hubs stratégiques en matière de recherche médicale, d'essais cliniques et de biotechnologies.

Pour nombre d'autres pays, il est fastidieux et souvent impossible de remonter le fil de leurs IDE à destination de l'Europe. Mais un simple regard posé sur les opérations recensées dans les bases de données internationales – investissements publics et privés mêlés – permet de dégager les grandes lignes des stratégies nationales de conquêtes industrielle et stratégique.

En Corée du Sud, sur les près de trois cents opérations d'investissement identifiées au cours des dix dernières années (ciblant en majorité le Royaume-Uni, l'Allemagne et la France), la moitié ont visé les nouvelles technologies et la santé.

On retrouve une concentration sectorielle relativement similaire parmi les investissements indiens à destination de l'Europe : les nouvelles technologies, la santé et l'automobile regroupent les deux tiers des opérations.

L'Europe est aussi visée par des investissements croissants en provenance d'Afrique du Sud. Ils ciblent pour leur part très largement les éditeurs de logiciels et l'industrie lourde.

Et la part immergée de l'iceberg ?

En fin de compte, le danger pour la France et l'Europe tient davantage à la multiplicité des acquisitions de petite et moyenne envergure qu'à quelques investissements exceptionnels. La valeur stratégique ne se loge pas seulement dans les cathédrales de nos économies : elle est disséminée dans de multiples chapelles, ces entreprises qui produisent des technologies avancées, occupent des places critiques dans des chaînes de valeur, détiennent des informations personnelles sensibles, comme le rappelle même la très libérale OCDE[18].

Déjà inquiétantes, les acquisitions présentées ou dévoilées ici ne représentent qu'une portion des acquisitions réalisées par les États prédateurs. D'abord parce que de nombreux investissements ne peuvent pas être rattachés à leur véritable commanditaire. Ensuite parce qu'une part importante des investissements dans le non-coté ne sont simplement jamais rendus publics ! On peut, par exemple, estimer raisonnablement que seuls 30 % des investissements chinois en Europe sont rendus publics (et souvent uniquement au travers de bases de donnée spécialisées)[19].

Il est légitime de craindre que les plus soigneusement dissimulés ne soient pas les moins inoffensifs...

L'influence étrangère dans l'économie européenne ne saurait par ailleurs se réduire au panorama des opérations de fusions-acquisitions précédemment reconstitué.

Il faudrait encore ajouter les innombrables participations minoritaires dans nos entreprises. Comme observé avec les investissements chinois, ces participations peuvent d'abord constituer une étape vers des prises de contrôle effectives. De surcroît, elles permettent d'accéder à des informations confidentielles et des technologies sensibles ou d'exercer une influence réelle sur la stratégie de l'entreprise ciblée. Cela est d'autant plus le cas lorsque les investisseurs étrangers accumulent des participations minoritaires dans un grand nombre d'entreprises d'un même secteur.

Il faudrait enfin ajouter à ce tableau les investissements *greenfield* et le *venture capital*, qui se popularisent parmi les États prédateurs, et qui restent des univers tellement opaques qu'il est extrêmement complexe de reconstituer l'influence qu'elles confèrent sur les économies européennes.

Des pistes pour un sursaut

Achever la contre-révolution idéologique

Nos élites économiques portent une grande responsabilité dans les dépossessions européennes. Dirigeants d'entreprise, consultants, banquiers en fusions-acquisitions ou avocats d'affaires, ils sont chaque jour en première ligne de la guerre économique. Pas facile pour autant de les sensibiliser aux enjeux de souveraineté et de prospérité collective. Se confiant en 1962 à Alain Peyrefitte, le général de Gaulle, aussi clairvoyant que provocateur, lançait : « [Les] journalistes ont en commun avec la bourgeoisie française d'avoir perdu tout sentiment de fierté nationale. Pour pouvoir continuer à dîner en ville, la bourgeoisie accepterait n'importe quel abaissement de la Nation. Déjà en 40, elle était derrière Pétain, car il lui permettait de continuer à dîner en ville malgré le désastre national[20]. » L'ouverture de l'économie française et européenne est une source de revenus lucrative pour ces élites économiques. À ce compte, il est pour elles bien tentant de verser dans un internationalisme qui lui confère à la fois fortune et bonne conscience.

La classe politique et la haute fonction publique nationales, quant à elles, acceptent le déshonneur du déclassement national sans la compensation du confort financier. Les mesquins diront que cela commence à ressembler à une tradition. C'est pourtant bien d'elles que doit jaillir le sursaut. Le constat documenté des stratégies prédatrices des nouvelles puissances de la mondialisation entend modestement y contribuer. Puisque le fonctionnement du marché demeure vicié par les politiques de puissance des États, nos élites politiques doivent enfin accepter l'idée qu'entraver ses mouvements n'est pas nécessairement immoral ou inefficace. La logique de marché doit rester, chez nous aussi, subordonnée à la logique de l'intérêt national (ou européen).

Mettre fin à l'opacité des investisseurs publics

Face aux États prédateurs, la première réponse doit être l'exigence de transparence sur l'activité des investisseurs publics *(proposition n° 1)*. Les multinationales publiques et surtout les fonds souverains ne peuvent plus continuer à opérer dans l'opacité. L'examen attentif de leurs stratégies d'investissement a révélé des motivations extra-commerciales claires et des comportements activistes, en contradiction complète avec leurs promesses et ce qu'on peut attendre d'eux. Au-delà de ces éléments de preuve factuels, leur dépendance intrinsèque à l'égard de leur État hôte entretient de toute façon un doute permanent sur la nature de leurs motivations. Le seul moyen de rassurer est de révéler l'ensemble des investissements significatifs et durables réalisés par ces acteurs. Rien de loufoque ou d'impossible : le fonds souverain norvégien observe déjà cette discipline.

La France n'est pas en mesure de porter seule cette exigence. Mais elle est en mesure de pousser cette proposition dans les différents organes dans lesquels elle siège (comme le G7 ou le G20). Au FMI – ou même au Conseil de stabilité financière (FSB) – de s'en emparer ensuite. Ce ne serait pour le FMI que reprendre la réflexion qu'il avait amorcée en 2007, lorsque les fonds souverains déployaient leur puissance de feu sur le secteur bancaire occidental. Faudra-t-il attendre la prochaine marée pour réagir ?

Muscler le dispositif de filtrage des investissements étrangers

Le dispositif de filtrage français et le mécanisme européen comportent aussi de dangereuses lacunes. La révolution la plus décisive consisterait, comme nous l'avons vu, à adopter un nouveau critère d'évaluation des investissements étrangers, le « bénéfice net national », sur le modèle de ce qui existe ouvertement au Canada, et de façon plus dissimulée aux États-Unis *(proposition n° 2a)*. Ce nouveau critère permettrait de faire barrage à des investissements qui nuisent objectivement à la prospérité économique nationale, même s'ils ne mettent pas en danger notre ordre public ou notre défense nationale. Corollaire de ce nouveau critère, le périmètre visé devrait cesser d'être sectoriel et traverser l'ensemble des secteurs de l'économie – le caractère stratégique d'un actif se logeant davantage dans des situations que dans des secteurs *(proposition n° 2b)*.

D'autres ajustements de nos dispositifs seraient également opportuns, mais ne présentent pas de caractère aussi sensible et transformatif : abaissement du seuil de déclenchement du dispositif pour inclure les prises de participation minoritaire donnant toutefois accès à de l'information stratégique ou technique ou à une forme d'influence substantielle sur les décisions opérationnelles *(proposition n° 2c)*, exigence de notification des opérations sur un périmètre élargi pour anticiper les nouvelles menaces *(proposition n° 2d)*, inclusion des opérations dites « *greenfield* » actuellement hors radar *(proposition n° 2e).*

La question du cadre politique le plus efficace et le plus légitime pour porter un tel dispositif se pose, bien sûr. L'Europe devrait-elle assumer ce rôle ? Elle aurait assurément davantage de moyens et d'autorité à porter une telle révolution. Mais, en l'état actuel des positions des États membres, il n'y a aucune chance qu'un tel dispositif soit mis en place à l'échelle communautaire.

Ajoutons, peut-être, dans une perspective franco-française, que, si l'ouverture du continent européen aux pays extra-européens apparaît dangereuse, l'ouverture du marché français à l'Europe, pose également des questions. L'Union européenne et ses États membres ne s'affirment pas comme un ensemble uni, aux intérêts communs. La compétition entre États membres existe bel et bien, comme le rappellent les affaires d'espionnage impliquant les services de renseignement allemands. Le BND, agence de renseignement allemande, a espionné la France pour le compte de la NSA, par l'intermédiaire du groupe de télécommunications national *Deutsche Telekom*[21]. Comment ne pas penser, en ce sens, que les investissements européens dans les secteurs stratégiques français sont également des menaces potentielles ? Il faut regarder la réalité en face, sans europhobie, mais avec réalisme.

Créer un fonds souverain d'indépendance stratégique

Nos dépendances stratégiques à l'égard des grandes puissances rivales nous sont apparues de façon crue au cours des dernières années (énergie, métaux rares, semi-conducteurs, *cloud*...). Nos errements industriels n'y sont pas pour rien, les investisseurs publics étrangers non plus. Ces dépendances sont amenées à se transformer aussi rapidement que nos économies et que le développement technologique... peut-être aussi à se multiplier. Faire entrave aux prédations ne suffit pas. Il faut se donner les moyens d'accélérer les développements industriels et commerciaux de nos projets les plus stratégiques, mais aussi d'aller capter à l'international les actifs qui pourraient contribuer à notre indépendance.

À cette fin, la création d'un fonds souverain dédié apparaît particulièrement opportune *(proposition n° 3a)*. Il existe bien sûr déjà *Bpifrance*... Mais le mandat généraliste de cette institution autant que sa pratique d'investissement à tout le moins « diversifiée » ne permettent pas en l'état de mener à bien cette mission. Pour financer ce fonds souverain, la France ne peut bien sûr pas compter sur ses excédents commerciaux ou budgétaires, ni sur une rente énergétique. Mais elle dispose d'un atout sous-exploité : l'épargne des Français. Elle est abondante – elle s'est même fortement accrue durant la crise de la COVID –, bien qu'elle demeure placée pour l'essentiel en produits financiers liquides, en produits obligataires ou dans l'immobilier. Le fonds souverain d'indépendance stratégique pourrait ainsi faire appel à cette épargne via les réseaux bancaires traditionnels. Lever 100 milliards d'euros par ce biais ne serait pas irréalisable, et pourrait avoir un véritable impact pour notre indépendance stratégique, autre nom de notre liberté collective.

Plus hypothétique, un fonds analogue à l'échelle européenne permettrait de jouir de moyens plus importants, même s'il devrait, naturellement, se concentrer sur les enjeux européens communs – tels que le contrôle de nos infrastructures critiques *(proposition n° 3b).*

Créer un ministère de la Souveraineté

Dans la défense de nos intérêts souverains, le gouvernement français et le président Macron ont fait un pas symbolique en renommant le ministère de l'Économie : « Ministère de l'Économie, des Finances et de la Souveraineté industrielle et numérique ». Une avancée bienvenue, tant les dépendances économiques constituent des enjeux stratégiques majeurs.

Mais le défi actuel en matière de souveraineté dépasse le seul périmètre de Bercy : il transcende les logiques des portefeuilles ministériels (Économie, Défense, Agriculture, Affaires étrangères…). Les nouvelles menaces contre la sécurité nationale, les transferts technologiques, la définition d'une juste subsidiarité avec l'Union européenne, ou encore la préservation de capacités autochtones de recherche méritent d'être pris à bras-le-corps à partir d'une perspective unifiée.

Directement placé sous l'autorité de Matignon, le nouveau ministère rassemblerait les capacités de veille stratégique et de prospective de l'État (*proposition n° 4*). Il aurait l'objectif d'évaluer les menaces pesant sur notre indépendance stratégique et d'élaborer les leviers de notre capacité d'influence. Il serait, à cet égard, un bras analytique au service des autres ministères, autant qu'un « gendarme », lorsque ceux-ci mettraient en péril les enjeux de souveraineté nationale. Il pourrait, notamment, héberger le nouveau dispositif de filtrage des investissements étrangers. Point de contact privilégié entre le gouvernement, les services de renseignement et le secteur privé, le ministère serait, bien sûr, force de proposition législative.

Enfin, à l'aune des prédations croissantes dans notre économie, deux pistes de réflexion plus globales doivent être rouvertes.

La libéralisation du marché du travail, d'abord, dont les insuffisances actuelles sont à l'origine d'une partie importante des acquisitions étrangères. Trop d'entreprises demeurent prises à la gorge par une masse salariale en décalage complet avec les transformations de leur marché ou de leur carnet de commandes. Le résultat est souvent le même : un investisseur étranger dépose une offre non refusable de rachat. Après quelques années, en dépit de vagues engagements de maintien de l'activité, il n'est pas rare de voir l'entreprise délocaliser ses opérations ou fermer ses portes. Entre-temps, le savoir-faire, les technologies, les meilleures ressources ou encore le réseau de partenaires et de clients ont pu être absorbés par l'investisseur étranger.

À moyen terme, c'est notre modèle entier d'importation qu'il faut avoir le courage de remettre en cause. Car voilà bien là la source qui remplit les poches des États prédateurs.

*

Le défi qui nous est posé par les États prédateurs est une chance. Il nous offre l'opportunité de briser un certain nombre de tabous, à commencer par le droit de protéger nos intérêts en entravant le marché libre. C'est là un enjeu décisif dans la compétition internationale : pas seulement pour nous prémunir des menaces venues des puissances en développement, mais aussi pour assumer, enfin, des rapports de force plus francs et plus virils avec les États-Unis, éternel allié, éternel rival.

En France comme en Europe, la révolution idéologique est enfin en marche*. Jacques Attali lui-même, si véhément depuis quarante ans contre les replis protectionnistes, finit par déplorer, en septembre 2023, que l'Europe soit « une passoire aux investissements étrangers[22] » (*sic*).

Pourtant, la bataille n'est pas gagnée. Nous ne pouvons pas nous satisfaire de mots. Les États prédateurs sont à l'affût; il faut agir vite : l'essentiel du danger est devant nous.

Ma génération sera-t-elle à la hauteur ? Saura-t-elle tirer les leçons des aveuglements de ses pères ? Des questionnements, des états d'âme, nous en avons. Nous cherchons un « sens au travail » et sommes de plus en plus nombreux à vouloir servir un monde et une économie

* Dans le monde économique, des voix lucides et courageuses se font enfin entendre. Citons l'excellent ouvrage *Quelle économie politique pour la France ?*, écrit par le président du groupe bancaire Edmond de Rothschild, Yves Perrier, avec François Ewald.

« durables ». Louable. Mais sera-t-il encore possible d'inspirer au monde un nouveau rapport à l'économie et à la planète dans une Europe déclassée et vassalisée ? Rien n'est moins sûr. Albert Camus, dans son discours de réception du prix Nobel de littérature en décembre 1957, disait : « Chaque génération, sans doute, se croit vouée à refaire le monde. La mienne sait pourtant qu'elle ne le refera pas. Mais sa tâche est peut-être plus grande. Elle consiste à empêcher que le monde se défasse. » Empêcher que la France et l'Europe ne se défassent : ne serait-ce pas là une belle ambition pour ma génération ?

***

Remerciements

Je veux dire ma tendre reconnaissance à ma femme, Cécile, qui m'a soutenu à chaque instant de l'écriture de ce livre.

Je remercie William, Tanguy, Julien, Abraham, Claire et Jean pour leur relecture amicale et profonde du manuscrit, mes éditeurs Thomas, Louise et Maxime pour leur confiance, leurs conseils précieux et leur soutien moral. Et la lumière sacrée de Jérusalem pour m'avoir porté dans les derniers mois d'écriture.

Bibliographie

Abraham-Frois, G. et Desaigues, B., « Du “consensus de Washington” au “consensus Stiglitzien” », *Revue d'économie politique*, vol. 113, n° 1, 2003

Allizard, P., *et al.*, *La France peut-elle contribuer au réveil européen dans un XXIe siècle chinois ?*, Rapport d'information, Commission des affaires étrangères, de la défense et des forces armées du Sénat, 22 septembre 2021

Alon, I., Bahoo, S. et Patrinieri, A., « Sovereign Wealth Funds: Past, Present and Future », *International Review of Financial Analysis*, vol. 67, 2020

Armendariz de Aghion, B. & Morduch, J., *The Economics of Microfinance*, MIT Press, 2005

Atlas, J., « What is Fukuyama Saying? And to Whom is He saying It? », *The New York Times*, 22 octobre 1989

Attali, J., *Millenium: Winners and Losers in the Coming World Order*, Times Books, 1993

Audinet, M., *Russia Today (RT). Un média d'influence au service de l'État russe*, INA, 2021

Avendano, R. & Santiso, J., « Are Sovereign Wealth Funds Politically Biased? A Comparison With Other Institutional Investors », *in* B. Narjess et C. Jean-Claude (dir.),

Institutional Investors in Global Capital Markets, Bradford, UK, Emerald Group Publishing, p. 313–353, 2011

Avendano, R. & Santiso, J., *Are Sovereign Wealth Funds' Investments Politically Biased? A Comparison With Mutual Funds*, OECD Development Centre, 2009

Babic, M., Garcia-Bernardo, J. et Heemskerk, E.M., « The Rise of Transnational State Capital: State-Led Foreign Investment in the 21st Century », *Review of International Political Economy*, vol. 27, n° 3, p. 433-475, 2020

Balding, C., « A Portfolio Analysis of Sovereign Wealth Funds », Working Paper, University of California-Irvine, 2008

—, « Qui a peur des fonds souverains ? », *Revue d'économie financière*, hors-série, p. 215-227, 2009

La Banque mondiale, *Bureaucrats in Business, The Economics and Politics of Government Ownership*, Oxford University Press, 1995

—, *Energy Imports*, accessible ici : https://data.worldbank.org/indicator/EG.IMP.CONS.ZS?locations=CN, 2022

—, *Tariff rate, applied, simple mean, all products (%)*, 2020

Barbary, V. & Bortolotti, B., « Sovereign Wealth Funds and Political Risk: New Challenges in the Regulation of Foreign Investment », *Regulation of Foreign Investment*, p. 307-339, 2013

Bass, E. & Chakrabarty, S., « Resource Security: Competition for Global Resources, Strategic Intent, and Governments as Owners », *Journal of International Business Studies*, vol. 45, n° 8, *Special Issue: Governments as Owners: Globalizing State-Owned Enterprises*, p. 961-979, 2014

BCG & Universita Bocconi (SIL Sovereign Investment Lab), *The Rise of Collaborative Investing: Sovereign Wealth Funds' New Strategies in Private Markets*, 2019

Bertin Delacour, C., *Les Fonds souverains, ces nouveaux acteurs de l'économie mondiale*, Eyrolles – Les Échos Éditions, 2009

Bird-Pollan, J., *The Unjustified Subsidy: Sovereign Wealth Funds and The Foreign Sovereign Tax Exemption*, 17 Fordham J. Corp. Fin. L. 987, 2012

Bismuth, R., « The "Santiago Principles" for Sovereign Wealth Funds: The Shortcomings and the Futility of Self-Regulation », *European Business Law Review*, 28, p. 69-88, 2017

Blanchard, O., Faruqee, H. et Klyuev, V., « IMF Survey: Did Foreign Reserves Help Weather the Crisis? », IMF Research Department, imf.org, 8 octobre 2009

Bortolotti, B., Fotak, V., Megginson, W. & Miracky, W., « The Sovereign Wealth Fund Discount: Evidence from Public Equity Investments », *The Review of Financial Studies*, vol. 28, n° 11, p. 2993–3035, 2015

Boubakri, N., Cosset, J.-C. & Grira, J., « Sovereign Wealth Funds Targets Selection: A Comparison With Pension Funds », *Journal of International Financial Markets, Institutions & Money*, 42, p. 60-76, 2016

Boycko M., Shleifer, A. & Vishny R., « A Theory of Privatization », *Economic Journal*, vol. 106, n° 435, 1996

BP, *Statistical Review of World Energy*, 2022, 71e édition, 2022

Bruton, G.D., Peng, M.W., Ahlstrom, D., Stan, C. et Xu, K., « State-Owned Enterprises Around the World as Hybrid Organizations », *Academy of Management Perspectives*, vol. 29, n° 1, 2015

Business France, Bilan 2018 des investissements internationaux en France de Business France, 2018

—, Bilan 2020 des investissements internationaux en France de Business France, 2020

Cahen, F.R., « Internationalization of State-Owned Enterprises Through Foreign Direct Investment », *Revista de Administração de Empresas*, vol. 55, n° 6, 2015

Cannizzaro, A.P. & Weiner, R.J., « State Ownership and Transparency in Foreign Direct Investment », *Journal of International Business Studies*, vol. 49, 2018

Carayon, B., *Intelligence économique, compétitivité et cohésion sociale*, rapport au Premier ministre, Documentation française, 2003

Casas-Zamora, K., « Notes on Costa Rica's Switch from Taipei to Beijing », *Brookings*, 6 novembre 2009

Cerny, P.G., « Paradoxes of the Competition State: The Dynamics of Political Globalization », *Government and Opposition*, vol. 32, n° 2, p. 251-274, 1997

Chalamish, E., « Global Investment Regulation and Sovereign Funds », *Theoretical Inquiries in Law*, vol. 13, n° 2, 2012

Chang, H.J., *Joseph Stiglitz and the World Bank: The Rebel Within*, Anthem Press, 2001

—, *Kicking Away the Ladder: Development Strategy in Historical Perspective*, Londres, Anthem Press, 2002

—, « State-Owned Enterprise Reform », Stratégies de développement national, notes d'orientation, Département des affaires économiques et sociales des Nations unies (DEASNU), New York, 2007

Charteris-Black, J., *Politicians and Rhetoric: the Persuasive Power of Metaphor*, Palgrave Macmillan, 2011

Chefitz, G. & Parker, S., *Debtbook Diplomacy*, Harvard Kennedy School, 2018

Choudhury, P. & Khanna, T., « Toward Resource Independence – Why State-Owned Entities Become Multinationals: An Empirical Study of India's Public R&D Laboratories », *Journal of International Business*

Studies, vol. 45, n° 8, *Special Issue: Governments as Owners: Globalizing State-Owned Enterprises*, 2014

Clifton, J., Comín, F., & Díaz-Fuentes, D., « From National Monopoly to Multinational Corporation: How Regulation Shaped the Road Towards Telecommunications Internationalization », *Business History*, vol. 53, n° 5, p. 761-781, 2011

Cohen-Tanugi, L., *Une stratégie européenne pour la mondialisation*, rapport en vue de la présidence française du Conseil de l'UE, 2008

Collin, V. & Cosmao, K., *Investissements directs étrangers : l'Union européenne se dote d'un mécanisme de filtrage*, Squire Patton Boggs, La Revue, 2019

Commission européenne (CE), *Commission Staff Working Document accompanying the document: Proposal for a Regulation of the European Parliament and of the Council establishing a framework for screening of foreign direct investments into the European Union*, document de travail des services de la Commission, 2017

—, *Commission Staff Working Document on Foreign direct investment in the EU following up on the Commission communication 'Welcoming Foreign Direct Investment while Protecting Essential Interests' of 13 September 2017*, document de travail des services de la Commission, 13 mars 2019

—, *Report from the Commission to the European Parliament and the Council, Third Annual Report on the screening of foreign direct investments into the Union*, 19 octobre 2023

—, *Communication de la Commission au Parlement européen, au Conseil, au Comité économique et social européen et au Comité des régions. Résilience des matières premières critiques : la voie à suivre pour un renforcement de la sécurité et de la durabilité*, 3 septembre 2020

Conseil d'État (CdE), *Protection des intérêts stratégiques dans les entreprises*, Fiche 20, Famille « Législation et réglementation économiques », 2021

Conti, D.B., *President Reagan's Trade Rhetoric: Lessons for the 1990s*, Presidential Studies Quarterly 25 (1), 1995

Cour des comptes (CC), *La Gestion des participations financières de l'État durant la crise sanitaire*, rapport public thématique, 2022

—, *L'État actionnaire*, rapport public thématique, 2017

—, *La Stratégie internationale d'EDF*, rapport particulier, 2015

—, *L'Activité internationale d'EDF*, rapport particulier, 2002

Cuervo-Cazurra, A., Grosman, A. & Megginson, W.L., « Review of the Internationalization of State-Owned Firms and Sovereign Wealth Funds: Governments' Nonbusiness Objectives and Discreet Power », *Journal of International Business Studies*, 2022

Cuervo-Cazurra, A., Inkpen, A., Musacchio, A., & Ramaswamy. K., « Governments as Owners: State-Owned Multinational Companies », *Journal of International Business Studies*, vol. 45, n° 8, 2014

Cuervo-Cazurra, A. et Li, C., « State Ownership and Internationalization: The Advantage and Disadvantage of Stateness », *Journal of World Business*, vol. 56, n° 1, 2020

Cui, L. & Jiang, F., « State Ownership Effect on Firms' FDI Ownership Decisions Under Institutional Pressure: A Study of Chinese Outward-Investing Firms », *Journal of International Business Studies*, vol. 43, n° 3, p. 264-284, 2012

Dau, L., « Pro-Market Reforms and Developing Country Multinational Corporations », *Global Strategy Journal*, vol. 2, n° 3, p. 262-276, 2012

De Bellis, M., « Global Standards for Sovereign Wealth Funds: The Quest for Transparency », *Asian Journal of International Law*, 349, 2011

Décret n° 2014-479 du 14 mai 2014 relatif aux investissements étrangers soumis à autorisation préalable, *JORF* n° 0112 du 15 mai 2014, page 8062, texte n° 11, 2014

Décret n° 2018-1057 du 29 novembre 2018 relatif aux investissements étrangers soumis à autorisation préalable, *JORF* n° 0278 du 1er décembre 2018, texte n° 11, 2018

Décret n° 2019-1590 du 31 décembre 2019 relatif aux investissements étrangers en France, *JORF* n° 0001 du 1er janvier 2020, texte n° 35, 2020

Décret n° 2005-1739 du 30 décembre 2005 – art. 1 *JORF* 31 décembre 2005 rectificatif *JORF* 4 janvier 2006, 2006

Del Bo, C.D., Ferraris, M. & Florio, M., « Governments in The Market for Corporate Control: Evidence from M&A Deals Involving State-Owned Enterprises », *Journal of Comparative Economics*, vol. 45, n° 1, p. 89-109, 2017

De Medeiros, C.A. & Trebat, N.M., « Transforming Natural Resources into Industrial Advantage: The Case of China's Rare Earths Industry », *Brazilian Journal of Political Economy*, vol. 37, n° 3 (148), 2017

Demers, J.C., *China's non-traditional espionage against the United States: the threat and potential policy responses*, Hearing before the Committee on the Judiciary United States Senate, 2018

Dewenter, K.L., Han, X. & Malatesta, P.H., « Firm Value and Sovereign Wealth Fund Investments », *Journal of Financial Economics*, vol. 98, p. 256–278, 2010

Dieleman, M. & Rodrigues, S.B., « The Internationalization Paradox: Untangling Dependence in Multinational State Hybrids », *Journal of World Business*, vol. 53, n° 1, 2017

Drezner, D.W., « Sovereign Wealth Funds and The (In) Security of Global Finance », *Journal of International Affairs*, vol. 62, nº 1, p. 115–130, 2008a

—, *The Foreign Policy Implications of Sovereign Wealth Funds*, Senate Foreign Relations Committee, 11 juin 2008, 2008b

—, *The Sanctions Paradox: Economic Statecraft and International Relations*, Cambridge, Cambridge University Press, 1999

Duan, F., Li, Q., Liu, B.Y. & & Fan, Y., « Energy Investment Risk Assessment for Nations Along China's Belt & Road Initiative », *Journal of Cleaner Production*, 170, p. 535-547, 2018

Duchatel, M., « *The Weak Links in China's Drive for Semiconductors* », note d'action, Institut Montaigne, 2021

Dupeyrat, P., *Sécurité économique et souverainetés industrielles*, PUF, 2020

Dyck, A.I.J. & Morse, A., « Sovereign Wealth Fund Portfolios », note de travail, Chicago Booth School of Business, 2011

École de guerre économique, *La stratégie maritime de Singapour*, 2017

El Karoui, H., *La Fabrique de l'islamisme*, Institut Montaigne, 2018

Fleischer, V., « Should We Tax Sovereign Wealth Funds? », *Yale Law Journal*, vol. 118, pocket part. 93, 2008

Forbes, *Global 500*, disponible ici : https://fortune.com/global500/, 2021

Foreign Policy, *Mining the future. How China is Set to Dominate the Next Industrial Revolution*, FP Analytics, special report, 1er mai 2019

Foucault, M., *Naissance de la biopolitique (1978-1979)*, Paris, EHESS, Gallimard, Le Seuil, coll. « Hautes études », 2004

Friedrichs, J., « The Meaning of New Medievalism », *European Journal of International Relations*, vol. 7, nº 4, 2001

Fukuyama, F., « The end of history? », *The National Interest*, n° 16, 1989

Galkin, P., Chen, D. & Ke, J., *China's Energy Investment through the Lens of the Belt and Road Initiative*, KAPSARC, 2019

Gelpern, A., Horn, S., Morris, S., Parks, B. & Trebesch, C., *How China Lends: A Rare Look into 100 Debt Contracts with Foreign Governments*, AidData at William & Mary, the Kiel Institute for the World Economy, and the Peterson Institute for International Economics, 2021

Giscard d'Estaing, V., Kissinger, H. et Nakasone, Y., « Les relations est-ouest », *Commentaire*, vol. 3, n° 47, 1989

Global SWF, *2021 Annual Report, State-Owned Investors in a Post-pandemic Age*, 2021

—, *2022 Annual Report, State-Owned Investors 3.0*, 2022

—, *2022 GSR Scoreboard*, 2022

Globerman, S. & Shapiro, D., « Economic and Strategic Considerations Surrounding Chinese FDI in the United States », *Asia Pacific Journal of Management*, vol. 26, n° 1, p. 163-183, 2009

Gong, Y. & Choi, S.U., « State Ownership and Accounting Quality: Evidence from State-Owned Enterprises in China », *Sustainability*, 2021

Götz, M. & Jankowska, B., « Internationalization by State-Owned Enterprises (SOEs) and Sovereign Wealth Funds (SWFs) after the 2008 Crisis. Looking for Generalizations », *International Journal of Management and Economics*, vol. 50, n° 1, 2016

Guéhenno, J.M., *La Fin de la démocratie*, Flammarion, 1993

Guilhaudis, J.F. & Fontanel, J., « Les "terres rares" et autres matériaux critiques et stratégiques, au cœur des conflits de demain ? », *Paix et sécurité européenne et internationale*, 2021

Harms, P. & Méon, P.G., « Good and Useless FDI: The Growth Effects of Greenfield Investment and Mergers and Acquisitions », *Review of International Economics*, p. 37-59, 2018

Hatton, K. & Pistor, K., « Maximizing Autonomy in the Shadow of Great Powers: the Political Economy of Sovereign Wealth Funds », *Columbia Journal of Transnational Law*, 2011

Heurtebize, F., « Exceptionnalisme et impérialisme dans le discours de politique étrangère américain des années Clinton », *Revue Lisa*, vol. V, n° 3 , 2007

Humphries, M., *Rare Earth Elements: The Global Supply Chain*, Washington, Congressional Research Service, 2013

IE Center for the Governance of Change, *Sovereign Wealth Funds 2018*, Capapé, J. (éd.), 2018

—, « Changes and challenges accelerated by the COVID-19 Pandemic », *Sovereign Wealth Funds 2021*, Capapé, J. (éd.), 2021

IEA, *World Energy Outlook 2021*, 2021

IFSWF, *Continuity in the Face of Upheaval: IFSWF Annual Review 2020*, 2021

International Monetary Fund (IMF), *Fiscal monitor, Policies to support people during the COVID-19 Pandemic, Chapter 3: State-Owned Enterprises: The Other Government*, Washington, 2020

International Monetary Fund, International Monetary and Financial Committee, *Déclaration de Son Excellence Sultan Ben Nasser Al-Suwaidi, gouverneur de la Banque centrale des Émirats arabes unis, au nom de Bahreïn, de l'Égypte, de l'Irak, de la Jordanie, du Koweït, du Liban, de la Libye, des Maldives, d'Oman, du Qatar, de la Syrie, des Émirats arabes unis et du Yémen*, 7e réunion, 12 avril 2008

International Working Group of Sovereign Wealth Funds, *Sovereign Wealth Funds: Generally Accepted Principles and Practices – « Santiago Principles »*, 2008

Jiang, K., Keller, W., Qiu, L.D. & Ridley, W., *International Joint Ventures and Internal vs. External Technology Transfer: Evidence from China*, NBER Working paper series, National Bureau of Economic Research, 2018

Junghans, P., « Les fonds souverains, agents d'une vision patrimoniale de la mondialisation », *Géoéconomie*, vol. 4, n° 47, 2008

Kamiński, T., *Political Players? Sovereign Wealth Funds' Investments in Central and Eastern Europe*, Wydawnictwo Uniwersytetu Łódzkiego, 2017b

—, « Sovereign Wealth Fund Investments in Europe as an Instrument of Chinese Energy Policy », *Energy Policy*, 101, p. 733-739, 2017a

Kaplan, R.D., « The Coming Anarchy », *The Atlantic Monthly*, vol. 273, n° 2, 1994

Kim, W., « Korea Investment Corporation: Its Origin and Evolution », *Journal of the Asia Pacific Economy*, vol. 17, n° 2, 2012

Kirshner, J., *Currencies and Coercion*, Princeton, Princeton University Press, 1995

Klein, M., « *Energy Taxation in the 21st Century* », *Oxford Energy Forum*, n° 40, 1999

Klein, N., « A Fete for the End of the End of History », *The Nation*, 1er mars 2001

Knill, A., Lee, B.-S. & Mauck, N., « Bilateral Political Relations and Sovereign Wealth Fund Investment », *Journal of Corporate Finance*, 18, p. 108–123, 2012

Korteweg, R. *et al.*, *Sino-European joint ventures and the risk of technology transfers*, Clingendael & Datenna, 2022

Kotter, J. & Lel, U., « Friends or Foes? Target Selection Decisions of Sovereign Wealth Funds and Their Consequences », *Journal of Financial Economics*, 101, p. 360–381, 2011

Kratsas, G. & Truby, J., « Regulating Sovereign Wealth Funds to Avoid Investment Protectionism », *Journal of Financial Regulation*, 95, 2015

Kroeber, A., *China's global currency: lever for financial reform*, Brookings-Tsinghua Center for Public Policy, Monograph Series Number 3, 2013

Lambert, J. & Martin, P., *Les Investissements extracommunautaires et le contrôle des intérêts stratégiques européens*, rapport d'information n° 1602 de l'Assemblée nationale, 4 décembre 2013

Lee, J. & Kleinhans, J.P., *Mapping China's semiconductor ecosystem in global context: Strategic Dimensions and Conclusions*, MERICS, 2021

Levesque, G. & Stokes, M., *Blurred lines: military-civil fusion and the 'going-out' of the Chinese defense industry*, Pointe Bello, 2016

Li, J., Newenham-Kahindi, A., Shapiro, D.M. & Chen, V.Z., « The Two-Tier Bargaining Model Revisited: Theory and Evidence from China's Natural Resource Investments in Africa », *Global Strategy Journal*, vol. 3, n° 4, p. 300-321, 2013

Lin, Y. Qin, Y. et Xie, Z., « International Technology Transfer and Domestic Innovation: Evidence from the High-Speed Rail Sector in China », CEP Discussion Paper n° 1393, London School of Economics, 2015

Lopez-Aymes, J.F., « Automobile, Information and Communication Technology and Space Industries as Icons of South Korean Economic Nationalism », *Pacific Focus*, vol. XXV, n°2, 2010

Luo, L., Qi, Z., & Hubbard, P., « Not Looking for Trouble: Understanding Large-Scale Chinese Overseas Investment by Sector and Ownership », *China Economic Review*, 46, p. 142-164, 2017

Luo, Y., Xue, Q. & Han, B., « How Emerging Market Governments Promote Outward FDI: Experience from China », *Journal of World Business*, vol. 45, n° 1, 2010

Mancheri, N., Sundaresan, L., Chandrashekar, S., *Dominating the Word: China and the Rare Earth Industry*, Bangalore, National Institute of Advanced Studies, 2013

Markheim, D., *Sovereign Wealth Funds and U.S. National Security*, The Heritage Foundation, 6 mars 2008

Marleix, O. & Kasbarian, G., *Commission d'enquête chargée d'examiner les décisions de l'État en matière de politique industrielle, au regard des fusions d'entreprises intervenues récemment, notamment dans les cas d'Alstom, d'Alcatel et de STX ainsi que les moyens susceptibles de protéger nos fleurons industriels dans un contexte commercial mondialisé*, Assemblée nationale, Avis 897, 2018

Mathews, J.T., «Power Shift », *Foreign Affairs*, vol. 76, n° 1, 1997

Mazzucchi, N., « La Chine et les réseaux électriques européens : stratégie et enjeux géoéconomiques », Fondation pour la recherche stratégique, note n° 16/18, 2018

McConnell, J.M., *Annual Threat Assessment of the Intelligence Community for the House Permanent Select Committee on Intelligence*, 7 février 2008

McKinsey, *Private Markets Rally to New Heights, McKinsey Global Private Markets Review 2022*, 2022

Mearsheimer, J., *The Tragedy of Great Power Politics*, W.W. Norton & Company, 2001

Megginson, W.L. *The Financial Economics of Privatization*, Oxford University Press, 2005

Megginson, W.L., «State Capitalism and State Ownership of Business in the 21st Century », *Foundations and Trends in Finance*, vol. 11, n° 1-2, 2017

Megginson,W.L., You, M. & Han, L., «Determinants of Sovereign Wealth Fund Cross-Border Investments », *Financial Review*, 48, p. 539-572, 2013

Mehrpouya, A., « Instituting a Transnational Accountability Regime: The Case of Sovereign Wealth Funds and "GAPP" », *Accounting, Organizations and Society*, vol. 44, p. 15-36, 2015

Mergermarket, *Deals* search, 2022

MERICS, *Chinese FDI in Europe: 2018 trends and impact of new screening policies*, rapport du Rhodium Group (RHG) et de Mercator Institute for China Studies (MERICS), 2019

—, *Chinese FDI in Europe: 2021 Update*, rapport de Rhodium Group (RHG) et de Mercator Institute for China Studies (MERICS), 2022

Michel, L., et Su, Z., « Analyse critique de la mondialisation, tendances et doctrines », *Études internationales*, vol. 29, n° 4, 1998

Minc, A., *La Mondialisation heureuse*, Plon, 1997

—, *Le Nouveau Moyen Âge*, Gallimard, 1993

—, *Www.capitalisme.fr*, Grasset, 2000

Ministère de l'Économie, des Finances et de la Relance, *Les Entreprises publiques, une espèce en voie de disparition ?*, portail Faciléco, Dossiers, 2020

Montambault Trudelle, A., « The Public Investment Fund and Salman's State: the Political Drivers of Sovereign Wealth Management in Saudi Arabia », *Review of International Political Economy*, 2022

Moran, T.H. & Oldenski, L., *Foreign Direct Investment in the United States: Benefits, Suspicious, and Risks with*

Special Attention to FDI from China, Peterson Institute for International Economics, 2013

Murray, D., *Negotiating a Voluntary Code: The Role of State Capital in the New Financial Order*, 151, Imperial College Press, 2011

Murtinu, S. & Scalera, V.G., « Sovereign Wealth Funds' Internationalization Strategies: The Use of Investment Vehicles », *Journal of International Management*, vol. 22, n° 3, p. 249-264, 2016

Natural Resource Governance Institute, *The National Oil Company Database*, 2019

Nee, O.D., *Shareholder agreements and joint ventures in China*, Business Laws of China, 2016

Norton, J.J., « The "Santiago Principles" for Sovereign Wealth Funds: A Case Study on International Financial Stand-Setting Processes », *Journal of International Economic Law*, 645, 2010

OCDE, « Acquisition- and Ownership-Related Policies to Safeguard Essential Security Interests: Current and Emerging Trends, Observed Designs, and Policy Practice in 62 Economies », note de recherche du Secrétariat général, OCDE, 2020

—, *Business and Finance Outlook*, Chapter 3: The Internationalization of State-Owned Enterprises, 2017a

—, *Code de l'OCDE de la libération des mouvements de capitaux*, OCDE, 2021

—, *Current trends in investment policies related to national security and public order*, OCDE, 2018

—, *Guidelines for Recipient Country Investment Policies relating to National Security*, OCDE, 2009

—, *Security-related terms in international investment law and in national security strategies*, OCDE, 2009b

—, *State-Owned Enterprises as Global Competitors: A challenge or an Opportunity?*, OECD Publishing, Paris, 2016

—, *The Size and Sectoral Distribution of State-Owned Enterprises*, OECD Publishing, 2017b

—, *Protection of "critical infrastructure" and the role of investment policies relating to national security*, 2008

—, *Sovereign Wealth Funds and Recipient Countries – Working Together to Maintain and Expand Freedom of Investment*, 2008

Ohmae, K., *The End of the Nation-State: the Rise of Regional Economies*, Simon and Schuster Inc., 1995

Otero-Iglesias, M. & Weissenegger, M., « Motivations, Security Threats and Geopolitical Implications of Chinese Investment in the EU Energy Sector: the Case of CDP Reti », *European Journal of International Relations*, vol. 26, n° 2, 2020

Paltrinieri, A., Pichler, F. & Miani, S., « Sovereign Wealth Funds: A Case Study of Korea Investment Corporation », *Journal of Business and Economics*, vol. 5, n° 9, 2014

Park, D. & Estrada G.E., « Developing Asia's Sovereign Wealth Funds: The Santiago Principles and the Case for Self Regulation », *Asian Journal of International Law*, 2011

Paul, J.M., « The Role of Energy Security in China's Foreign Policy: A Maritime Perspective », *Maritime Affairs Journal of the National Maritime Foundation of India*, vol. 6, n° 2, p. 49-71, 2010

Pèlegrin, C. & Marciot, H., *La Chine aux portes du réseau électrique européen*, Groupe d'études géopolitiques, janvier 2021

Perrier, Y. & Ewald, F., *Quelle économie politique pour la France ? Pour un nouveau pacte État-entreprises-citoyens*, L'Observatoire, 2023

Peyrefitte, A., *C'était de Gaulle*, Éditions de Fallois/Fayard, 1994

Pitron, G., *La Guerre des métaux rares. La face cachée de la transition énergétique et numérique*, Les liens qui libèrent, 2019

Power, E., *The Wool Trade in English Medieval History*, Oxford, Oxford University Press, 1955

Preqin, *2022 Preqin Global Hedge Fund Report*, 2022a

—, *2022 Preqin Global Private Equity Report*, 2022b

—, *Sovereign Wealth Funds in Motion*, 2021

PwC, *Asset and Wealth Management Revolution: The Power to Shape the Future*, 2020

—, *Sovereign Investment Funds: Tax considerations for Global Investors*, décembre 2012

Redding, K.S., Xie, E. et Tang, Q., « Institutionalization to Internationalization: The Transformation Dynamics and Outward Foreign Direct Investment of State-Owned Enterprises », *International Journal of Public Sector Management*, vol. 31, n° 2, 2018

Reddy, K.S., Xie, E. & Huang Y., « Cross-Border Acquisitions by State-Owned and Private Enterprises: A Perspective from Emerging Economies », *Journal of Policy Modeling*, 38, p. 1147-1170, 2016

Reddy, K.S., Xie, E., « Cross-Border Mergers and Acquisitions by Oil and Gas Multinational Enterprises: Geography-Based View of Energy Strategy », *Renewable and Sustainable Energy Reviews*, 72, p. 961-980, 2017

Rodrik, D., « Goodbye Washington Consensus, Hello Washington Confusion? A Review of the World Bank's "Economic Growth in the 1990s: Learning from a Decade of Reform" », *Journal of Economic Literature*, vol. 44, n° 4, p. 973-987, 2006

Roll, S., *A Sovereign Wealth Fund for the Prince: Economic Reforms and Power Consolidation in Saudi Arabia*, SWP, 2019

Roskill, *What Does the WTO Ruling Mean for the Chinese Rare Earth Industry?*, Roskill Briefing Paper, Roskill Information Services, 2014

Rudy, B.C., Miller, S.R. & Wang, D., « Revisiting FDI strategies and the flow of firm-specific advantages: A focus on state-owned enterprises », *Global Strategy Journal*, 6, p. 69-78, 2016

Salladin, W. & Schmidt, A.J., « CFIUS post-Ralls: Ramifications for Sovereign Wealth Funds », *International Review of Law*, 2015

Schena, P.J., « When States Invest at Home: The Development Role of Sovereign Wealth Funds in Public Finance », 52 Wake Forest L. Rev. 917, 2017

Schreiber, P., *Intérêts stratégiques vs investissements étrangers : comparaison franco-américaine*, IFRAP, 2017

Shapiro, D.M., Vecino, C. & Li, J., « Exploring China's State-Led FDI Model: Evidence from the Extractive Sectors in Latin America », *Asia Pacific Journal of Management*, vol. 35, n° 1, p. 11-37, 2018

Shen, Y., Moomy, R. & Eggert, R.G., « China's Public Policies Toward Rare Earths, 1975–2018 », *Mineral Economics*, vol. 33, p. 127-151, 2020

SIFMA, *2022 Capital Markets Outlook*, 2022

Slaughter, A.M., « The Real New World Order », *Foreign Affairs*, vol. 76, n° 5, 1997

Snoeij, R., « Sovereign Immunity and Source State Taxation of Sovereign Wealth Funds: Is It Time to Re-Evaluate? », *World Tax Journal*, vol. 8, n° 2, 2016

Sovereign Wealth Fund Institute (SWFI), Sovereign Wealth Fund Rankings, 2022

Sprenger, C., *The Role of State Owned Entreprises in the Russian Economy*, Corporate Governance of SOEs, 2008

Steil, B., & Litan, R.E., *Financial Statecraft*, New Haven, Yale University Press, 2006

Stiglitz, J.E. et Squire, L., « International Development: Is It Possible? », *Foreign Policy*, n° 110, 1998

Streeten, P., *Intégration, interdépendance et mondialisation*, Finances & Développement, 2001

Sun, X., Li, J., Wang, Y. & Clark, W., « China's Sovereign Wealth Fund Investments in Overseas Energy: The Energy Security Perspective », *Energy Policy*, 65, p. 654-661, 2014

SWF Institute, *Linaburg-Maduell Transparency Index (LMTI)*, 2022

Sykes, A.O., *The Law and Economics of « Forced » Technology Transfer and Its Implications for Trade and Investment Policy (and the U.S.-China Trade War)*, Accès libre, 2021

Tavares-Lehmann, A.T. & Lehmann, F., « Outward Direct Investment by Chinese State-Owned Enterprises, Can Host Country Policy Act as a Country-Specific Advantage? », *Competitiveness Review*, vol. 27, n° 3, p. 231-252, 2017

Tonelson, A., *United States House of Representatives, U.S.-China Economic and Security Review Commission, Hearing on the Implications of Sovereign Wealth Fund Investments for National Security*, One Hundred Tenth Congress, 2e session, 7 février 2008

Tordo, S., Tracy, B.S. & Arfaa, N., *National Oil Companies and Value Creation*, World Bank Working Paper n° 218, 2011

Truman, E. M. & Bagnall, A. E., *Progress on Sovereign Wealth Fund Transparency and Accountability: An Updated SWF Scoreboard*, Peterson Institute for International Economics, 2013

Truman, E.M. & Stone, S.E., *Uneven Progress on Sovereign Wealth Fund Transparency and Accountability*, Peterson Institute for International Economics, 2016

Truman, E.M., *A Blueprint for Sovereign Wealth Fund Best Practices*, Peterson Institute for International Economics, 2008

—, *Sovereign Wealth Funds: Threat or Salvation?*, Peterson Institute for International Economics, 2010

—, *Sovereign Wealth Funds Are Growing More Slowly, and Governance Issues Remain*, Peterson Institute for International Economics, 2021

UNCTAD, *Global Players from Emerging Markets: Strengthening Enterprise Competitiveness through Outward Investment*, Nations unies, 2007

United Nations Conference on Trade and Development (UNCTAD), *FDI Statistics*, 2022

—, *National security-related screening mechanisms for foreign investment*, Investment Policy Monitor, 2019

—, *World Investment Report 2011: Non-Equity Modes of International Production and Development*, 2011

—, *World Investment Report 2015: Reforming International Investment Governance*, 2015

—, *World Investment Report 2017: Investment and the Digital Economy*, 2017

—, *World Investment Report 2019: Special Economic Zones*, 2019

—, *World Investment Report 2021: Investing in sustainable recovery*, 2021

University of California Santa Barbara (UCSB), *The American Presidency Project (APP)*, 2020

U.S. Congress, House Committee on Government Operations, Subcommittee on Commerce, Consumer, and Monetary Affairs, *The Operations of Federal Agencies in*

Monitoring, Reporting on, and Analyzing Foreign Investments in the United States, Hearings. 96th Cong., 1st sess., Part 3, July 30, 1979, Washington, GPO, 1979

U.S. Congressional Research Service (US CRS), *The Committee on Foreign Investment in the United States (CFIUS)*, 2020

U.S. Department of Commerce, *U.S. Bureau of Economic Analysis (BEA)*, 2022

—, *U.S. Department of Commerce Strategic Plan 2018-2022*, 2018

U.S. Department of Defense, *Summary of the 2018 National Defense Strategy of the United States of America*, 2018

U.S. District Court for the District of Columbia (US DCDC), *Joint status report and joint motion to stay litigation deadlines*, Case No. 1:12-cv-01513-ABJ, 10 septembre 2015

USCC, *July 2018 Trade Bulletin*, U.S.-China Economic and Security Review Commission, 2018

USTR, *2018 National Trade Estimate Report on Foreign Trade Barriers*, Office of the U.S. Trade Representative, 2018a

—, *Findings of the investigation into China's acts, policies, and practices related to technology transfer, intellectual property, and innovation under section 301 of the Trade act of 1974*, Office of the U.S. Trade Representative, 2018b

VerWey, J., « Chinese Semiconductor Industrial Policy: Past and Present », *Journal of International Commerce and Economics*, United States International Trade Commission, 2019

Viala-Gaudefroy, J., *Neoliberal Metaphors in Presidential Discourse from Ronald Reagan to Donald Trump*, Angles, 15 janvier 2019

Webb, J., *Remarks to the U.S.-China Economic and Security Review Commission*, 7 février 2008

White & Case, *Foreign direct investment reviews 2021: Germany*, 2021a

—, *Foreign direct investment reviews 2021: Japan*, 2021b

WikiLeaks, *Abu Dhabi Cautiously Positive On SWF Best Practices*, dévoilé le 19 octobre 2014, 2007e

—, *Abu Dhabi cautiously positive on SWF best practices*, dévoilé le 10 octobre 2007, 2007

—, *Singapore's views on APEC and sovereign wealth funds*, dévoilé le 19 octobre 2014, 2007a

—, *Technology to tourism: head of investment authority discusses opportunities for U.S. business in Libya*, câble du 28 janvier 2010, dévoilé le 31 janvier 2011

—, *Treasury DAS Saeed Discusses Sovereign Wealth Funds With GOK*, dévoilé le 19 octobre 2014, 2007c

—, *Treasury deputy secretary Kimmitt meets Barroso advisor Cabral*, dévoilé le 19 octobre 2014, 2007b

—, *Treasury U/S McCormick Discusses Sovereign Wealth Funds, GCC, Iran, NOPEC with GOK, banks, investors*, dévoilé le 19 octobre 2014, 2007d

Wübbeke, J., Meissner, M., Zenglein, M.J., Ives, J., Conrad, B., « Made in China 2025, The Making of a High-Tech Superpower and Consequences for Industrial Countries », MERICS, *Papers on China*, n° 2, 2016

Zhang, D. & Freestone, O., « China's unfinished State-Owned Enterprise Reforms », The Treasury, Australian Government, n° 2, p. 79-102, 2013

Zhao, Y., Shi, X. & Song, F., « Has Chinese Outward Foreign Direct Investment in Energy Enhanced China's Energy Security », *Energy Policy*, 146, 2020

Notes

Introduction

1. L'estimation la plus fiable est fournie par l'économiste américain William L. Megginson (2005 ; p. 21).

2. Voir Megginson (2017 ; p. 4-5).

3. Voir IE CGC (2023), Global SWF (2023) et SWFI (2023).

4. Estimation de l'auteur extrapolée à partir des *World Investment Report*, publiés par la Conférence des Nations unies sur le commerce et le développement (voir UNCTAD, 2011, 2015, 2017, 2019 & 2021).

5. Voir le document de travail des services de la Commission européenne, du 13 mars 2019 (voir CE, 2019).

6. Cité d'après le titre de l'article de F.G. Lorrain, publié dans *Le Point*, le 8 avril 2013.

7. Cité d'après la chronique publiée dans *L'Express*, le 25 avril 2005.

8. D'après le titre de l'article de J. Tirole, publié dans *L'Expansion*, le 1er avril 2006.

9. Un dispositif européen a également vu le jour en avril 2019, mais son ambition et ses moyens d'action le rendent pour l'heure relativement accessoire (voir chapitre 8).

10. Cité d'après Benamou (1997).

Chapitre 1 : Le grand aveuglement

1. Voir Fukuyama (1989).
2. Selon l'expression de l'économiste John Williamson.
3. Le « rebelle de l'intérieur » (du titre de l'ouvrage qui rassemble les conférences majeures de J. Stiglitz, *Joseph Stiglitz and the World Bank – The Rebel Within*, publié en 2001 et édité par H.J. Chang) ne remet pas en cause les « impératifs » de libéralisation, de dérégulation et de privatisation. Il soutient plutôt que d'autres facteurs sont également déterminants pour un fonctionnement efficient des économies (cadre juridique fiable, concurrence réelle...). L'intervention publique doit être restreinte aux domaines où des groupes d'intérêts privés exercent une influence significative : « La défense, la redistribution, le système légal et juridique, la régulation des marchés financiers et la protection de l'environnement », précise-t-il dans un article de *Foreign Policy* (1998, p. 144-145).
4. Voir par exemple Minc (1993), Kaplan (1994) ou Friedrichs (2001).
5. D'après la critique de Bryan Appleyard dans *The Independent* et la déclaration du PDG de *Nike*, toutes deux reprises en exergue de *The End of the Nation State*.
6. Comme le rapporte un article de J. Atlas publié dans le *New York Times* (1989).
7. D'après l'article de N. Klein intitulé « A Fete for the End of the End of History », publié le 20 mars 2001, disponible sur le site Internet de l'auteur.
8. Cité d'après Minc (1997, p. 46).
9. Cité d'après Minc (2000, p. 107).
10. Voir l'ouvrage intitulé *Www.capitalisme.fr* (Minc, 2000).
11. Cité d'après Minc (1997, p. 9).
12. Lire *Millenium: Winners and Losers in the Coming World Order* (1993).
13. Intervention sur RTL, diffusée le 8 septembre 2008.
14. Dans un article publié le 9 octobre 2008 dans *L'Express* et intitulé « Le tempo de l'État actionnaire, c'est l'urgence, non la permanence ».
15. D'après l'entretien, intitulé « Une stratégie industrielle implique de faire des choix », publié dans *Le Figaro*, le 20 mai 2016.
16. Voir l'article de B. Bayart, « L'État actionnaire, une étrange obsession », publié le 25 juin 2014, dans *Le Figaro*.
17. D'après l'article d'Y. de Kerdrel, publié dans *Le Figaro*, le 14 octobre 2006.

18. D'après Megginson (2005).

19. Voir Megginson (2017). Sur la période 2001-2012, les États auraient acquis à l'échelle mondiale 1 520 milliards de dollars d'actions d'entreprise et cédé 1 480 milliards d'actifs au travers de privatisations. Malgré l'absence de données consolidées après 2012, il est assez clair que la tendance s'est poursuivie.

Chapitre 2 : Fonds souverains, les nouveaux chéquiers de la planète

1. Cité d'après un article de S. Cypel, publié dans *Le Monde*, le 5 novembre 2007.

2. Voir, par exemple, Cuervo-Cazurra (2022).

3. Voir IE CGC (2023), Global SWF (2023) et SWFI (2023).

4. Estimation de Preqin (2023a).

5. Estimation de Preqin (2022).

6. Voir Alon *et al.* (2020) et PwC (2020).

7. D'après SIFMA (2022).

8. D'après Blanchard *et al.* (2009).

9. D'après l'IFSWF (2021) et l'IE CGC (2021).

10. Selon l'IE CGC (2023).

11. D'après les chiffres rapportés par C. Bertin Delacour (2009).

12. D'après Global SWF (2021).

13. Selon l'estimation de l'IFSWF basée sur les cinq dernières années (2021), ainsi que Global SWF (2023) et Megginson (2013).

14. Estimation de Global SWF (2022).

15. Estimations réalisées sur la base des chiffres fournis par Global SWF (2021, 2022 et 2023).

16. Selon Preqin (2021).

17. Voir Truman (2021).

18. Estimation de Global SWF (2023).

Chapitre 3 : Entreprises publiques : la renaissance à l'international

1. La définition des entreprises publiques varie naturellement selon les pays et les auteurs. Le périmètre des « entreprises multinationales publiques » adopté dans cet ouvrage s'appuie sur les standards de l'United

Nations Conference on Trade and Development (UNCTAD). Elles regroupent les entités à vocation commerciale, (i) cotées et non cotées, (ii) dans lesquelles un État exerce *a minima* une influence notable sur la stratégie via une contribution capitalistique majoritaire ou minoritaire (l'influence est dans ce second cas définie par la détention d'au moins 10 % des droits de vote, une position de premier actionnaire ou la détention d'une *golden share*) ; (iii) et détenant des filiales opérant dans des pays étrangers. L'origine « étatique » de la détention est appréciée au sens large : l'actionnaire peut être l'État, ses agences, mais également des collectivités territoriales.

2. Voir, par exemple, les articles d'A. Cuervo-Cazurra et C. Li (2020) et de Bruton *et al.* (2015) qui retracent le traitement académique des entreprises multinationales publiques.

3. D'après Boycko *et al.* (1996).

4. Cité d'après l'ouvrage *Bureaucrats in Business: The Economics and Politics of Government Ownership* (1995), publié sous l'égide de la Banque mondiale. Traduction de l'auteur.

5. D'après une note du ministère de l'Économie et des Finances (2020).

6. Voir notamment B. Armendariz de Aghio et J. Morduch (2005).

7. Données issues des *World Investment Report*, publiés par l'UNCTAD (2011, 2015, 2017, 2019 & 2021).

8. Voir, par exemple, Cuervo-Cazurra *et al.* (2014) et les rapports de l'UNCTAD (2011, 2015, 2017, 2019 & 2021).

9. D'après les estimations de l'UNCTAD (2019 ; p. 25).

10. Estimations de l'auteur, basées sur les données de l'UNCTAD (2011, 2015, 2017, 2019 & 2021) et de l'OCDE (2016).

11. Voir le rapport de l'OCDE sur le sujet (2016).

12. Estimations de l'auteur, basées sur les données de l'UNCTAD (2011, 2015, 2017, 2019 & 2021).

13. D'après les estimations de l'UNCTAD (2017).

14. Estimation basée sur les données de l'OCDE (2016).

15. Voir par exemple Cuervo-Cazurra *et al.* (2014, p. 925) et Del Bo *et al.* (2017, p. 105).

16. Voir, par exemple, Luo *et al.* (2010) et Redding, Xie et Tang (2018).

17. Voir, pour illustration, l'article publié dans *Le Monde* le 22 octobre 2012 intitulé « Le pétrolier russe Rosneft rachète TNK-BP pour 61 milliards de dollars ».

18. Singularité nationale, les États-Unis ne disposent pas d'entreprises publiques, même s'ils ont largement recours aux fonds souverains.

19. D'après les estimations de l'UNCTAD (2017). Bien sûr, la faible présence des multinationales européennes en Asie s'explique en partie par la difficulté de s'établir dans ces pays, où les restrictions aux investissements étrangers sont très développées, mais également par une frilosité à s'aventurer dans des marchés moins connus et dont les environnements juridiques et commerciaux sont moins sécurisants.

20. Voir l'article intitulé « *EDF Plays Political Game to Expand Internationally* », publié dans le *Financial Times* le 9 avril 2008.

21. Voir la note de N. Mazzucchi publiée par la Fondation pour la recherche stratégique (2018).

22. Cité d'après le rapport de la Cour des comptes consacré à la stratégie internationale d'EDF (2015, p. 55).

23. Issu du rapport de la Cour des comptes sur *L'État actionnaire* (2017, p. 18).

Chapitre 4 : Le goût de l'ombre

1. « *Near Field Communication* » ou « communication en champ proche », en français.

2. Selon les investigations du *think tank* allemand MERICS (voir J. Wübbeke *et al.*, 2016).

3. Voir, par exemple, J. Wübbeke *et al.* (2016) ou Kamiński (2017).

4. Voir, pour illustration, Balding (2008, 2009), Avendano et Santiso (2009, 2011), Megginson, You and Han (2013), Kotter et Lel (2011) ; Bortolotti *et al.* (2015).

5. Cité d'après l'article de R. Newell, intitulé « Leaders Tackle "Investment Xenophobia" », publié dans le numéro de janvier 2008 du magazine *IPE*. Traduction de l'auteur.

6. Cité d'après Markheim (2008). Traduction de l'auteur.

7. Cité d'après Dyck et Morse (2011, p. 11). Traduction de l'auteur.

8. Cité d'après son site web officiel http://www.china-inv.cn/. Traduction de l'auteur.

9. D'après un câble diplomatique publié par WikiLeaks (2007).

10. Ce rôle domestique est largement documenté ; voir, par exemple, Schena (2017).

11. D'après Truman (2008, 2010, 2013, 2016 et 2021).

12. Le *Truman Scoreboard* (2021) ne classe que 64 fonds souverains sur la centaine de fonds souverains existant. De nombreux fonds sont exclus

par Truman faute d'information disponible. Cela les place naturellement mécaniquement parmi les fonds les plus opaques de leur catégorie.

13. Cité d'après l'article du *Financial Times*, intitulé « China fund warns against protectionism », publié le 11 décembre 2007. Traduction de l'auteur.

14. Voir, par exemple, Park & Estrada (2011).

15. Voir Bismuth (2017, p. 69).

16. Voir, par exemple, l'article de R. Wigglesworth, intitulé « IMF Guidelines Spur Steps Towards Transparency », publié dans le *Financial Times*, le 18 mars 2010.

17. D'après la déclaration de Sultan Ben Nasser Al-Suwaidi, gouverneur de la Banque centrale des Émirats arabes unis, au Comité monétaire et financier international du FMI, au nom de Bahreïn, de l'Égypte, de l'Irak, de la Jordanie, du Koweït, du Liban, de la Libye, des Maldives, d'Oman, du Qatar, de la Syrie, des Émirats arabes unis et du Yémen (International Monetary Fund, 2008).

18. Voir les câbles diplomatiques publiés par WikiLeaks (2007a, 2007b, 2007c, 2007d) et Mehrpouya (2015).

19. Voir Bismuth (2017 ; p. 75).

20. Voir, par exemple, Murray (2011).

21. Voir le texte des *Principes de Santiago* (International Working Group of Sovereign Wealth Funds, 2008).

22. Comme le démontrent Mehrpouya (2015) ou Bismuth (2017).

23. D'après un câble diplomatique publié par WikiLeaks (2007e).

24. Une note de bas de page du principe n° 20 laisse la possibilité aux États abritant des fonds souverains de leur offrir une immunité réglementaire au nom de leur « statut gouvernemental ». Ainsi, les fonds souverains entendent respecter le droit local, mais, s'ils venaient à commettre une infraction, la juridiction locale pourrait ne pas être considérée comme légitime pour se saisir du cas…

25. Voir le texte de l'OCDE, intitulé « Sovereign Wealth Funds and Recipient Countries – Working together to maintain and expand freedom of investment » (OECD, 2008).

26. D'après Global SWF (2021 et 2022).

27. Voir Hatton et Pistor (2011)

28. D'après Hatton et Pistor (2011 ; p. 28)

29. D'après Hatton et Pistor (2011).

30. Hatton et Pistor (2011) offrent un panorama plus détaillé de leur implication personnelle.

31. Voir Roll (2019), Montambault Trudelle (2022) et l'article de Reuters publié le 12 septembre 2018, intitulé « Erdogan appoints himself chairman of Turkey's sovereign wealth fund ».

32. Voir, par exemple, Cannizzaro et Weiner (2018) ou encore Gong and Uk Choi (2021).

33. Voir, notamment, Cannizzaro et Weiner (2018).

34. Voir Luo *et al.* (2017).

35. C'est ce qu'a démontré, par exemple, Megginson (2005).

36. D'après *Petroleum Intelligence Weekly* (2012), cité dans Cannizzaro et Weiner (2018).

37. Traduit de l'anglais à partir de l'article « Emerging-Market Multinationals: The rise of State Capitalism », publié dans le numéro de *The Economist* du 21 janvier 2012.

38. Voir OCDE (2016).

39. Voir, par exemple, Choudhury et Khanna (2014), qui décrit le cas des laboratoires publics de recherche et développement indiens, ou Cahen (2015).

40. C'est la thèse défendue, par exemple, par Rodrik (2006), Dau (2012) ou encore Clifton *et al.* (2011).

41. Cité d'après Tordo *et al.* (2011 ; p. 82). Traduction de l'auteur.

42. D'après Bruton *et al.* (2015, p. 93).

43. Voir Luo *et al.* (2010).

44. Voir le rapport de l'OCDE (2016; p. 28-30), ainsi que Cuervo-Cazurra *et al.* (2014), Shapiro, Vecino et Li (2018), Rudy, Miller et Wang (2016) ou encore Chang (2007).

45. Cité d'après Kroeber (2013, p. 15). Traduction de l'auteur.

46. Cité d'après le rapport annuel sur les menaces nationales touchant les États-Unis, présenté par J. McConnell au nom de la communauté du renseignement américain en février 2008 (McConnell, 2008). Traduction de l'auteur.

Chapitre 5 : Des armes de politique étrangère

1. Cité d'après Mearsheimer (2001 ; p. 2-3). Traduction de l'auteur.

2. D'après les données de l'UNCTAD (2017, 2019 et 2021).

3. La trajectoire de l'industrie pétrolière en est un parfait exemple. Son émergence est historiquement attachée à des initiatives privées portées par des entrepreneurs charismatiques, comme John D. Rockefeller qui crée en

1870, aux États-Unis, la Standard Oil Company. Au début du XXe siècle, les États reprennent la main en bâtissant de grandes compagnies pétrolières nationales qui domineront le secteur pendant de longues décennies. Comme dans de nombreux autres secteurs, des vagues de libéralisation et de (re)privatisation déferlent dans les années 1980 et 1990. Les pays en développement n'échappent pas à ce phénomène. L'Argentine, le Brésil, les ex-républiques soviétiques, et, au tournant du nouveau siècle, la Chine, l'Inde, le Pakistan ou encore le Japon privatisent au moins partiellement leurs compagnies nationales (voir Tordo *et al.*, 2011).

4. Voir, par exemple, Del Bo, Ferraris et Floria (2017), Reddy *et al.* (2016) ou Tavares-Lehmann & Lehmann (2017).

5. Voir, notamment, l'étude de Bass et Chakrabarty (2014).

6. Estimation citée dans le rapport « The National Oil Company Database », publié par le Natural Resource Governance Institute (2019).

7. Cité d'après Bass et Chakrabarty (2014 ; p. 965). Traduction de l'auteur.

8. Voir, par exemple, Cuervo-Cazurra *et al.* (2014), Shapiro, Vecino et Li (2018), Rudy, Miller et Wang (2016) ou encore Chang (2007).

9. Voir, par exemple, Cui et Jiang (2012) ou Globerman et Shapiro (2009).

10. Voir, par exemple, Reddy et Xie (2017).

11. La consommation de pétrole et de gaz devrait croître encore de 10 à 20 % entre 2020 et 2030. Les énergies renouvelables, elles, ne représentent qu'une part marginale de la consommation mondiale, et celle-ci devrait progresser relativement lentement… même dans les scénarios optimistes. Les obstacles technologiques et financiers semblent encore rester trop dissuasifs. Voir le *World Energy Outlook*, publié par l'IEA (2021) et le *Statistical Review of World Energy*, publié par BP (2022).

12. D'après les données de BP (2022), de la Banque mondiale (World Bank, 2022).

13. Voir, par exemple, Galkin, Chen et Ke (2019) ou Duan, Li, Liu et Fan (2018).

14. La diversification géographique, clé de voûte pour réduire les dépendances stratégiques, a été assurée avec près de cinquante pays visés, se répartissant, peu ou prou, également entre l'Amérique du Nord, l'Amérique du Sud, l'Asie, et un ensemble formé par l'Europe et le Moyen-Orient (d'après les estimations de Zhao, Shi et Song, 2020).

15. D'après les estimations de Luo, Qi et Hubbard (2017).

16. Voir, par exemple, Tavares-Lehmann & Lehmann (2017).

17. Voir Sun *et al.* (2014 ; p. 658) et Kamiński (2017a ; p. 736).

18. Cité d'après Tavares-Lehmann & Lehmann (2017) et Zhang & Freestone (2013).

19. D'après Kamiński (2017a ; p. 736).

20. Zhao, Shi et Song (2020) démontrent que les investissements publics chinois dans des actifs énergétiques étrangers se conjuguent statistiquement avec un accroissement des importations provenant du pays hébergeant ces actifs énergétiques (ou un démarrage des importations lorsqu'il n'y en avait pas auparavant).

21. D'après les versions de 2015 du site officiel de GDF-Suez EP, archivées par Internet Archive WaybackMachine.

22. Voir Shapiro, Vecino et Li (2018) et Li, Newenham-Kahindi, Shapiro et Chen (2013).

23. D'après les données « Energy imports, net (% of energy use) », publiées par la Banque mondiale (World Bank, 2022).

24. Voir la section dédiée dans le rapport annuel de l'IE CGC (2021).

25. D'après un sondage Gallup de 2005, mentionné par H. El Karoui dans son rapport « La fabrique de l'islamisme » (2018 ; p. 407).

26. Voir El Karoui (2018 ; p. 407).

27. Selon une étude réalisée par le bureau d'étude Solis, citée dans l'article intitulé « Abbas Bendali : Al-Jazeera zappée par les Maghrébins de France », de M. Berkani, publié par Franceinfo le 21 avril 2016.

28. Présentation du média sur son compte Twitter (au 20 août 2021).

29. Voir, notamment, l'article de J. Lefilliâtre, intitulé « Avec AJ +, Al-Jezira séduira le genre oumma », publié dans *Libération* le 16 novembre 2018.

30. Voir l'enquête de B. Schwartz, intitulée « Saudi Arabia Funds New Digital News Platform in U.S., Launches White House Lobbying Effort », publiée sur le site de *CNBC* le 8 juillet 2021.

31. Voir, par exemple, le livre de M. Audinet sur *Russia Today* (2021).

32. Cité d'après Bertin Delacour (2009 ; p. 45).

33. Voir, notamment, Bismuth (2017) ou l'article de J. Anderlini, intitulé « Beijing's shadowy fund for buying assets », publié dans le *Financial Times*, le 11 septembre 2008.

34. Voir la note de K. Casas-Zamora pour le *think tank Brookings* (Casas-Zamora, 2009).

35. Voir, notamment, l'article de Reuters, intitulé « Factbox – Libyan Aid and Investment Projects in Africa », publié le 24 novembre 2010, et

l'article de L. Polgreen, intitulé « Qaddafi, as New African Union Head, Will Seek Single State », publié dans le *New York Times* le 2 février 2009.

36. Voir Knill, Lee et Mauck (2012). La proximité et la qualité des relations entre États sont notamment quantifiées à partir de l'analyse fine des votes à l'Assemblée générale des Nations unies.

37. D'après les estimations de la Commission européenne (2020 ; p. 6).

38. Voir, notamment, Guilhaudis et Fontanel (2021) ou Pitron (2019).

39. Le remplacement des métaux rares les plus critiques par d'autres ressources reste techniquement envisageable (comme on l'a vu avec le cas du dysprosium dans les éoliennes), mais il ne faut pas surestimer le potentiel de cette stratégie qui semble incertaine et vraisemblablement limitée (voir J.F. Guilhaudis et J. Fontanel, 2021 ; p. 20-21).

40. Voir *La Guerre des métaux rares*, de G. Pitron (2019).

41. Cité d'après Guilhaudis et Fontanel (2021 ; p. 15).

42. Voir l'article de F. Schaeffer, intitulé « Les terres rares, arme stratégique de Pékin dans son conflit avec Washington », publié dans *Les Échos* le 30 mai 2019.

43. Comme le rapportent Guilhaudis et Fontanel (2021 ; p. 2).

44. Voir l'article de S. Davesne, intitulé « Le Groenland ne veut plus de projets d'extraction de terres rares », publié dans *L'Usine nouvelle* le 9 avril 2021.

45. D'après un article de Reuters, intitulé « Libya's Gaddafi says may pull Africa investments », publié le 30 janvier 2008.

46. Voir, notamment, l'article de M. Mazzetti, intitulé « Saudi Arabia Warns of Economic Fallout if Congress Passes 9/11 Bill », publié dans le *Financial Times* le 15 avril 2016.

47. Voir, par exemple, Kirshner (1995), Drezner (1999) ou Steil et Litan (2006).

48. Voir les données de l'UNCTAD (2017, 2019 et 2021) et Kamiński (2017a). Parmi les secteurs les plus visés, seul l'immobilier n'apparaît pas comme un secteur directement stratégique.

49. Cité d'après le compte rendu de l'audition (Tonelson, 2008). Traduction de l'auteur.

50. Voir, notamment, l'article de N. Kulwin, intitulé « Why Silicon Valley Finds It Hard to Say No to Saudi Arabian Dollars », publié dans le *New York Magazine*, le 24 octobre 2018, et celui de T. Culpan, intitulé « Here's How Saudi Cash Could Bring on the Global VC Crash », publié par Bloomberg, le 23 octobre 2018.

51. Cité d'après l'entretien entre K. Swisher et S. Galloway, intitulé « Silicon Valley's Saudi Money Crisis Illustrates a Decline in "Moral Leadership" in America », publié sur Vox.com, le 22 octobre 2018.

52. Cité d'après Drezner (2008b ; p. 3).

53. Voir McConnell (2008).

54. D'après un article de S. Zhang et M. Miller, intitulé « Behind China's Silk Road vision: cheap funds, heavy debt, growing risk », publié par Reuters, le 15 mai 2017.

55. Voir l'étude de Gelpern *et al.* (2021).

56. Voir l'article de S. Zhang et M. Miller cité précédemment.

57. D'après l'article de C. Clover, intitulé « IMF's Lagarde warns China on Belt and Road debt », publié dans le *Financial Times*, le 12 avril 2018.

58. Voir Chefitz & Parker (2018).

59. Voir Chefitz & Parker (2018).

60. Cité d'après Chefitz & Parker (2018 ; p. 18). Traduction de l'auteur.

61. Voir l'article de M. Waqas Jan, intitulé « Five Years On, the BRI is Still Being Perceived as a Debt Trap », publié dans le quotidien pakistanais *Daily Times* le 3 septembre 2018.

62. Cité d'après le discours de R. Tillerson du 6 mars 2018, intitulé « US-Africa Relations: a New Framework », prononcé à la George Mason University. Traduction de l'auteur.

63. D'après la définition de l'OCDE (OECD, 2008 ; p. 2).

64. La typologie de référence a été établie par Moran et Oldenski (2013).

65. Voir, par exemple Kamiński (2017a).

66. Voir, par exemple, Kamiński (2017a) ou Drezner (2018a).

67. Voir le discours de M. Pompeo, intitulé « The United States and Greece: Showing the Way Forward », prononcé le 5 octobre 2019, et transcrit par l'ambassade américaine en Grèce.

68. D'après l'article de l'AFP, intitulé « Le principal port de Colombie privé d'électricité après un sabotage attribué aux FARC », publié le 1er juin 2015.

69. D'après le rapport de C. Pèlegrin et H. Marciot pour le Groupe d'études géopolitiques (GES) de janvier 2021.

70. Entre 2010 et 2013, le volume d'IDE chinois au sein de l'UE va quadrupler, passant de 6 à 27 milliards d'euros (d'après Pèlegrin et Marciot, 2021, p. 5).

71. Dans leur rapport pour le GES, Pèlegrin et Marciot écrivent : « Le caractère interconnecté des réseaux européens rend l'exploitation d'un réseau national particulièrement importante pour l'approvisionnement

électrique des États voisins. La solidarité énergétique induite par ces flux transfrontaliers d'électricité intervenant chaque seconde à chaque frontière participe naturellement à renforcer coopération et intégration européennes » (2021, p. 5).

72. Voir Otero-Iglesias & Weissenegger, 2020 (p. 609).

73. Pour illustration, à la suite de l'investissement du fonds chinois CIC dans le géant américain du capital-investissement *Blackstone*, ce dernier s'est vu ouvrir le marché chinois de façon préférentielle. En témoigne l'acquisition rapide par l'américain de 20 % d'un industriel chinois de la chimie ou encore celle d'un immeuble commercial de luxe dans le centre-ville de Shanghai. Là où de nombreux acteurs étrangers du capital-investissement échouaient à pénétrer le marché chinois, la participation du fonds chinois faisait acte de laissez-passer.

Chapitre 6 : Des armes de conquête industrielle

1. Voir l'article de G. Ip, publié dans le *Wall Street Journal*, le 8 septembre 2021. Traduction de l'auteur.

2. D'après le communiqué de presse de Gartner, intitulé « Gartner Says Worldwide Semiconductor Revenue Grew 26 % in 2021 », publié le 14 avril 2022.

3. Le soutien financier du fonds va notamment permettre au groupe coté chinois *JCET*, dont il est le premier actionnaire, d'acquérir son rival singapourien *STATS ChipPAC*. Le *deal* permet alors à *JCET* de devenir le troisième groupe mondial de *packaging* de puces au monde. Le fonds est aussi devenu en 2016 un investisseur clé du consortium chinois *Apex Technology*, qui va acquérir à prix d'or le fabricant de matériel informatique américain *Lexmark International*, spin-off d'*IBM*.

4. D'après VerWey (2019 ; p. 15)

5. D'après l'article de H. Somerville, intitulé « China's Penetration of Silicon Valley Creates Risks for Startups », publié par Reuters le 29 juin 2018.

6. Voir Duchatel (2021, p. 19).

7. Cette affirmation a été étayée au chapitre 5. Voir, notamment, pour rappel, le rapport de l'OCDE (2016 ; p. 28-30).

8. Voir l'article de R. Loukil, intitulé « L'empire chinois chancelant des puces, Tsinghua Unigroup, s'offre un nouveau départ », publié dans *L'Usine nouvelle*, le 18 juillet 2022.

9. D'après l'article de M. LaPedus, intitulé « China Speeds Up Advanced Chip Development », publié dans *Semiconductor Engineering*, le 22 juin 2020.

10. D'après Lee & Kleinhans (2021 ; p. 18).

11. Voir, par exemple, l'article de P. Mozur, intitulé « The Failure of China's Microchip Giant Tests Beijing's Tech Ambitions », publié dans le *New York Times*, le 19 juillet 2021.

12. D'après Lee & Kleinhans (2021 ; p. 18).

13. Voir, notamment, l'article de C. Ting-Fang et L. Li, intitulé « China Prioritizes Local Chip Needs During Global Crunch », publié sur Nikkei Asia le 18 novembre 2021.

14. Voir, par exemple, USTR (2018b).

15. D'après le « Catalogue des industries destiné à guider les investissements étrangers » et sa « Liste négative sur les investissements étrangers » (voir l'article de *China Briefing*, intitulé « China's 2022 Negative List for Market Access: Restrictions Cut, Financial Sector Opening », publié le 12 avril 2022).

16. Voir Levesque & Stokers (2016; p. 35-42).

17. Selon l'étude publiée en chinois et rapportée dans USTR (2018b; p. 109).

18. Voir USTR (2018b; p. 126-127).

19. Voir USTR (2018b; p. 137-138).

20. Voir Dyck et Morse (2011).

21. En 2005, Pékin rédige une feuille de route sur le « développement scientifique et technologique national à moyen et long terme » (MLP). Dans sa section 8, le MLP définit un plan de bataille en quatre étapes, dont les deux premières sont: (i) cibler et acquérir des technologies étrangères, notamment par le biais des IDE sortants, et (ii) « digérer » les acquisitions – étape dans laquelle le gouvernement se donne comme rôle de collaborer avec les acquéreurs pour collecter, analyser et disséminer les informations et les technologies acquises. (Voir USTR, 2018b; p. 17.)

22. Voir, par exemple, Lopes-Aymes (2010).

23. Voir, notamment, Paltrinieri, Pichler, Miani (2014).

24. Voir, notamment, Kim (2012).

25. Sur le tournant pris par la KIC à partir de 2022, voir, par exemple, l'article de E. Johansson, intitulé « Will South Korea's $200bn Finally Make The Immersive Metaverse Take Off? », publié dans *Verdict* le 11 février 2022.

26. Voir, par exemple, l'article de P. Mozur, intitulé « Obama Moves to Block Chinese Acquisition of a German Chip Maker », publié dans le *New York Times* le 2 décembre 2016.

27. La multinationale parapublique *SMIC* a par exemple réalisé une percée technologique en 2019 en développant une nouvelle technologie de transistor à effet de champ (FET en anglais), grâce au projet de R&D partagé qu'elle avait établi avec le centre de recherche d'excellence belge *IMEC*. D'après l'article de M. LaPedus, intitulé « China Speeds Up Advanced Chip Development », publié dans *Semiconductor Engineering* le 22 juin 2020.

28. Voir, notamment, l'article de L. Wang, intitulé « GCS Holdings Drops Sale, Announces Joint Venture », publié dans le *Taipei Times* le 2 août 2016.

29. D'autres *joint-ventures* d'ampleur sont signées à la même période, cachant à peine l'ambition d'acquisition chinoise, comme celle de *Tsinghua* avec *HP* donnant naissance à *H3C Group*, détenu à 51 % par l'investisseur public chinois, ou de *NFME* avec *AMD*, dans laquelle le chinois va récupérer 85 % de la nouvelle société.

30. Voir le rapport spécial « 301 » du Bureau du représentant américain au Commerce (USTR, 2018b), Sykes (2021), ou encore l'article de M. Fitzpatrick, intitulé « Did China Steal Japan's High-Speed Train? », publié dans *Fortune* le 15 avril 2013.

31. Voir Sykes (2021 ; p. 133).

32. Cela pourrait s'apparenter à une violation de l'interdiction faite aux pouvoirs publics d'exiger des transferts de technologie. Mais, n'étant techniquement que des extensions de l'appareil gouvernemental (et non l'appareil lui-même), les pratiques des entreprises publiques sont plus difficilement attaquables devant des autorités judiciaires, expliquent les juristes internationaux (Sykes, 2021 ; p. 136).

33. Voir, par exemple, Korteweg (2022).

34. Voir Jiang, Keller, Qiu et Ridley (2018).

35. Plus spécifiquement, l'étude montre comment les chiffres d'affaires, les taux de productivité, les rythmes d'innovation et de brevétisation des partenaires chinois décollent avec l'établissement des *joint-ventures*. Les parties chinoises profitent des technologies de leurs partenaires (au-delà du périmètre de la JV), leur permettant de réaliser des percées technologiques et commerciales.

36. Les analyses qualitatives des cas de *joint-ventures* internationales avec la Chine semblent confirmer les conclusions de l'étude de Jiang, Keller,

Qiu et Ridley (2018) ; voir notamment Nee (2016). La diffusion des technologies ou des savoir-faire au sein des filières est un phénomène multiple et complexe. La théorie économique suggère que le renforcement d'un acteur du marché – par le biais, ici, de la JV – peut générer un stimulus sur l'environnement compétitif. Mais on observe surtout empiriquement des « fuites technologiques ». Les expertises se disséminent parmi les acteurs du marché, renforçant, à leur tour, leur compétitivité. Y contribuent notamment les partenariats technologiques et commerciaux, les phénomènes de consolidation entre acteurs, ainsi que les mouvements de ressources humaines. Ces phénomènes peuvent se produire de façon naturelle sur un marché, ils peuvent aussi être encouragés. Les multinationales publiques qui occupent une place si prépondérante dans les JV ont été régulièrement accusées ces dernières années d'encourager ces phénomènes pour favoriser la diffusion des technologies acquises. Connaissant la tutelle étroite qui les unit à leur gouvernement, on comprendrait aisément qu'elles y contribuent.

37. Voir USTR (2018b; p. 31-32).

38. D'après l'article de L. Fusheng, intitulé « China at n° 2 in Vehicle Exports in Sept », publié sur China Daily le 12 octobre 2022.

39. D'après l'article de S. Shimbun, intitulé « Japan's Transfer of Bullet Train Technology A Mistake. China, Of Course, Has Copied It », publié sur Japan Forward le 18 août 2017.

40. Là aussi, on a pu observer une diffusion des technologies acquises par les entreprises publiques au-delà de leur périmètre, au sein de la filière ferroviaire chinoise et même dans d'autres secteurs. D'abord avec la fusion de *CSR* et *CNR* (qui forment en 2014 *CRRC*), mais aussi par l'intermédiaire de projets de recherche de ces entreprises avec des universités publiques chinoises, permettant à ces technologies de transiter vers d'autres acteurs industriels chinois, y compris privés. D'après Lin, Qin et Xie (2015).

41. Voir l'article de B. Davis et L. Wei, intitulé « How China Systematically Pries Technology From U.S. Companies », publié dans le *Wall Street Journal* le 26 septembre 2018.

42. D'après l'article de W. Mauldin et D. Cameron, intitulé « How the U.S. Can Protect Corporate America's Tech Secrets from China », publié dans le *Wall Street Journal* le 10 janvier 2019.

43. Voir l'article de N. Flaherty, intitulé « Europe Challenges China Over Essential Patents », publié sur eeNewsEurope le 18 février 2022.

44. Voir, par exemple, l'article de B. Davis, intitulé « Groups Criticize China's Tech Push », publié dans le *Wall Street Journal*, le 23 janvier 2019.

45. Cité d'après un article de B. Zand, intitulé « China Steers Course Between Prestige and Profit », publié par le *Spiegel International* le 20 août 2015.

46. Cité d'après l'article de B. Davis et L. Wei, intitulé « How China Systematically Pries Technology From U.S. Companies », publié dans le *Wall Street Journal* le 26 septembre 2018.

47. D'après « Minority investments: How to use corporate venturing for strategic gain » d'Allen & Overy, publié en mars 2021.

48. *Ant* a aussi pu acquérir le britannique *WorldFirst* en 2019 suivant un schéma assez similaire, mais va échouer à acquérir l'américain *MoneyGram* du fait d'un blocage du CFIUS.

49. Voir USTR (2018b; p. 127-137).

50. Voir l'enquête de H. Somerville, intitulée « China's Penetration of Silicon Valley Creates Risks for Startups », publiée par Reuters le 29 juin 2018.

51. Cité d'après l'enquête de H. Somerville, précitée.

52. Voir USCC (2018; p. 9-11) et Demers (2018; p. 5-6).

53. Cité d'après l'article de L. Jeanne, intitulé « Comment la Chine a pris le contrôle du marché des terres rares », publié dans *The Conversation* le 22 janvier 2017.

54. *Ibid.*

55. Voir le dossier spécial intitulé « Mining the Future. How China is set to dominate the next Industrial Revolution », publié en mai 2019 par Foreign Policy.

56. Voir, par exemple, Roskill (2014).

57. Voir, notamment, Shen, Moomy & Eggert (2020) et De Medeiros & Trebat (2017).

58. D'après Humphries (2013, p. 14).

59. En aval également de la chaîne de valeur, Pékin a procédé à des acquisitions stratégiques pour accélérer son rattrapage. En 1995, deux entreprises publiques proches du dirigeant Deng Xiaoping font l'acquisition de *Magnequench*, filiale de *General Motors* qui a inventé dans les années précédentes les aimants au néodyme (« NdFeB », dans le jargon industriel) qui vont dominer le marché des aimants industriels. La filiale est ensuite revendue à un acteur minier chinois bien connu, favorisant rapidement la diffusion technologique dans toute la filière minière chinoise. Voir Mancheri *et al.* (2013, p. 27).

60. Voir De Medeiros & Trebat (2017 ; p. 518-519).

Chapitre 7 : Les remparts des États stratèges

1. Cité d'après le Code de l'OCDE de libération des mouvements de capitaux (2021).

2. D'après les statistiques d'IDE en 2021 issues du programme des Nations unies UNCTADstat (2022).

3. À l'exception, peut-être, de la présidence de Donald Trump qui s'est accompagnée d'un recul des IDE aux États-Unis et dans le monde.

4. D'après des auditions du Congrès américain datant de 1979 (voir U.S. Congress, 1979, p. 334-335).

5. D'après un article d'I. Lesniak, intitulé « La vente de ports américains à Dubai divise les États-Unis », publié dans *L'Express* le 24 février 2006.

6. Le *Foreign Investment in National Security Act* (FINSA) est notamment adopté en 2007 par le Congrès.

7. D'après le rapport du Congressional Research Service sur le CFIUS (US CRS, 2020).

8. Comme l'explicite notamment le département américain du Commerce dans son plan stratégique 2018-2022 (voir U.S. Department of Commerce, 2018).

9. Voir l'article de D. Storm, intitulé « US Invokes "National Security" to Stop Sale of Philips LED Unit to Chinese », publié dans *Computer World* le 25 janvier 2016, ou encore le communiqué publié par PR Newswire, intitulé « Go Scale Capital and Royal Philips Terminate Lumileds Purchase Agreement », le 22 janvier 2016.

10. D'après US CRS (2020, p. 35).

11. D'après les chiffres de l'U.S. Bureau of Economic Analysis pour 2021 (voir U.S. Department of Commerce, 2022).

12. D'après la note de F. Jalinous, K. Mildrof et K. Schomig, intitulée « CFIUS: President Trump Blocks Acquisition of Lattice Semiconductor by Canyon Bridge », publiée par le cabinet d'avocats White & Case le 13 septembre 2017.

13. Comme le rapporte l'article de L.B. Baker, K.G. Qing et J. Zhu, intitulé « Chinese Government Money Backs Buyout Firm's Deal for U.S. Chip Maker », publié par Reuters le 28 novembre 2016.

14. D'après F. Jalinous, K. Mildrof et K. Schomig, « CFIUS: President Trump Blocks Acquisition of Lattice Semiconductor by Canyon Bridge », art. cit.

15. D'après le communiqué de presse du 18 décembre 2012 du Bureau du procureur du district de l'Oregon, intitulé « Two Chinese Individuals Charged in Scheme to Obtain Controlled Dual-Use American Technology », publié par le *FBI* sur son site d'archives (https://archives.fbi.gov/).

16. D'après US CRS (2020, p. 12).

17. Dans un article publié dans la revue *Angles* (2019), le politologue J. Viala-Gaudefroy a fait la généalogie de la rhétorique néo-libérale des présidents américains. Les références aux discours présidentiels présents dans cette section y sont directement empruntées.

18. « *The one true path* » en anglais, discours du 21 septembre 1987.

19. Discours du 25 janvier 1988.

20. Discours des 25 septembre 1989, 31 janvier 1990 et 21 février 2005.

21. « *The only proven path* » en anglais, discours du 7 juillet 1994.

22. Discours du 19 mars 2011.

23. Sur la base des données de 2017 de la Banque mondiale (The World Bank, 2020).

24. Discours présidentiels des 11 juin 1990, 6 février 1991, 8 juin 1998, 18 mai 1998, 14 septembre 2005, 23 janvier 2008, 21 avril 2008, 19 mai 2012.

25. Discours des 9 mai 2003 et 17 juillet 2001.

26. Discours du 17 juillet 2001.

27. D'après l'OCDE (2018).

28. D'après la « Liste négative sur l'accès des investissements étrangers » (voir l'article de *China Briefing*, intitulé « China's Negative List for Foreign Investment Access (New Edition): English Version Available », publié le 28 décembre 2021).

29. D'après la loi fédérale du 29 avril 2008, n° 57-FZ, sur la procédure de réalisation des investissements étrangers dans les entreprises ayant une dimension stratégique pour la défense du pays et la sécurité de l'État. Cette loi a été précisée et renforcée plusieurs fois depuis 2008.

30. D'après l'OCDE (2018).

31. D'après l'UNCTAD (2019).

32. Voir, par exemple, OCDE (2009b).

33. D'après l'UNCTAD (2019).

34. D'après une note du cabinet d'avocats White & Case (2021).

35. D'après une note du cabinet d'avocats White & Case (2021b).

36. Dans ces mécanismes, des créanciers acceptent des participations dans les actifs de l'entreprise en échange d'une réduction de la dette.

37. D'après l'OCDE (2018).

38. Voir, par exemple, l'article de T. Smith, intitulé « Outbound Investment Screening Proposals Should Be Narrow and Targeted », publié sur American Action Forum le 6 octobre 2022.

39. L'idée a été portée dès 2003 par Bernard Carayon, en particulier dans un rapport au Premier ministre intitulé « Intelligence économique, compétitivité et cohésion sociale ».

40. D'après un article de Z. Bentley, intitulé « Germany Blocks China State Grid 50Hertz, Citing "National Security" Fears », publié sur Infrastructure Investor le 27 juillet 2018.

41. Voir par exemple l'article du *New York Times* « Britain Acts to Force Kuwait To Lower Holdings in B.P. », daté du 5 octobre 1988.

42. Voir, par exemple, le rapport de l'IFRAP, intitulé « État actionnaire : utiliser les *golden shares* », publié le 13 février 2017.

43. Voir, par exemple, Salladin & Schmidt (2015).

44. D'après le rapport de la Cour fédérale du district de Columbia du 10 septembre 2015 (US DCDC, 2015).

45. Voir notamment Chalamish (2012) ou Salladin & Schmidt (2015).

46. Voir, pour illustration, l'article de D. McCormick « Investment Protectionism is Bad News for Global Economy », publié dans le *Financial Times* le 9 octobre 2019, ou encore l'article de BFMTV, intitulé « Attractivité : il faut favoriser l'investissement d'où qu'il vienne », publié le 17 février 2014. Dans le monde universitaire, voir par exemple Barbary et Bortolotti (2013) ou Chalamish (2012).

47. D'après le titre de l'article de J. Tirole, publié dans *L'Expansion* le 1er avril 2006.

48. D'après l'OCDE (2018).

49. Cité d'après UNCTAD (2019, p. xii).

50. D'après les statistiques d'IDE d'UNCTADstat (2022) et Sprenger (2008, p. 27-28). Ce sont à l'inverse les sanctions internationales contre la Russie qui ont pesé à la baisse sur les IDE à partir de 2014.

51. Voir l'article de *China Briefing*, intitulé « China's Negative List for Foreign Investment Access (New Edition): English Version Available », publié le 28 décembre 2021.

52. D'après PwC (2012).

53. Voir notamment Fleischer (2008) ; Bird-Pollan (2012) ; Snoeij (2016) ou encore des articles de presse, comme celui du *Wall Street Journal*, intitulé « U.S. Should Use as Political Lever Its Tax Break on Sovereign Funds », publié le 14 mars 2008.

54. Citons notamment Barbary & Bortolotti (2013).

Chapitre 8 : L'Europe et la France à découvert

1. D'après les statistiques de PIB en prix constants, issues du programme des Nations unies UNCTADstat (UNCTAD, 2024).

2. D'après les statistiques d'IDE issues d'UNCTADstat (UNCTAD, 2022).

3. Cité d'après la transcription du discours, intitulé « Président Jean-Claude Juncker - Discours sur l'état de l'Union 2017 », publiée sur le site de la Commission européenne *ec.europa.eu*, le 13 septembre 2017.

4. Cité d'après l'article de R. Hiault, intitulé « Investisseurs chinois : pourquoi l'Europe doit mieux les surveiller », publié dans *Les Échos* le 22 mars 2018.

5. La liste de ces projets ou programmes comprend les programmes de radionavigation par satellite Galileo et EGNOS ; le programme européen de surveillance de la Terre, dit « Copernicus » ; le programme-cadre de recherche « Horizon 2020 » ; les réseaux transeuropéens de transport, d'énergie, et de télécommunications – selon une note de C. Collin et K. Cosmao pour la revue du cabinet d'avocats Squire Patton Boggs (Collin & Cosmao, 2019).

6. D'après le rapport de la Commission européenne (CE, 2023).

7. D'après le document de travail des services la Commission européenne, daté du 13 septembre 2017, publié en annexe à la proposition pour un mécanisme de screening des IDE de l'UE (voir CE, 2017).

8. D'après Marleix & Kasbarian (2018) et l'UNCTAD (2019 ; p. 3).

9. La vulnérabilité des entreprises françaises face aux prédations étrangères a été décryptée dès 2003 par Bernard Carayon, en particulier dans un rapport au Premier ministre, intitulé « Intelligence économique, compétitivité et cohésion sociale » (Carayon, 2003).

10. Voir le décret n° 2018-1057 du 29 novembre 2018 relatif aux investissements étrangers soumis à autorisation préalable.

11. Voir le décret n° 2019-1590 du 31 décembre 2019 relatif aux investissements étrangers en France.

12. D'après l'article de la direction générale du Trésor, intitulé « Renforcement du contrôle des investissements étrangers en France », publié sur le site du Trésor, tresor.economie.gouv.fr, le 29 décembre 2023.

13. Cité d'après la notice du décret n° 2019-1590 du 31 décembre 2019 relatif aux investissements étrangers en France.

14. Cité d'après la note du Conseil d'État (CdE, 2021 ; p. 9).

15. Voir Dupeyrat (2020 ; p. 80).

16. D'après CdE (2021 ; p. 3-4).

17. Voir OCDE (2020 ; p. 46).

18. D'après l'UNCTAD (2019 ; p. 7-8).

19. D'après Marleix & Kasbarian (2018).

20. D'après l'OCDE (2020 ; p. 54).

21. D'après l'UNCTAD (2019 ; p. 11) et l'OCDE (2020 ; p. 61).

22. D'après VerWey (2019 ; p. 16)

23. D'après Wübbecke *et al.* (2016 ; p. 53).

24. Citation de T. Wenderlich de la banque Hauck & Aufhaeuser, d'après l'article de M. Sheahan et C. Copley, intitulé « Germany Stalls Chinese Takeover of Aixtron, Citing Security Worries », publié par Reuters Japan le 24 octobre 2016.

25. D'après l'OCDE (2020 ; p. 97).

26. Comme l'atteste M. Antonin Nguyen, chef du bureau des investissements étrangers en France du ministère de l'Économie et des Finances, dans une conférence-entretien avec le cabinet d'avocats August Debouzy, dont le compte rendu a été publié sur le site august-debouzy.com le 22 juin 2020.

27. D'après l'article d'A. Brown et L. Wei, intitulé « China Fund Chief Raps U.S. », publié dans le *Wall Street Journal* le 7 avril 2013.

28. D'après un baromètre Kantar Public, publié par Business France (2020). Soulignons, néanmoins, que le plus grand bond a été réalisé en 2017 avec l'élection à la présidence de la République d'Emmanuel Macron, largement considéré comme « probusiness » par les investisseurs internationaux.

29. D'après Business France (2018).

30. D'après le câble diplomatique adressé de l'ambassade américaine de Tripoli le 28 janvier 2010 aux principales agences de renseignement américaines et au département du Commerce, dévoilé par WikiLeaks (2011).

Chapitre 9 : De l'emprise au sursaut

1. D'après UNCTADstat (2022).

2. Les IDE transitent dans leur vaste majorité par des entités intermédiaires que l'on appelle « *Special Purpose Entities* » (SPEs). Ces SPE sont basées dans des pays tiers (entre le pays d'origine des IDE et leur destination finale), dans lesquels la législation fiscale est généralement avantageuse. Or les statistiques officielles ne recensent que marginalement le pays d'origine des IDE en amont des pays hôtes des SPE. Ce biais vient donc fausser complètement l'identification des véritables pays d'origine des IDE entrants en Europe. Voir, par exemple, l'article d'E. Bese Goksu, T. Bikoi, P. Hurree Gobin, intitulé « Special Purpose Entities Shed Light on the Drivers of Foreign Direct Investment », publié par le site du FMI, imf.org, le 25 mars 2022.

3. Voir le document de la Commission européenne du 13 mars 2019 (référencé ensuite « CE, 2019 »).

4. En conséquence, la couverture de ces travaux dans la presse a été extrêmement réduite. Elle s'est, pour l'essentiel, limitée à de rares et brèves évocations dans les pages spécialisées.

5. D'après l'article d'O. Satger, intitulé « Les entreprises sous contrôle étranger emploient 2,2 millions de personnes en France en 2019 », publié sur le site de l'INSEE, insee.fr, le 10 décembre 2021.

6. Ajoutons que, pour des raisons méthodologiques, ces estimations de la Commission ne peuvent que sous-estimer le poids réel du contrôle des investisseurs étrangers dans ces secteurs ; 10 % des entreprises étrangères ont en effet profité de la législation défaillante de certains États membres pour ne pas révéler leur secteur d'activité. Ces investisseurs détiennent à eux seuls plus de 30 % des actifs détenus par les étrangers en Europe !

7. L'essentiel des opérations mentionnées dans ce tour d'horizon a été identifié à l'aide de la base de données financières Mergermarket (2022).

8. D'après MERICS (2019).

9. D'après CE (2019).

10. D'après MERICS (2019), pour la période 2010-2018.

11. Cité d'après l'article de C. Boutelet, intitulé « L'Allemagne s'inquiète de l'insatiable appétit des groupes chinois », publié dans *Le Monde* le 24 mars 2018.

12. D'après MERICS (2022 ; p. 5).

13. Cité d'après un article de D. Fainsilber, intitulé « PSA cède le contrôle de son joyau Gefco à la Russie pour 800 millions d'euros », publié dans *Les Échos* le 21 septembre 2012.

14. D'après l'article publié dans *Le Point*, intitulé « Un milliardaire russe souhaite racheter *Le Monde* », le 22 juin 2010, et l'article de S. McKenzie, intitulé « The full 'Putin list' of Russian oligarchs and political figures released by the US Treasury », publié sur le site de CNN, edition.cnn.com, le 30 janvier 2018.

15. D'après l'article de S. Delesalle-Stolper, V. Dorman, et H. Despic-Popovic, intitulé « Presse, l'empreinte russe », publié dans *Libération* le 6 avril 2010.

16. D'après l'article de F. Vidal et R. Honoré, intitulé « Notre fonds Qatari Diar a investi 60 milliards de dollars en trois ans », publié dans *Les Échos* le 31 juillet 2008.

17. Voir l'article de Reuters, intitulé « France-Manurhin repris par le groupe industriel émirati EDIC », publié le 1er août 2018, et l'article de M. Cabirol, intitulé « Si, si le groupe émirien EDIC s'offre la PME centenaire française Manurhin », publié dans *La Tribune* le 2 août 2018. Les citations qui suivent sont extraites de ces articles.

18. D'après OCDE (2020 ; p. 27).

19. Estimation réalisée par l'auteur en croisant les montants cumulés des opérations (*M&A* et *greenfield*) recensées dans les bases de données financières internationales (notamment *Mergermarket*) avec la valeur des IDE chinois sortants, tels que publiés par le ministère du Commerce chinois et le SAFE.

20. Cité d'après Peyrefitte (1994 ; p. 387-388).

21. Voir, par exemple, l'article de J. Follorou, intitulé « Deutsche Telekom a espionné la France pour le compte de la NSA », publié dans *Le Monde* le 5 juin 2015.

22. *C ce soir*, France 5, 20 septembre 2023.

Table des matières

Partie B
Des investisseurs si politiques

Partie C
Europe ouverte, Europe offerte

Cet ouvrage a été imprimé en France par
CPI Bussière
Z.I. rue Pelletier Doisy
18200 Saint-Amand-Montrond (France)

pour le compte des Éditions Fayard
13 rue du Montparnasse, 75006 Paris
en mai 2024

Photocomposition Belle Page

PAPIER CERTIFIÉ

fayard s'engage pour l'environnement en réduisant l'empreinte carbone de ses livres. Celle de cet exemplaire est de : 800 g éq. CO_2
Rendez-vous sur www.fayard-durable.fr

N° d'édition : 52-2733-9/01 - N° d'impression : 2077564